## 编委名单

**主　编**

邹锦良

**编　委**

刘翔运　吴　卓　袁文斌　谢永忠

王小刚　罗长根　刘秋根　廖永飞

朱由湖　张文煜　王迁礼　赵　茜

王越华　李国杰

邹锦良/主编

"中国进士第一村"进士文化学术文集

江西人民出版社
Jiangxi People's Publishing House
全国百佳出版社

中国进士第一村——吉水县盘谷镇谷村村牌(罗小明、廖敏、徐秋生摄)

谷村鸟瞰图(罗小明、廖敏、徐秋生摄)

谷村李氏祖祠（罗小明、廖敏、徐秋生摄）

谷村仰承苑（罗小明、廖敏、徐秋生摄）

谷村夺魁亭(罗小明、廖敏、徐秋生摄)

谷村登第亭(罗小明、廖敏、徐秋生摄)

"中国进士第一村"进士文化学术研讨会(刘翔运摄)

"中国进士第一村"进士文化学术研讨会(刘翔运摄)

# 序

生平第一次作序,诚惶诚恐,只能如实招来。

参加工作以来,我始终坚守"无论在哪个地方、哪个岗位,都得扎扎实实尽己所能做点事情",这次我们在金秋十月成功举办了盘谷镇首届虾蟹文化旅游节暨"中国进士第一村"进士文化研讨会,研讨会举办合作方南昌大学谷霁光人文高等研究院邹锦良副院长建议,研讨会一定要出成果,而且要给后人留下一点东西。于是《"中国进士第一村"进士文化学术文集》就这样问世了。

举办这次活动,我的初衷来自国家大政方针战略,一是坚定文化自信,二是乡村振兴战略,三是发展乡村旅游。习近平总书记指出,文化是一个国家、一个民族的灵魂。历史和现实都表明,一个抛弃了或者背叛了自己历史文化的民族,不仅不可能发展起来,而且很可能上演一幕幕历史悲剧。文化自信,是更基础、更广泛、更深厚的自信,是更基本、更深沉、更持久的力量。坚定文化自信,是事关国运兴衰、事关文化安全、事关民族精神独立性的大问题。因此,我镇立足文化引领,充分挖掘本地深厚文化资源,努力打造"中华科举文化第一镇""中国进士第一村",力争将优秀文化传承好、发扬好。乡村振兴战略是习近平总书记在党的十九大报告中提出来的"三农"战略。党的十九大报告指出,农业农村农民问题是关系国计民生的根本性问题,必须始终把解决好"三农"问题作为全党工作重中之重,实施乡村振兴战略。实现乡村振兴的主要途径是发展产业,我镇充分利用本地抬田资源和赣江优质水资源,打造了同江万亩稻渔产业园。发展乡村旅游是推进乡村振兴的重要抓手,是参与社会主义新农村建设的积极实践。为更好地坚定文化自信和推动产业发展,实现文旅农旅融合发展,最终实现乡村全面振兴,我们决定举办这么一个活动,借这个平台把我镇优秀文化和虾蟹产业推介出去,文化搭台、经济唱戏,推动实现全面小康和乡村振兴。

这次活动内容丰富、健康、向上,与上级政策和本地实际结合得很紧密,活动举办得很成功,效果很明显,影响很深远。这得益于南昌大学谷霁光人文高等研究院院长黄志繁、副院长邹锦良的鼎力相助，得益于县委、县人大、县政府、县政协领导的大力支持，得益于首都师范大学教授施诚，北京艺术博物馆研究员杨小军，江西省博物馆党委书记徐长青，江西省作协副主席江子，南昌大学黄志繁、邹锦良、赖祎华，江西科技师范大学教授吴根洲，井冈山大学邓声国、李伏明、陈冬根，吉安市博物馆馆长李希朗，庐陵文化研究专家刘宗彬、汪泰荣、李梦星、刘黎霞、李湘水、周小鹏、杨巴金等三十多位专家学者的现场研讨，得益于全县各部门、各乡镇领导的现场指导，得益于盘谷广大干部群众及乡贤的全力以赴。在此一并致谢。

本次活动的书面成果——《"中国进士第一村"进士文化学术文集》将为后人了解谷村文化、研究进士文化、传承优秀文化提供参考。个人认为是"抛砖引玉"，始终坚信"付出必有回报"，衷心希望"长江后浪推前浪"，为坚定文化自信、推动乡村振兴作出应有贡献。

是为序。

中共盘谷镇党委书记　吴卓
2020年12月

# 目　录

序 ……………………………………………………………………… 1

## 上篇：谷村文化盛况 ……………………………………………… 1
一、谷村历史文化盛况 ……………………………………………… 2
二、谷村七十八名进士名录 ………………………………………… 7
三、谷村十三所书院名录 …………………………………………… 10
四、谷村家规家训 …………………………………………………… 11
五、谷村文化传承 …………………………………………………… 12
六、谷村文化旅游 …………………………………………………… 18

## 中篇：庐陵文化学术论文 ………………………………………… 21
试论庐陵先贤对罗洪先人生观形成的影响 ………… 陈冬根 22
李如圭《仪礼集释》申注特色探析
　　——李如圭礼学研究之解经学考察（二） ……… 邓声国 32
《谷村仰承集》中的文天祥佚文 ………… 黄桃红、刘宗彬 44
慎终追远与家族自我管理
　　——以吉水谷村进士文化为例 ………………… 李伏明 49
吉安到底有多少科举进士 …………………………… 李梦星 58
中华第一部保存完整的古村文献
　　——吉水谷村《仰承集》 ……………………… 李希朗 61
万顷良畴飞白鹭
　　——谈谷村的人文渊薮 ………………………… 李湘水 84
白鹭洲书院科举历史初探 …………………………… 刘黎霞 89
江西谷村李氏家族 …………………………………… 汪泰荣 95

清代江西进士县域分布与姓氏分布关系研究 ………… 吴根洲 100
杨万里与谷村李氏交游考述 …………………………… 杨巴金 117
杨万里佚文《复斋记》考辨 …………………………… 杨巴金 123
挖掘进士文化资源,推动文旅融合
　　——谈推进谷村文旅建设的思路和举措 ……… 杨小军 134
浅议宋朝特奏名制度与谷村特奏名进士 ……………… 周小鹏 147
试论《谷村仰承集》的文献价值 ……………………… 邹锦良 159

**下篇:"中国进士第一村"进士文化学术研讨会学术对谈录** … 169
论坛开幕式 …………………………………………………… 170
上半场学术研讨会 …………………………………………… 175
下半场学术研讨会 …………………………………………… 190

**附录** ……………………………………………………………… 211
一、新闻媒体报道"中国进士第一村"进士文化论坛 ………… 211
二、盘谷镇镇情介绍 ………………………………………… 213
三、谷村村情介绍 …………………………………………… 215

**后记** ……………………………………………………………… 218

# 谷村文化盛况

上篇

# 一、谷村历史文化盛况

## （一）"一家八尚书"

一是从担任的实际职务看，李邦华先任兵部尚书，后任南京兵部尚书，算两个尚书；李日宣先后任兵、吏二部尚书，也是两个尚书；李振裕先后任工、刑、户、礼四部尚书。将三个人先后实际担任的尚书职务加起来，即"一家八尚书"。

二是从单一家庭看，分别指李邦华家庭、李振裕家庭的两个"一家八尚书"：李邦华自己两任兵部尚书，死后受赠吏部尚书；其父李廷谏因他而在活着时受封兵部尚书，死后受赠太保、吏部尚书；其祖父李秀因他而先后受赠太保、兵部尚书和吏部尚书；其曾祖父李佐因他而受赠太保、吏部尚书。祖孙四代实际担任的和受封赠的尚书职务，加起来正好"一家八尚书"。李振裕先后任四部尚书；其父李元鼎因他而受赠工部、户部尚书，也是两个尚书；其祖父李尚惠因他而受赠工部尚书；其曾祖李时学因他而受赠工部尚书。四人实际担任的和受赠的尚书职务，加起来也是"一家八尚书"。李日宣家庭就是"一家四尚书"。

## （二）"四世一品"

"一品"，即"一品诰命"。主要指李邦华、李振裕两个家庭，前三代都受封或受赠了爵位和荣誉官职，而且都是一品甚至一品之上，因而称为"四世一品"。

李邦华家族，其曾祖母张氏受赠正一品夫人；其祖母周氏先受赠安人，后受赠正一品夫人；其母万氏先累受赠孺人、恭人、淑人、夫人，后受赠正一品夫人；其正室周氏受封正一品夫人。

李振裕家族，其曾祖母罗氏先受赠孺人、后受赠正一品夫人；其祖母彭氏先受赠孺人、安人，后受赠一品夫人；其母朱中楣受赠一品夫人；其父正室罗氏也受赠一品夫人；其妻陈氏受赠一品夫人；其继室刘氏受赠一品夫人；侧室姜氏也受赠宜人。

清光绪三年（1877）版《吉水县志》卷四"牌坊"一节记载，谷村有一座"四世一品坊"，特为李日宣而立。李日宣本人官居一品，历任兵、吏二部尚书，赠太保，谥清惠。其妻先后被封为孺人、宜人、淑人、夫人；其父李生春，累赠吏部尚书;其母曹氏先后被封赠为孺人、宜人、淑人、夫人;其祖父李联采,累赠为吏部尚书;其祖母刘氏累赠淑人、夫人;其曾祖李瑞却不见赠号记载。

### (三)"一门七贵"

指宋朝李存之与其兄李迁之和自己的五个儿子考取功名、被授予官职的盛况。

李存之于宋元丰辛酉年(1081)考取举人,政和壬辰年(1112)以恩特奏名进士,授象州武仙县尉,迁横州司户,宣和己亥年(1119)授虔州石城县主簿。其兄李迁之,考取宋治平甲辰年(1064)举人。李存之五子之中:长子李杞,考取宋大观庚寅年(1110)举人;次子李械先后考取宋绍圣丙子年(1096)、大观庚寅年两榜举人,宣和甲辰年(1124)特奏名进士,授湘阴县簿;三子李求,考取宋大观庚寅年举人,政和壬辰年中进士,宣和元年(1119)试词学,兼茂科,特除太学博士;四子李大方,考取宋大观戊子年(1108)举人,后被推为贡士;五子李大亨,先后考取大观戊子年、政和乙未年(1115)两榜举人。一门两代七个人,共有三个进士、四个举人,且多被授官,声名显赫,故称"一门七贵"。

### (四)"百步两尚书"

《谷村仰承集》中有关于"百步两尚书坊"记载,注明"为懋明公缉敬公建"。李懋明,即李邦华,"懋明"乃其号,谷村元潭派长房大池启佑堂人,崇祯十二年(1639)任兵部尚书,崇祯十五年(1642)任南京兵部尚书。李缉敬,即李日宣,"缉敬"乃其别号,谷村元潭派长房桂园天叙堂人,约崇祯十年(1637)任兵部尚书,崇祯十三年(1640)改任吏部尚书。两家同居一个村庄,相距不过百步,故称。

### (五)"十里九布政"

谷村占有五位:

李赞,明成化庚子年(1480)进士,正德年间担任浙江布政使。

李贡,明成化二十年(1484)进士,任陕西右布政使、山西左布政使。

李中,明正德九年(1514)进士,嘉靖年间担任广东右布政使。

李淑,明嘉靖二十九年(1550)进士,任广东布政使。

李维桢,李淑之子,明隆庆二年(1568)进士,天启年间任湖北布政使。

**(六)"父子兄弟进士"**

谷村有两次:

第一次,李炅与他的弟弟李晋之,以及晋之的两个儿子李可方、李允方,先后考取进士。李炅于宋嘉熙戊戌年(1238)考取周垣榜进士,李晋之于宋咸淳戊辰年(1268)考取陈文龙榜进士,李可方、李允方兄弟于宋咸淳甲戌年(1274)考取王龙泽榜同榜进士。

第二次,李淑与其两个儿子李维桢、李维标先后考取进士。李淑于明嘉靖庚戌年(1550)考取邓汝楫榜进士,李维桢于明隆庆戊辰年(1568)考取罗万化榜进士,李维标于明万历丙戌年(1586)考取唐文献榜进士。

**(七)"父子进士"**

谷村有六对:

第一对是李蕡、李尚义父子。李蕡于宋元符庚辰年(1100)考取李釜榜进士,李尚义于宋宣和癸卯年(1123)考取沈晦榜进士。

第二对是李楸、李擢父子。李楸于宋元祐辛未年(1091)考取马涓榜进士,李擢于宋宣和甲辰年(1124)考取沈晦榜进士。

第三对是李孝谦、李椠父子。李孝谦于宋绍兴壬子年(1132)考取张九成榜进士,李椠于宋嘉定庚辰年(1220)八十多岁时考取刘渭榜进士。

第四对是李奥、李同卿父子。李奥于宋嘉定壬午年(1222)被恩赐进士,李同卿于宋咸淳戊辰年(1268)考取陈文龙榜进士。

第五对是李珪、李俨父子。李珪于明弘治丙辰年(1496)考取朱希周榜进士,李俨于明正德甲戌年(1514)考取唐皋榜进士。

第六对是李元鼎、李振裕父子。李元鼎于明天启壬戌年(1622)考取刘必达榜进士,李振裕于清康熙庚戌年(1670)考取蔡启僔榜进士。

实际上还有一对,李振裕、李景迪父子。李景迪于清康熙癸未年(1703)考取王式丹榜进士,因他过继给李振裕的兄长李振祺为嗣,因此没有计算在内。

## (八)"兄弟进士"

谷村多达七对,而且是同胞兄弟:

李如圭、李如金兄弟。李如圭于宋绍熙癸丑年(1193)考取陈亮榜进士,李如金于宋嘉定戊辰年(1208)考取郑自成榜进士。

李炅、李晋之兄弟。李炅于宋嘉熙戊戌年(1238)考取周垣榜进士,李晋之于宋咸淳戊辰年(1268)考取陈文龙榜进士。

李应革、李应纲兄弟。李应革于宋宝祐丙辰年(1256)考取文天祥榜进士,李应纲于宋咸淳甲戌年(1274)考取王龙泽榜进士。

李可方、李允方兄弟。兄弟俩于宋咸淳甲戌年同考取王龙泽榜进士。

李赞、李贡兄弟。兄弟俩于明成化甲辰年(1484)同考取李旻榜进士。

李承绪、李承芳兄弟。李承绪于明嘉靖壬戌年(1562)考取申时行榜进士,李承芳于明嘉靖丙辰年(1556)考取储大绶榜进士。

李维桢、李维标兄弟。李维桢于明隆庆戊辰年(1568)考取罗万化榜进士,维标于明万历丙戌年(1586)考取唐文献榜进士。

## (九)"祖孙进士"

谷村有四组:

第一组是李擢与孙子李孝谦。李擢于北宋宣和甲辰年(1124)考取沈晦榜进士,李孝谦于南宋绍兴壬子年(1132)考取张九成榜进士。

第二组是李珪与孙子李承芳、李承绪。李珪于明弘治丙辰年(1496)考取朱希周榜进士,李承绪于明嘉靖壬戌年(1562)考取进士,李承芳于明嘉靖丙辰年(1556)考取进士。

第三组是李元鼎与孙子李景迪。李元鼎于明天启壬戌年(1622)考取进士,李景迪于清康熙癸未年考取进士。

第四组是李景迪与孙子李象井。李象井于清乾隆乙未年(1775)考取吴锡龄榜进士。

## (十)"一门同榜进士"

在谷村科举史上,"一门同榜进士"出现过七次:

第一次，李如圭、李骥，同登宋朝绍熙癸丑年（1193）陈亮榜。

第二次，李埈、李炳翁、李寅孙，同登宋朝咸淳乙丑年（1265）阮登炳榜。

第三次，李晋之、李同卿，同登宋朝咸淳戊辰年（1268）陈文龙榜。

第四次，李应纲、李可方、李允方、李再芝，同登宋朝咸淳甲戌年（1274）王龙泽榜。

第五次，李赞、李贡，同登明朝成化甲辰年（1484）李旻榜。

第六次，李中、李相、李俨，同登明朝正德甲戌年（1514）唐皋榜。

第七次，李振裕、李次莲、李鹤鸣，同登清朝康熙庚戌年（1670）蔡启僔榜。

## （十一）"一门三进士"

谷村有六组：

一是北宋末南宋初的李孝谦与子李榘、侄李午先后考取进士，李午是北宋重和戊戌年（1118）进士，"一门父子、叔侄三进士"。

二是南宋的李晋之与其子李可方、李允方，父子三人先后考取进士，"一门父子三进士"。

三是宋朝的李埈、李炳翁、李寅孙，是堂叔侄三人同榜进士。

四是明正德甲戌年的李中、李相、李俨，是堂兄弟三人同榜进士。

五是明嘉靖、万历时期的李淑与其子李维桢、李维标先后考取进士，"一门父子三进士"。

六是清朝的李次莲、李鹤鸣、李振裕堂祖孙三人，"一门同榜三进士"。

## （十二）"父子乡举""兄弟乡举""一门同科乡举"

"父子乡举""兄弟乡举""一门同科乡举"的现象就更多了，《谷村仰承集》"李氏联芳图"中记载了乡举的盛况："父子乡举"有9次，其中一父四子1次、一父五子1次；"兄弟乡举"至少有17次；"一门同科乡举"多达36次。

## 二、谷村七十八名进士名录

| 序号 | 姓名 | 字 | 登科时间 | | 该榜状元姓名 | 备注 |
|---|---|---|---|---|---|---|
| 1 | 李彦修 | 圣时 | 宋元丰五年 | 1082年 | 黄裳 | |
| 2 | 李彦成 | 圣集 | 宋元祐三年 | 1088年 | 李常宁 | |
| 3 | 李楸 | 昭文 | 宋元祐六年 | 1091年 | 马涓 | |
| 4 | 李賫 | 彦实 | 宋元符三年 | 1100年 | 李釜 | |
| 5 | 李求 | 应中 | 宋政和二年 | 1112年 | 莫俦 | |
| 6 | 李午 | 明伯 | 宋政和八年 | 1118年 | 王昂 | |
| 7 | 李发 | 秀实 | 宋政和八年 | 1118年 | 王昂 | |
| 8 | 李鼎 | 均范 | 宋宣和三年 | 1121年 | 何涣 | |
| 9 | 李擢 | 允升 | 宋宣和六年 | 1124年 | 沈晦 | |
| 10 | 李尚义 | 宜仲 | 宋宣和六年 | 1124年 | 沈晦 | |
| 11 | 李孝谦 | 吉甫 | 宋绍兴二年 | 1132年 | 张九成 | |
| 12 | 李涌 | 德道 | 宋绍兴二十七年 | 1157年 | 王十朋 | |
| 13 | 李稠 | | 宋绍兴二十七年 | 1157年 | 王十朋 | |
| 14 | 李如圭 | 宝之 | 宋绍熙四年 | 1193年 | 陈亮 | |
| 15 | 李骥 | 德称 | 宋绍熙四年 | 1193年 | 陈亮 | |
| 16 | 李如金 | 声之 | 宋嘉定元年 | 1208年 | 郑自成 | |
| 17 | 李渠 | 元规 | 宋嘉定十三年 | 1220年 | 刘渭 | |
| 18 | 李晦之 | 淑显 | 宋绍定五年 | 1232年 | 徐元杰 | |
| 19 | 李昃 | 仲辉 | 宋嘉熙二年 | 1238年 | 周坦 | |
| 20 | 李伯圭 | 光朝 | 宋嘉熙二年 | 1238年 | 周坦 | |
| 21 | 李应革 | 式孚 | 宋宝祐四年 | 1256年 | 文天祥 | |
| 22 | 李有守 | 季守 | 宋景定三年 | 1262年 | 方山京 | |
| 23 | 李内翁 | 德辉 | 宋咸淳元年 | 1265年 | 阮登炳 | |
| 24 | 李寅孙 | 德鼎 | 宋咸淳元年 | 1265年 | 阮登炳 | |

续表：

| 序号 | 姓名 | 字 | 登科时间 | | 该榜状元姓名 | 备注 |
|---|---|---|---|---|---|---|
| 25 | 李埈 | 元崇 | 宋咸淳元年 | 1265年 | 阮登炳 | |
| 26 | 李同卿 | 从大 | 宋咸淳四年 | 1268年 | 陈文龙 | |
| 27 | 李晋之 | 自昭 | 宋咸淳四年 | 1268年 | 陈文龙 | |
| 28 | 李大临 | 季凯 | 宋咸淳七年 | 1271年 | 张镇孙 | |
| 29 | 李南英 | 伟才 | 宋咸淳七年 | 1271年 | 张镇孙 | |
| 30 | 李可方 | 直翁 | 宋咸淳十年 | 1274年 | 王龙泽 | |
| 31 | 李允方 | 立翁 | 宋咸淳十年 | 1274年 | 王龙泽 | |
| 32 | 李应纲 | 道夫 | 宋咸淳十年 | 1274年 | 王龙泽 | |
| 33 | 李再芝 | | 宋咸淳十年 | 1274年 | 王龙泽 | |
| 34 | 李层孙 | 道存 | 元至正五年 | 1345年 | 张士坚 | |
| 35 | 李公明 | | 元至正丙辰 | | | 元至正年间无丙辰年 |
| 36 | 李伯尚 | 尚翁 | 明永乐四年 | 1406年 | 林环 | |
| 37 | 李庄 | 居正 | 明永乐十六年 | 1418年 | 李其 | |
| 38 | 李在修 | 克己 | 明永乐二十二年 | 1424年 | 邢宽 | |
| 39 | 李茂 | 尊茂 | 明正统四年 | 1439年 | 施槃 | |
| 40 | 李钧 | 许国 | 明景泰二年 | 1451年 | 柯潜 | |
| 41 | 李赞 | 惟诚 | 明成化二十年 | 1484年 | 李旻 | |
| 42 | 李贡 | 惟正 | 明成化二十年 | 1484年 | 李旻 | |
| 43 | 李圭 | 用献 | 明弘治九年 | 1496年 | 朱希周 | |
| 44 | 李学曾 | 宗鲁 | 明弘治十五年 | 1502年 | 康海 | |
| 45 | 李中 | 子庸 | 明正德九年 | 1514年 | 唐皋 | |
| 46 | 李相 | 懋良 | 明正德九年 | 1514年 | 唐皋 | |
| 47 | 李俨 | 民望 | 明正德九年 | 1514年 | 唐皋 | |
| 48 | 李邦直 | 汝司 | 明嘉靖二年 | 1523年 | 姚涞 | |

续表：

| 序号 | 姓名 | 字 | 登科时间 | | 该榜状元姓名 | 备注 |
|---|---|---|---|---|---|---|
| 49 | 李联芳 | 伯实 | 明嘉靖八年 | 1529年 | 罗洪先 | |
| 50 | 李淑 | 思孟 | 明嘉靖二十九年 | 1550年 | 邓汝楫 | |
| 51 | 李廷龙 | | 明嘉靖三十二年 | 1553年 | 陈谨 | |
| 52 | 李承芳 | 伯辉 | 明嘉靖三十五年 | 1556年 | 储大绶 | |
| 53 | 李承绪 | 伯舆 | 明嘉靖四十一年 | 1562年 | 申时行 | |
| 54 | 李一迪 | 君哲 | 明嘉靖四十四 | 1565年 | 范应期 | |
| 55 | 李维桢 | 云中 | 明隆庆二年 | 1568年 | 罗万化 | |
| 56 | 李维标 | 大瀛 | 明万历十四年 | 1586年 | 唐文献 | |
| 57 | 李邦华 | 孟暗 | 明万历三十二年 | 1604年 | 杨守勤 | |
| 58 | 李日宣 | 本晦 | 明万历四十一年 | 1613年 | 周延儒 | |
| 59 | 李元鼎 | 吉甫 | 明天启二年 | 1622年 | 刘必达 | |
| 60 | 李次莲 | 幼青 | 清康熙九年 | 1670年 | 蔡启僔 | |
| 61 | 李振裕 | 维饶 | 清康熙九年 | 1670年 | 蔡启僔 | |
| 62 | 李鹤鸣 | 子和 | 清康熙九年 | 1670年 | 蔡启僔 | |
| 63 | 李景迪 | 遵洪 | 清康熙四十二年 | 1703年 | 王式丹 | |
| 64 | 李应孙 | 师持 | 清乾隆十六年 | 1751年 | 吴鸿 | |
| 65 | 李宜相 | 士御 | 清乾隆十九年 | 1754年 | 庄培因 | |
| 66 | 李象井 | 星泉 | 清乾隆四十年 | 1775年 | 吴锡龄 | |
| 67 | 李械 | 巨用 | 宋宣和六年 | 1124年 | 沈晦 | 特奏名 |
| 68 | 李次鱼 | 直卿 | 宋绍兴癸未 | | | 特奏名；宋高宗绍兴年间并无癸未年，宋孝宗隆兴元年（1163）为癸未年，故或为隆兴元年之误 |
| 69 | 李元瑞 | 天麟 | 宋绍兴三年 | 1133年 | | 特奏名 |
| 70 | 李必登 | 仲周 | 宋乾道四年 | 1168年 | | 特奏名 |

续表：

| 序号 | 姓名 | 字 | 登科时间 | | 该榜状元姓名 | 备注 |
|---|---|---|---|---|---|---|
| 71 | 李公行 | 德达 | 宋庆元五年 | 1199年 | 曾从龙 | 特奏名 |
| 72 | 李奥 | 幼蕴 | 宋嘉定十五年 | 1222年 | | 特奏名 |
| 73 | 李遇龙 | 去伯 | 宋端平丙午 | | | 特奏名；宋理宗端平年间无丙午年，理宗淳祐六年（1246）为丙午年，误 |
| 74 | 李郭 | 伯度 | 宋开庆元年 | 1259年 | | 特奏名 |
| 75 | 李胜之 | 定甫 | 宋嘉定丙辰 | | | 特奏名；宋宁宗嘉定年间无丙辰年，误 |
| 76 | 李梦应 | 昭甫 | 宋嘉定时 | | | 特奏名 |
| 77 | 李存之 | 处仁 | 元丰辛酉解试 | | | 特奏名 |
| 78 | 李与 | 静齐 | 明景泰癸酉乡举 | | | 特奏名 |

## 三、谷村十三所书院名录

| 书院名 | 建造年份 | 备注 |
|---|---|---|
| 经训书院 | 1131—1162年 | 宋高宗朝孝子处静居士李筹作 |
| 义方书院 | 1131—1162年 | 宋高宗朝孝子无求居士李衡作 |
| 桂林书院 | 1241—1252年 | 学士李晦之作 |
| 神童书院 | 明洪武间 | 在书院下，李献可作 |
| 东湖书院 | 明嘉靖间 | 谷平先生李中讲学处 |
| 依仁书院 | 明崇祯间 | 李邦华讲学处，督学侯峒曾题其堂曰"中安" |
| 有斐书院 | 明崇祯间 | 在翰阳右，李士开作 |
| 湛源书院 | 明崇祯间 | 明崇祯间建，后废 |
| 三益书院 | 1701年 | 在书院下，李振裕为师李抡作 |

续表：

| 书院名 | 建造年份 | 备注 |
| --- | --- | --- |
| 复礼书院 | 清雍正间 | 在文园 |
| 六行书院 | 清雍正间 | 在楼屋下，李鸿光作 |
| 文蔚书院 | 1774年 | 在黄橙溪新大祠左，乾隆乙未合族建，为会文之所 |
| 树人书院 | 1811年 | 又名谷村义学，在谷村大池左（今属盘谷镇小祠下村池东）。清嘉庆十六年辛未（1811），里人李邦华四世孙妇罗氏承夫李其玙遗命捐建，匾额为"树人书院"，以田租六百余石充膏火费。民国二年（1913），改为盘谷树人初级私立小学堂 |

## 四、谷村家规家训

**家规**

第一条：[从贤]严守家规，先尊族长，杜绝朋党，择贤选良。为公无私，奖罚正当，遵循规约，族人同仰。

第二条：[表率]倡率先正，防表自深，既凛从绳，亦惕就范。五伦所昭，宜思亲爱，七情所至，不佚不淫。

第三条：[戒许]子不薄父，媳不慢婆，孙不侮祖，弟不轻哥。知错不改，违规难恕，凭族示惩，无曲无阿。

第四条：[戒淫]万恶所归，惟淫为首，情种无根，色戒须守。图一时欢，遗终身垢，欲海生波，悔叹已后。

第五条：[戒盗]典守先型，泽及后起，偷窃成习，害人害己。猜嫌叵测，疑忌易滋，惯盗自灭，训规莫违。

第六条：[戒赌]人生莫懒，切记禁赌，一旦成性，越赌越输。穷则思窃，殃及妻儿，贪赌不改，终受牢灾。

第七条：[戒酗]严戒酗酒，古今提倡，一醉误事，闹事伤体。酒醉忘法，横行生祸，若恐后患，必须先戒。

第八条：[戒斗]妄勇好斗，自戒宜周，伤己则恨，伤人则愁。波及亲戚，连累父母，祸结冤仇，损财败名。第九条：[戒争]治家良方，严戒争讼，明逞舌锋，暗夹口供。倾囊金钱,衙差收纳,子孙互怨,两家不安。

第十条:[戒挟]挟持逞势,明戒当详,力勇莫暴,才裕休狂。贵不凌弱,众莫逞强,不以霸道,安分守己。

第十一条:[戒诈]欺哄贪诈,非戒不可,禁说假话,造谣乱众。莫设圈套,埋事生非,坑人蒙难,自损阴德。

第十二条:[戒嬉]袖手好闲,终究害己,嬉游忘耕,田园草生。一家衣食,不劳难济,人不勤俭,生活必穷。

**家训**

第一条:子孙嘉会一堂,听从祖考遗训,成为天下好人,孝敬父母恩师。兄弟互助恭让,夫妻和睦共商,宗族亲疏必和,邻里来往善待,朋友亲戚以诚,嫁娶互相资助,见难主动救济,严守为人厚道。

第二条:不以下犯上,不以尊凌卑,不以强欺弱,不以众欺寡,不以贵厌贱,不以富吞贫。为官者忠君爱民,隐居者乐善好贤,为人尽伦,固当如此。

第三条:士者勤于读,农者勤于耕,工者勤于艺,商者勤于市。戒好闲浪荡,戒赌博终生,戒聚众闹事,戒酗酒贪色。为人不玷辱祖宗,为人务本努力向前,为国为家建功立业。

## 五、谷村文化传承[①]

### (一)谷村进士文化传承

为传承进士文化,谷村于2019—2020年打造了谷村文化园,复建了状元亭、进士亭、进士长廊、古戏台、仰承苑,仰承苑布置了谷村进士文化展示馆(内设概述厅、进士厅、历史厅、牌匾厅、观影厅、进士考棚),神童书院完成规划设计,于2021年初开工建设。

---

① 本节与第六节"谷村文化旅游"中的图片均由罗小明、廖敏、徐秋生提供。

夺魁亭

登第亭

进士长廊

古戏台

仰承苑

谷村
进士文化展示馆

### (二)谷村非遗鳌鱼灯传承

鳌鱼灯是谷村小祠下的传统民俗灯彩活动,当地有歌谣:"看完盘谷鳌鱼灯,就想结亲发生庚。"谷村鳌鱼灯起自明末,相传明崇祯十六年(1643)清兵犯京,左良玉溃军数十万人于九江声言军饷缺乏,欲内讧。大臣闻言惊恐,无计处理,时任南京都察院事左都御史李邦华,挺身而出,捐筹粮饷,亲赴军中开诚慰劳,平定兵变。皇帝大喜,赐宫乐,令管班传教他的家人鳌鱼灯舞技回乡娱乐。鳌鱼灯是由鲤鱼、麒麟、狮子、龙组成,又称金鲤、玉麟、绿狮、黄龙四蛮。鳌鱼灯是由其形象取名的,也蕴含了祈祷上进成功、独占鳌头的寓意。鳌鱼灯共八节,舞蹈动作各异。鲤鱼、麟、狮、龙由八人挥舞,每种由两人负责。套路是踩四门、走米字、穿之字、转圆圈,插花是鲤贯、麟摆、狮跳、龙滚,选场对舞,锣鼓唢呐齐鸣,奏乐助兴。以古乐调打开台、上下山虎、节节高等,吹打乐曲伴奏,场面热闹壮观。

每年春节,鳌鱼灯、龙灯上户登堂祝贺,根据家庭情况送不同的祝福。赞词由文人编写,祝新婚家庭赞"麒麟祝福到中堂,儿媳新婚喜气扬。洪发家庭生贵子,亲友庆衍祖源长。从我今天欢赞后,将来登榜掌朝纲",旁人应声"好";祝福劳动致富家庭赞"麒麟祝福吉祥来,启业家庭广进财。喜庆年年鸿运到,欣逢日日富花开。从此亲临金赞后,家兴业旺不须猜",旁人呼"好";祝年老家庭赞"麒麟祝福到华厅,男女安康松鹤龄。日月齐辉春秋美,椿萱并茂永年青。自我堂前金赞后,延年益寿乐添丁",旁人高呼"好"。每到一家都要念赞词,家主都要赠送红包,钱不论多少,都给表演队。

### (三)谷村民间文化传承

为传承民间文化,谷村在2020年建设了民间文化传承工作室和竹编工艺传承工作室。

**竹编工艺传承人李升华**

个人简介:李升华,1951年4月生,盘谷镇小祠下村委小祠下村人。11岁开始在峡江、分宜等地当学徒,一直在外做篾匠,潜心钻研竹编工艺。2018年,其竹编作品十二生肖及杨万里、罗洪先画像在江西省非物质文化遗产展示活动上展出;《龙凤呈祥》竹编作品在2019年2月19日第十五届中国(深圳)国际文化产业博览会获得金奖;2019年8月17日参加江西省森林旅游节青原山风景名胜区阳明书院作品展;2019年9月23日参加《中国农民丰收节》江西活动竹编现场演示;2020年7月9日至15日参加"文化的力量"2020江西文化发展巡礼展,现场竹编展示《鹊雀登梅》。

传承方式:免费。

传承内容:手工竹编工艺、手工竹编画。

竹编工艺传承人李升华

李升华竹编作品

民间文化传承人李国杰

个人简介:李国杰,1945年4月生,盘谷镇小祠下村委下老屋村人,号"幽泉居士",乡村医生,有中医师职称,擅长疑难病治疗。平生爱好广泛,喜读书自学,能无师自通,多才多艺,书画、武术皆能。书法功底深厚,能写60多种字体,其连体空心字堪称一绝;剪纸能无稿剪出各种花鸟鱼虫;擅长文学创作,原创诗、词、曲、对联等作品9000多件。任江西省楹联学会会员、庐陵诗词学会会员、庐陵楹联学会理事、吉水县诗词学会理事、吉水县民间文艺家协会理事、吉安区域李氏宗亲会会长。

传承方式:免费。

传承内容:剪纸工艺,书写空心字,书法,诗、词、曲、楹联创作。

民间文化传承人李国杰

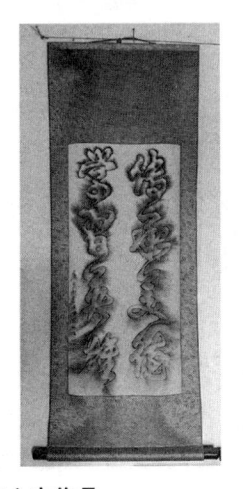

李国杰剪纸与空心字作品

## 六、谷村文化旅游

谷村各景点：开基广场、惜字亭、李景瑞将军故居、尚书府、忠肃公家族墓、朝元阁贞节坊、双子湖、天官第（李日宣）、福庆古庙、鳌鱼灯广场、谷村总祠（先祖墓）、白石洞、护吉大庙、罗洪先状元遗址、瀚墨池、谷村文化园。

开基广场

尚书府

朝元阁贞节坊

上篇 谷村文化盛况

天官第

鳌鱼灯广场

护吉大庙

罗洪先状元遗址

瀚墨池

# 庐陵文化学术论文

中篇

# 试论庐陵先贤对罗洪先人生观形成的影响

陈冬根　井冈山大学人文学院副教授、中文系主任

**摘要**：宋代以来,受理学熏陶的庐陵大地(吉州)产生了一大批刚正公忠的士大夫,形成了"文章节义"的庐陵精神。这种精神具有典范意义,并且一代一代接续传递。明代中后期的罗洪先就是其中一位。他以先贤为榜样,不断用他们身上所呈现出来的道义担当精神和忠勇节烈品格以自励。终其一生,罗洪先一言一行都在向先辈学习。欧阳珣、文天祥、练子宁、解缙、罗伦等先辈的忠贞事迹和节义品格,对罗洪先人生观的形成起着不同程度的作用。最后,罗氏自己也活成了"只知有是非,不知有利害"的君子,成了后人仰慕的典范。

**关键词**：庐陵先贤；罗洪先；节义；文天祥；解缙

人生观、世界观和价值观,这是人们常说的每个人都有的所谓的"三观"。就中国文化语境而言,"三观"其实归于一,皆可谓之人生观。因为在天人合一的文化语境中,世界观和人生观没有多少分别,而价值观则是人生观的某一层面而已。故而中国古代士大夫的人生观就是他们的一切思想的核心。要深入解读一个历史人物,其人生观是关键。职是之故,罗洪先作为明代一位重要的理学家、阳明后学重要人物,同时又是庐陵文化精髓的代表人物,其人生观是值得我们去探究的。

罗洪先(1504—1564),字达夫,号念庵,江西吉水(古属吉安府)盘谷镇人。罗洪先出身官宦之家,自幼端庄持重、立志高远,从不为嬉戏之举。明嘉靖四年(1525),罗洪先参加江西乡试,得中举人；嘉靖八年(1529)春闱,又获殿试第一,高中状元,依例授翰林院修撰。而明世宗朱厚熜迷信道教,宠信宦官,导致朝政混乱。罗洪先看不惯朝廷的腐败,即请告归,后又两次被重新起用。嘉靖十八年(1539),在朝为官的罗洪先因联名上所谓《东宫朝贺疏》,拟请太子监国,彻底冒犯世宗皇帝而被黜职为民。罗洪先从此彻底离开官场,回到家乡吉水,筑石室于家附近(今吉水阜田镇石莲洞),终日著书讲学。他参究诸家,用心体悟,终得自证。其"主静归寂"之说独树一帜,为"江右王学"之代表。著有《念庵文

集》二十二卷。

从罗氏生平可知,他从小受到的是严格的儒家传统思想教育。如其本传所记载:"(罗)洪先虽宗良知学,然未尝及守仁门,恒举《易大传》'寂然不动'、周子'无欲故静'之旨以告学人。又曰:'儒者学在经世,而以无欲为本。惟无欲,然后出而经世,识精而力巨。'时王畿谓良知自然,不假纤毫力。洪先非之曰:'世岂有现成良知者耶?'虽与畿交好,而持论始终不合。山中有石洞,旧为虎穴,葺茅居之,命曰石莲。谢客,默坐一榻,三年不出户。"① 不难看出,不管后来经历如何,其思想底色还是宋明以来的儒学,即理学。罗洪先所持学说,实乃江右特别是庐陵王学学者们的主流观念:无论心学良知如何高妙,终究是要回落到现实的大地上,即应该经世以致用。否则,与佛禅性空之学何异?

观罗氏文集及当世人与之相往来的书信、文章,读者会有很强烈的印象:罗洪先的积极入世思想是非常明显的,即所谓"学在经世"。在罗洪先眼里,即使是心学之"无欲为本",最终指向也是为了"经世致用"。所以,即使是罗洪先愤而辞职归家读书,在石洞修习悟道的日子里,他也不能忘怀于天下。后世人反观罗氏所研究之学问,上至天文、礼乐、典章、阴阳、术数,下至地理、水利、边塞、战阵、攻守,无一不与国计民生相关联。即如所谓地理学和地图学,目的也是考图观史。而中国的史学从头到脚都是为了社会政治,司马光的《资治通鉴》是最为典型的文本。于此,罗氏的学术研究,可谓经世安邦之学;其核心思想,则是明于致用。

罗氏的这种"人在山中,心怀天下"的思想,与北宋庆历革新名臣范仲淹"居庙堂之高,则忧其民;处江湖之远,则忧其君"的精神是一脉相承的。这种心系民生、心怀天下的情怀,刚正不阿、忠诚节义的品质,在罗洪先等庐陵知识精英身上表现得比较突出,也非常普遍。这也就是后人所概括出来的"庐陵精神"。这种所谓"庐陵精神",用南宋后期吉州知州江万里的一句话来说,就是"君子只知有是非,不知有利害"②。这点,恰恰也是所谓"江右王学"特别是庐陵王门后学的一个非常明显的特征,其与浙东学派、泰州学派都有较大差异。显然,这是一种地域文化的影响结果,也可以说是乡贤文化熏陶的结果。实际上,庐陵地

---

① [清]张廷玉等撰:《明史》卷二百八十三,中华书局1974年版,第7279页。
② 汪圣铎点校:《宋史全文》卷三十四,中华书局2016年版,第2777页。

区这种乡贤文化熏陶后学的例子,从胡铨、杨万里、文天祥等人那里就已经比较常见了。经过元、明两朝的传递,庐陵地区更是理学文脉不断,稳稳地传承着儒家的精髓,包括其世界观、价值观。于此,我们不得不回过头来看看乡贤文化对罗洪先人生观的影响。

罗洪先早年就接触到心学,辞官归来后长期居于家乡的白莲石洞,修行问道,潜心学术,后究心于王阳明心学,与乡贤邹守益、聂豹等人往来论学,终得悟道。其哲学观与聂豹相近,以寂灭为旨归,强调事功。例如,罗洪先曾经为桂阳郡新修的周敦颐祠作祠记。在《桂阳重修濂溪祠记》中他这样写道:

> 盖一物不欲易,物物不欲难;一念不欲易,终身不欲难;有所制而不欲易,莫之御而无欲者难。此非有以自足,而能为事物之主者乎?是故止而不为者存而不存,谓之曰虚,虚则明,明则通,而实未尝有所静也。出而不染者应而不应,谓之曰直,直则公,公则溥,而实未尝有所动也。是道也,天地、鬼神、四时、日月所不能违,而况于人也?是故在身裕乎身,在邑善乎邑,在郡优乎郡,行之天下归其仁,传之万世报其德,是所谓人极之立,未可责事以为功,撰言以为誉者也。宜先生之常尊欤?①

很明显,强调事功不仅是"江右王学"的鲜明特色,实质上也是王阳明本人学说的核心思想。黄宗羲在《明儒学案》之"江右王门学之一"开篇就指出:"姚江之学,惟江右为得其传,东廓、念庵、两峰、双江其选也。再传而为塘南、思默,皆能推原阳明未尽之旨。是时越中流弊多出,挟师说以杜学者之口,而江右独能破之,阳明之道赖以不坠。盖阳明一生精神,俱在江右,亦其感应之理宜也。"②黄氏此处不是一时冲动的感情用语,而是以事实为依据的公正判断。这里,黄宗羲所提到的王门学者中,半数以上为庐陵人,其中就有罗洪先。

至此,我们就要回到主题,来谈谈庐陵先贤的事迹和精神品格对罗洪先的影响。这里,我们主要以罗氏的几篇为庐陵先贤所作的纪念文章或者文集之序来分析。

---

① [明]罗洪先著,徐宗儒点校:《罗洪先集》卷四,凤凰出版社2007年版,第127页。
② [明末清初]黄宗羲著,沈芝盈点校:《明儒学案》卷十六,中华书局2008年版,第331页。

首先看他为南宋初年为国殉难的一位庐陵先贤所作的祠记,其文曰:

嗟夫!时人之言祸福者,取必于外,而不取必于其心,此固不足以知公。即使如时人之言,其足悲者,暂焉耳,数世之后,祀耶?否耶?……夫忠义者,称吾心而出之,非有徇乎其外也。得吾心,即得人之心;得一时之心,即得百世之心。昔之圣贤之心存乎人者,历千古而一日,是谓不朽,岂必待其尊崇归仰以为重哉?盖百世之心,即吾之心,不随身以存亡,亦非加损于外可以为悲喜者也。夫百世不亡,固不在必祀与否,而尊崇归仰,自其心之所不能忘,况又数世之后与其族人思为祠以祀之,宜非徇乎其外矣。世之有愧于忠义者,牵系目前之爱,且畏蹈祸耳。脱然于目前畏爱,可以百世不亡,而其祀亦且不废,将孰为祸,孰为福,是岂时人耳目所可及哉?①

此中的欧阳监丞,是指南宋初的欧阳珣。珣在南宋初因国事殉难,而且十分壮烈。② 罗洪先非常崇敬之,故予以高度评价,直言"夫忠义者,称吾心而出之,非有徇乎其外也"。并且,罗氏对世态常情提出了批判,所谓"世之有愧于忠义者,牵系目前之爱,且畏蹈祸耳"。这种为实践忠义,不避蹈祸的人,就是前文提及的江万里所谓的君子。罗氏以之为自己学习的榜样,可见其人生价值观之所在,即属"只知有是非,不知有利害"者。我们可以假设,作为状元的罗洪先,如果随波逐流,与世浮沉,甚至投机钻营,那他肯定会在明代中后期的官场上混得比较顺利。然事实证明,罗洪先数次被罢官,皆因其刚正耿直,直指时弊,不计利害。

在众多的庐陵先贤中,以刚正节义著称者数不胜数,然其中最为人所熟悉也最令人敬重的,当属南宋末年的文天祥。文天祥一生的事迹及其形成的精神,概而言之,就是"文章节义"。"文章节义"对庐陵地区文化思想和士大夫的人生观产生了深远的影响。罗洪先等明代士大夫受其影响尤其深,他们反复在文中表达其崇敬之情。例如,罗洪先在《富田文山先生祠堂记》这样写道:

---

① 《罗洪先集》卷四,第128—129页。
② [清]刘绎等纂修,汪泰荣点校:《光绪吉安府志》卷四,中华书局2014年版,第1267页。

世以先生之死,足以鉴万世之人臣也。踪迹所至,皆特祠严奉之……惜也言不足验,使万世之下,徒仰其忠,而不见先生之大,比之取必于一死者之所为,而未深知其心,则事会使然也。夫取必于一死者,大抵激发于义气,蹙迫于利害,拼割于仓卒。而是三者,又多系其所遭,谓非忠于事主固不可,概之以大,则未也。功名灭性,忠孝劳生,非先生语乎?必至于是,而后谓之有悟。夫有悟者,生贵乎顺,不以生自嫌;死贵乎安,不以死塞责。与人同情,而不为人情之所牵,人皆易从,而非示人以绝德。此先生之忠,所以为大,而谓有择于故乡之祀与否,固非驯矣。①

从文章可知,并非仅是文氏的"感于忠义""勤于政事""死于王事"等内容打动了罗洪先,文天祥"功名灭性,忠孝劳生"的人生观对罗洪先的影响更深,即"不为人情之所牵""非示人以绝德",所谓"先生之忠,所以为大"是也。这种超越一般功名利禄,以生命去践行人生价值的做法,正是后来阳明学派所崇尚的"致良知",或说"知行合一"。可以说,罗洪先对文天祥的理解,比一般人更加深刻、更加到位。在某种意义上,罗洪先自认为是文天祥的隔世知音。所以,他在《文山先生画像记》中非常真切地表达了自己对文天祥的仰望之情。他动情地说:

吾于人,有愿见而不可得,有欲避而不得已。斯二者,生于吾心,咸莫知所以自来,谓非天与我者耶?方其愿见而不可得也,不特闻其容貌,足以想其为人。幸得至其乡井,睹其手迹之余,亦将歔慨悲喜,有如相接平生矣。又况为乡之先哲,心所甚慕而敬焉者,一旦得其容貌之似,其于心何哉!②

这里,罗洪先直言不讳地说出了自己对文天祥的崇敬,这当是发自肺腑的。所谓"生于吾心,咸莫知所以自来"的崇拜之情,就是油然而生的自然之情。这颇类似于阳明学派王畿等人所谓的"不虑而得""不学而能"的"良知"。实际

---

① 《罗洪先集》卷四,第129—130页。
② 《罗洪先集》卷四,第140页。

上,罗洪先对庐陵先贤这类忠义人物的深刻解读,还体现在他对明代初期的练安(字子宁)的崇敬上。例如,他在《峡江新修练公祠记》中说:

> 夫(练子宁)能为淦与峡重者,止一死尔。夫人孰无死,公独以死重淦与峡,何哉?忠于所事,知其不得不然,而又能即其心之所安故也。……虽蒙垢而无所避也。公之难也,人固有辞矣,不谓吾可以已也,而必死之,其心盖曰:"彼在人者,何与于我哉?"虽戮妻奴无避也。夫是谓之自靖。自靖焉者,自尽其心而后能安也。夫仁,人心也。尽乎心,则求仁得仁,夷齐所以见贤于夫子也。夷、齐饿而商不亡,百世以下,闻者莫不兴起,宜峡在所必争矣。①

明代初期的新淦(今新干)人练子宁虽然没有文天祥那么知名,但他的刚烈恐怕不亚于文天祥。而其家族的悲烈更是令人动容:因为誓死捍卫建文帝朱允炆,拒绝接受朱棣,练子宁一族直接被杀者达380人之多。如果当时练子宁能够稍稍降阶,像老乡金幼孜、胡广、解缙等人一样接受朱棣,那将有一个光明的人生。但是,他选择了大义,直面死亡。在罗洪先看来,练子宁的行为与历史上的伯夷、叔齐同样伟大,算得上是"求仁得仁",符合孟子所谓的"舍生取义",也就是"尽心"者。

庐陵先贤们这种"为天地立心,为生民立命,为往圣继绝学"的做法和精神品格,深深地印在罗洪先心里。从某个时刻开始,罗洪先就已经立定了以庐陵先贤为榜样,并一直朝着他们的方向努力。这点,从他晚年所作的《自书画像记》中也可以看出一二。他说:

> 彼世所乐者,名位寿康;所苦,则悲病疾与忧黜辱也。余每登朝,辄雁大故,庆门吊庐,契期环转,余生者幸也。濒危茹楚,惧戮畏谗,其福僭于刀锯,得是不谓怆然矣乎?余二十有三而闻学,当时自许逢盛世,奉明君,纵不能振古道以正君德,犹当假百雉城一令长,少自著见,即托身桐乡不辞

---

① 《罗洪先集》卷四,第133—134页。

也。今且二纪,上无一言以致主,下无一事以泽民,徒挂虚名缙绅之间。至使入疆者问庐,纳刺者加币,此不足为悚然矣乎?①

这段文字是罗洪先对自己生平的认真检视。从中可知,罗洪先一生也是颇为坎坷,几经浮沉,也曾经向往过富贵,也曾经忧谗畏讥、恐惧祸患。但是,他并不因此而放弃心中信念:"徒挂虚名缙绅之间",他要做的是"振古道以正君德",以自己的知识和德行振兴儒道,辅佐君王成圣成德;或者"假百雉城一令长",践行自己的政治理想。如二者皆不能实现,则退而著述,实现圣人所谓的"立言",终必有益于民。这就是后来阳明学派诸公常常提到的"三不朽"精神,即"立德、立功、立言"。

在庐陵先贤中,还有两位对罗洪先影响极大,他们分别是与罗氏同属朱明王朝的解缙和罗伦。解、罗二人都是天才式人物,在立功、立言方面可谓典范。作为乡学后辈,罗洪先在给二人的文集作序时,深深表达了自己的敬慕之情。例如,他在《〈解学士文集〉序》中充满感情地发表了长言:

始余游东山,经三麓而后跻浮黎。浮黎者,东山之巅也。据是返顾,培塿层叠,环以百数。当是时,第谓高厚必资于积累,理固然耳……彼名岳者,山之至矩,不由积累而高厚者乎?……夫圣贤,至矣。彼略毁誉,轻利害,视天下事无不可为,而不可囿以世俗之见,故卒应王佐,而称豪杰。若是者,亦谓巨人。春雨解公几之。方高皇帝挥斥英雄,濯拭宇宙,此何时也?而公未弱冠,天眷独隆。成祖之初,契符鱼水。观其应制寓讽,封事犯颜,有郑公之正;乳儿朝贵,敝屣爵位,有方朔之奇;忤权蹈危,投荒厉节,有太白之迈;保储忘身,徙家戍边,有柬之之烈。是果积累得之否乎?即使有歉于圣贤,亦当不失为豪杰,何则?其才固自殊也!世之知公者浅,类以词翰赏之,至论平生,莫定题品。伏闻仁庙尝曰:"人言缙狂,缙非狂士。"呜呼,非日月之明哉!公亦有言:"宁为有瑕玉,莫作无瑕石。"斯固其自况也。公蒙祸既酷,稿袝外氏。某再过其下,欷歔叹息,不忍辄去。会柱史遵化古

---

① 《罗洪先集》卷四,第 141 页。

松段君来按江省,吊古采言,檄县礼葬,将刻其遗文以传。公天才逸发,援笔万言,不事属稿,而又经籍没,故多散亡。从孙桐辑录凡十卷,求加诠次,稍别其伪,不尽删繁者,亦以见公不屑屑于尺寸间,所谓不由积累一验也。呜呼,览者其辨人中之岳安在?无徒高卑之校哉!①

明代第一奇才解缙,江西吉水人,与罗洪先同邑,为罗氏最亲切之乡贤。解缙一生堪称传奇,他的仕途跌宕起伏,人生结局也令人扼腕。解缙既是文人士大夫的骄傲,也是文人士大夫的悲哀。陈寅恪先生曾经提出"理解之同情"的概念,即《冯友兰中国哲学史上册审查报告》中指出的"所谓真了解者,必神游冥想,与立说之古人,处于同一境界,而对于其持论所以不得不如是之苦心孤诣,表一种之同情,使能批评其学说之是非得失,而无隔阂肤廓之论"②。其要义也就是后来解读者,必须设身处地替当时的人考虑,才能真正理解其所作所为。用其来解读解缙这样的古人是比较合适的,罗洪先正是如此做的。所以,对于江浙等地士大夫对解缙等庐陵士子迎奉燕王朱棣的批评,罗洪先非常不以为意。罗洪先甚至用唐代的魏征、张柬之和李白等人来比况解缙的节义文章,并以高山之积厚来比拟解缙的积功,其用心自然不可掩夺。甚至,罗洪先作了退一步之假设,认为解缙"即使有歉于圣贤,亦当不失为豪杰"。这样的评价,远出时辈之上,颇有惺惺相惜之意。正是因为罗洪先如此高度评价乡贤解缙,直接影响了稍后的同为吉水人的邹元标。邹元标以"节义千秋壮,文章百代尊"(《解春雨学士旧墓》)来褒奖解缙,并一生在为恢复解缙名誉及请求朝廷赠送谥号而奔走呼号。③

罗洪先承继了亚圣孟子的观点,认为古之君子圣贤身上的道义之气,乃天地自然而存在,可养可充,至大至刚。这点,后来文天祥在《正气歌》当中也是这样阐释的,所谓"天地有正气,杂然赋流形。下则为河岳,上则为日星。于人曰'浩然',沛乎塞苍冥。皇路当清夷,含和吐明庭。时穷节乃见,一一垂丹青"④。

---

① 《罗洪先集》卷十一,第477—478页。
② 陈寅恪:《舍明馆丛稿二编》,三联书店2015年版,第279页。
③ 陈冬根:《解缙谥号赠授时间考证》,《井冈山大学学报(社会科学版)》,2011年第5期。
④ [宋]文天祥著,吴言生等解评:《文天祥集》,三晋出版社2008年版,第148页。

其实，不少中国古人都认为，君子身上的浩然正气，可以与日月同辉。罗洪先、邹元标等人对解缙、罗伦的评价，也是这样的。例如，罗洪先曾这样评述罗伦：

> 天地有气义，大和乘以代其运，阳春赖以敛其成；震而为雷霆，激而为风飚，惨而为霜霰，起而为山岳，奔而为湍澜；其凝于物为坚金，为完璞，为后凋木；其灵于人为刚严，为果毅，为直遂，为无侧颇；得之而诸欲亡，言之而异端熄，用之而群奸屏、四夷宁，而不用则为万世法。孟子曰："我善养吾浩然之气。"先立乎其大者，则小者不能夺也。呜呼！若吾罗文毅公其将庶几乎？
> 
> 公名满天下，童孺皆能道其行事；至其所得，虽学者不能尽识也。死生之际大矣，公家贫，日中不能举火，而对客谈学不倦；得新衣，遇道殣，辄解以瘗，而身无完裳。今之言处贫贱者，未必皆困于衣食者也。困于衣食者少矣，至于冻且馁者益加少矣。公冻馁几于死亡，而一无足以动其中，他尚何有哉？名位不能使之荣，摈斥不能使之辱，功能不能使之乐，祸患不能使之忧，言论不能使之惑，意气不能使之改。所谓浩然而刚大者，性成然也，非有事于勉强者也。吾独怪夫学者之为言也，或病其僻，或疑其矫，缅缅乎听之，非不和且平也。语其平生，虽丝发之微，亦足以动心而变色，而犹自以为知道，岂非世教之虑哉！
> 
> 洪先幼闻公于人，辄有不获执鞭之叹，且欲以身私淑之。然止叹其难能耳，固亦未知求所得也。二三年来，渐悔其谬。于是再读所谓"一峰集"者，不牵章句，不涉蹊径，不执意象，不事雕镌，慨乎其于辞，沛乎其于气，而皎乎其于光。得之心，出之言，懦者惭，鄙者惧，然后乃知孟氏之学至公，一明其言，实天地义气之所发也，而乌可视以空文为？
> 
> 桂林张君思默，以进士来令永丰，首考文献，风厉诸生。闻公之文有遗刻者，请于双江聂君，搜辑编次，俾为全集以传。遂因君索言于余。呜呼！公之所得，不系集之有无与全否也。有欲知吾之浩然者，观于是集，将不为濯热之清风，苏蛰之迅霆也夫！①

---

① 《罗洪先集》卷十一，第481—482页。

罗伦为吉安永丰人,明成化二年(1466)进士第一,授翰林院修撰。后隐于家乡金牛山授徒讲学,从学者甚众,曾与胡居仁、张元祯、娄谅等于弋阳圭峰等地讲学,开明代书院会讲之先声。其经历与罗洪先颇为相似,故罗洪先对他多了一份内心认同感。更为重要的是,罗伦乃吉安地区阳明学的先驱人物,他与明代心学早期人物陈献章关系密切,服膺其学。而罗伦恰是陈献章到王阳明的中间人物。这对罗洪先来说非常关键,正如罗洪先在此文中所说:"洪先幼闻公于人,辄有不获执鞭之叹,且欲以身私淑之。"换句话说,从很早开始,罗洪先内心就把罗伦当老师了。罗洪先与王阳明并没有直接接触,他的心学思想,与其说来自王阳明,不如说更多来自罗伦。

　　此中开篇所谓"天地有气义",就是指庐陵士人身上存在的浩然正气。这与文天祥在《正气歌》中所言的"天地有正气"一脉相承。值得注意的是,罗伦最后也被朝廷赠授"文毅"之号,与解缙齐名。按照古代谥法:经天纬地、勤学好问、道德博厚、勤惠爱民、愍民惠礼方可谥"文";毅,有刚毅、刚强之意,初用于武臣,后用于文臣,指那些刚毅立朝、不为外力所屈服、舍身为国事者,文武之臣皆可用。武臣刚勇并不难见,但这样的文臣历史上特别是宋代以来不多见。于此,我们可以说解缙、罗伦等皆具有庐陵君子的典型特征:为人刚正,义之所在,毅然必赴,视富贵名利如浮云。这不仅是吸引罗洪先之处,也是直接影响其人生观的精神特质。

　　总之,纵观宋代以来的历史,吉安籍的士人中,欧阳修、周必大等得"文忠"之谥,杨邦乂得"忠襄"之谥,杨万里得"文节"之谥,胡铨得"忠简"之谥,文天祥得"忠烈"之谥,解缙和罗伦二人得号"文毅"之谥。此外,尚有一大批得"文穆""文恭""文庄"者。无论哪种赠谥,都是朝廷及世人对庐陵士人的评价和认可。这一切事实说明,深受宋明理学熏陶的庐陵大地,往往能产生刚正公忠、节义勇烈的忠臣烈士。后来罗洪先、邹元标等庐陵士大夫,就是以此自励,在一言一行中向先辈学习,最后自己也活成了君子,成了后人仰慕的典范。

# 李如圭《仪礼集释》申注特色探析[①]

## ——李如圭礼学研究之解经学考察(二)

邓声国　井冈山大学人文学院副院长、二级教授

**摘要**：在宋代《礼》学研究史上，李如圭的《仪礼集释》是一部重要的集体著作。该书在全文俱录郑玄《仪礼注》的同时，又增设"释曰"部分，或是对《仪礼》的某些经文加以阐释，或是对郑玄的某些注语加以笺识，突出反映了李如圭在《仪礼》研究方面的具体创见。通过对这些"释曰"申注类释语的剖析，可以发现，无论是对郑注语词的释注，还是对郑注礼经仪文节度训释的申解补充，也无论是对先秦儒家典籍的语料引证申注方面，还是对郑注校勘语料及其语词的释音申注方面，李氏的《仪礼集释》都形成了自身独到鲜明的申注特色，在整个《仪礼》学史上占据了一定的重要地位。

**关键词**：李如圭；《仪礼集释》；申注特色

在《仪礼》研究史上，整个宋代并不是一个研究氛围浓郁、著述频现的时代。据《文献通考》引《中兴艺文志》文可知，自宋熙宁以后，当时人们有鉴于《仪礼》一书"节目之繁，文义之密，骤而读之，未易晓解，甚或不能以句"[②]，加之当时所见经文并注往往多有讹脱，其书遭到罢废，学者不复传习之，治之者甚鲜。直到宋乾道年间，始有张淳定其伪而撰为《仪礼识误》，宋淳熙年间又有李如圭《仪礼集释》一书问世。李如圭生卒年不详，大致与朱熹同时，字宝之，庐陵（今江西吉安）人[③]，南宋绍熙癸丑年（1193）进士，官至福建路抚干，《中兴艺文志》称其曾与朱子一起校定《礼经》。除著《仪礼集释》外，李如圭还撰《仪礼释宫》以论宫室之制，著《仪礼纲目》以别章句之旨，其中，前二书是戴震从《永乐大典》中录出并排纂成书的，而后一本书则世无传本。现今所见《仪礼集释》版本甚多，以台湾商务印书馆所影印文渊阁《四库全书》本最为通行，流传最广。除此之外，尚有《墨海金壶》本、《经苑》本及《丛书集成初编》本传世。

---

[①] 本文系国家社科基金项目"《三礼》学通史"（项目编号：09BZX031）阶段性成果之一。
[②] [宋]陈汶：《仪礼集释序》，《仪礼集释》卷首，文渊阁《四库全书》本。
[③] [清]永瑢等：《钦定四库全书总目》卷二十，中华书局1997年版，第250页。

就李氏《仪礼集释》（以下一般仅称"《集释》"）一书而言，《四库全书》所录乃从《永乐大典》中辑出，其中十五篇首尾尚属完备，《乡射》《大射》两篇《永乐大典》已不存，当时四库馆臣乃参取清人惠栋、沈大成二家所校宋本，并证以《唐石经》本，以成《仪礼》之完帙。如至旧本十七篇，每篇即为一卷，四库馆臣病其繁多，遂将其离析作三十卷，即成今本卷数。《集释》全录郑玄注文，并出入经传，旁征博引，为之诠释，多发明唐人贾公彦疏所未备，可以称得上是极有功于《仪礼》郑氏学者，在宋代《仪礼》学史上具有颇为重要的地位。李如圭《集释》的具体《礼》学创解，主要反映在该书的"释曰"部分。据统计，除卷五、卷六《乡射礼》和卷九、卷十《大射仪》两篇无"释曰"部分外，《集释》其余十五篇共分26卷，全书共计出现1326则释例，这些释语"穷探博采，出入经传，以发明前人之未备"①，训释内容涉及的方面可谓相当广泛。从解经学的范畴来看，无论是对《仪礼》经文的阐释，还是对郑玄注语的申解，这些诠释性话语的学术意义都极为重大。倘若经由对《集释》"释曰"部分的整理发掘工作，可以显发李如圭对《仪礼》经典意旨的认识，同时对发掘郑氏《礼》学研究的深层内涵，以及溯寻先秦圣人作经的意旨，亦皆大有裨益。关于李氏《集释》"释曰"部分在训解经文方面体现出来的诠释特色，笔者已另行撰文加以申述。本篇行文，我们将透过《集释》所载"释曰"按语，从释注、申注、补注、文献引证及校勘释音五个方面逐一加以考察，系统而全面地探讨李氏在申解郑注方面的总体治学特色，发覆其所存《礼》学研究之价值。

### 一、从语词训释角度看李氏的释注特色

李氏《集释》"释曰"部分中有一些释词篇幅，主要是针对郑玄注文来专门解释的，其目的不在于发覆《仪礼》经文之义，而在于帮助读者加深对郑注的理解。众所周知，郑玄注文的用语属于汉代的语言词汇系统，当社会发展到李如圭所处的南宋之际，某些事物或概念的表述已经发生了很大变化，郑注的一些表述已经成为过去时，难以被读者所理解。有鉴于此，李如圭著《集释》时，特别注意申解郑注行文中的相关语词之义。当然，也有一些其他方面的原因，造成

---

① 《仪礼集释序》。

后世学者需要对郑玄注语加以特别申解说明的地方，李氏显然亦对此方面情况特别关注。大致说来，可以从以下几个方面来观照李氏在郑玄注语文词训释上体现出来的释注特色：

其一，李氏强调从疏通郑注文意的角度，重视对注语中的某些生僻疑难语词加以训释，便于读者明晰注语要旨。例如，《士冠礼》："筮人执策，抽上韇，兼执之，进，受命于主人。"郑注："韇，藏策之器，今时藏弓矢者谓之韇丸也。"《集释》卷一"释曰"："策，蓍也。下韇以承策上韇韬之。"①又如，《聘礼》："宰夫内拂几三，奉两端以进。"郑注："内拂几，不欲尘坋尊者。"《集释》卷十二"释曰"："内拂几，拂之向己也。坋，被也。"以上二例，李氏皆因郑注中的"策""坋"等词在南宋之际已不易为人所理解，故专门解释其义。这样做，显然有助于读者准确理解郑注。

其二，对于郑注中的某些虽然较为通俗却又易于引起误解之语词，李氏《集释》亦常加附训语申解说明之。例如《聘礼》："使者入，及众介随入，北面，东上。君揖使者进之，上介立于其左，接闻命。"郑注："进之者，有命宜相近也。"《集释》卷十一"释曰"："近，附近之近，后'犹近''近君''相近'同。"同篇："摈者执上币，士执众币，有司二人举皮，从其币，出请受。"郑注："此请受，请于上介也。摈者先即西面位置之。释辞之时，众执币者随立门中而俟。"《集释》卷十二"释曰"："随立，一一相随而立。"又如《士虞礼》："祝入门左，北面。"郑注："不与执事同位，接神尊也。"《集释》卷二十五"释曰"："执事，兄弟及宾也。"以上三例，李氏所训释的语词大都极为常见，但在郑注的训释环境中却又易于引起读者误解，因而《集释》从申解郑注句意的角度加附训语申解说明之，诚可谓有功于郑氏学。

其三，李氏善于考察《礼经》上下文的行文特征，进一步推阐郑注语词训释之缘由。其中，有的诠释例乃着眼于推阐郑注的语境义训释之所据，例如，《士相见礼》："始见于君，执挚至下，容弥蹙。"郑注："下，谓君所也。"《集释》卷三"释曰"："臣视君夹已下，故谓君所为下。"《集释》乃着意说明郑注云"下，谓君所也"的理据所在。而有的诠释例则着眼于推阐郑注的词汇义训释之所由，例

---

① [宋]李如圭：《仪礼集释》卷一，文渊阁《四库全书》本。本文以下所录《仪礼》经文及郑注《集释》"释曰"之语，并据此本，以下不再逐一标注说明。

如,《丧服》:"姑之子。"郑注:"外兄弟也。"《集释》卷十九"释曰":"姑外适而生,故曰外兄弟。"同篇"舅之子",郑注"内兄弟也",《集释》卷十九"释曰":"从于母而服,故对姑之子而名内兄弟。"以上二例,郑注乃着意解释不同于经文的亲属称谓现象,而李氏释语乃进一步解说郑玄释语称谓词其所命名取义之缘由。

其四,李氏善于对郑注中的某些特殊义训例加以辨析,从另一视角诠释,进一步推阐郑注语词训释之义。例如,《既夕礼》:"书遣于策。"郑注:"策,简也。"《集释》卷二十三"释曰":"策者,简之编连者也。"这一则释例,郑注云"策,简也",乃用近义词相释,但训语词与被训词二者之间实有规模数量上的不同之处,不能一概等同起来,因而李氏《集释》乃着眼于解释两者之间的关系及其异同,从而有助于读者进一步理解经义。

## 二、从仪制训释角度看李氏的申注特色

仪制训释是李如圭《集释》关注的焦点,其中既有对经文仪文节度的诠释,也有对郑注仪制训释内容的重新梳理。这种对郑注梳理的视角是多方面的,既可以是推阐郑注仪文节度训释之所由,也可以是发掘训语其中隐性的相关仪文节度详情;既可以是发明郑注仪节训释中隐性的礼意内涵,也可以是对郑注所释礼意进一步深化解说。凡此种种,皆有助于辨明李如圭《集释》对郑注申解工作之价值及其特色所在。析言之,从仪制及其礼意训释角度审察李氏《集释》的申注特色,主要体现在如下几个方面:

其一,李氏善于考察礼经上下文的行文措辞,进一步推阐郑注仪文节度训释之所由。例如《士冠礼》:"乃宿宾。宾如主人服,出门左,西面,再拜,主人东面答拜。"郑注:"主人朝服。"《集释》卷一"释曰":"筮日朝服,至此无改服之文,知皆朝服。朝服者,常时相见所服也。"按:经言"宾如主人服",而"宿宾"节又并未交代"主人服"为何服,郑注遂补充之,言"主人朝服",然亦未交代说明其依据,故《集释》考经文上下文发现,"筮日朝服,至此无改服之文",这也就是郑玄注释语之所由也。又如,《觐礼》:"诸侯前朝,皆受舍于朝:同姓西面,北上;异姓东面,北上。"郑注:"言诸侯者,明来朝者众矣。顾其入觐,不得并耳。受舍于朝,受次于文王庙门之外。《聘礼》曰:'宗人授次,次以帷,少退于君之次',则

是次也。"《集释》卷十六"释曰":"诸侯受聘于祧,知天子受觐亦于祧。郑以文、武庙为二祧,故谓受舍于文王庙门外也。"这一则"释曰"例,主要针对郑注中"受舍于朝,受次于文王庙门之外"的仪制诠释,推阐其训释之据所在也。

其二,李氏善于通过辨析郑注行文语词,发明郑注所叙《礼经》仪文节度之详情。例如,《燕礼》:"射人自阼阶下请立司正,公许,射人遂为司正。"郑注:"君许其请,因命用为司正。君三举爵,乐备作矣。将留宾饮酒,更立司正以监之,察仪法也。射人俱相礼,其事同。"《集释》卷八"释曰":"三举爵者,为宾、为卿、为大夫举旅也。《晋语》曰:'献公饮大夫酒,令司正实爵与史苏,曰:饮而无肴。'"这一则训例,李氏乃专就郑注"君三举爵,乐备作矣"一语,详述"三举爵"之具体规制内容。又如,《士丧礼》:"甸人掘坎于阶间,少西;为垼于西墙下,东乡。"郑注:"西墙,中庭之西。"《集释》卷二十"释曰":"中庭,庭南北之中也。"这一则训例,李氏乃专就郑注"西墙,中庭之西"所涉为垼方位情况详加解说,发明郑氏释礼之大旨。

其三,李氏善于考察《礼经》上下文,进一步明辨郑注仪制、礼意训释之所由。例如,《燕礼》:"公坐取宾所媵觯,兴,惟公所赐。"郑注:"至此又言兴者,明公崇礼不倦也。"《集释》卷八"释曰":"此为士举旅也,既燕坐而又言兴,明不倦矣。"这一则训例,李氏《集释》根据上下文仪节秩序,发明郑注训语"明公崇礼不倦"中礼意阐发的行文依据。又如,《既夕礼》:"荐车,直东荣,北辀。"郑注:"车当东荣,东陈西上于中庭。"卷二十三"释曰":"中庭,庭南北之中。下《记》荐乘车、道车、槀车,乘车为首;下经陈明器于乘车之西,则陈车西上。"这一则训例,李氏不仅解释了郑注训语所谓"中庭"的方位情况,而且还根据本篇上下文及《记》文,进一步辨明了郑注训语"东陈西上于中庭"之所由证。

其四,李氏善于考察《礼经》上下文,进一步推阐郑注所释仪制之隐含礼意内容。例如,《聘礼》:"至于阶,让,宾升一等,大夫从。升堂,北面听命。"郑注:"宾先升,使者尊。"《集释》卷十三"释曰":"尊聘君之命。"又如,《公食大夫礼》:"公如宾服,迎宾于大门外。"郑注:"不出大门,降于国君。"《集释》卷十五"释曰":"出门者,待其君之礼也。臣之意欲尊其君,迎宾于门内,所以顺其尊君之意也。"又如,《士丧礼》:"宾出,主人拜送于门外。"郑注:"庙门外也。"《集释》卷二十一"释曰":"不送于外门外,降于君使。"以上三例,李氏分别释言"降于国君""所以顺其尊君之意""降于君使",对本经仪制及其郑玄注文仪制训解中隐含的礼意内容挖掘得极为深入。

其五,李氏善于考察《礼经》上下文,推阐解释郑注训语概括性文辞,加深读者对经文仪文节度的了解。例如,《乡饮酒礼·记》:"献工与笙,取爵于上篚;既献,奠于下篚。"郑注:"明其异器,敬也。如是,则献大夫亦然。上篚三爵。"《集释》卷四"释曰":"三爵,献宾介众宾一,献工与笙二,献大夫三也。"推考这一则训例,郑注训语言"上篚三爵",乃承上文而言,所谓"上篚"是指堂上东方的篚,郑玄注语之目的乃在于说明献宾、献大夫、献工各不同爵,唯此处注语中"三爵"的表述具体指向过于隐括,故李氏为之加以推阐说明。

## 三、从补释注文角度看李氏的申注特色

郑玄《仪礼注》虽然多有可称道之处,然其仪节规制的训释亦不无局部瑕疵可议,后人亦多有就这方面的训释情况加以关注,并加以发微补充说明的。受整个治学风气的影响,李如圭《集释》"释曰"部分也有通过补释注文的方式,对郑注的解释加以弥补之例。这里所言之补释注文,或者着眼于补充解说郑玄注文训释较为模糊之处,或者着眼于补释其中训解不到位的地方,当然也有兼及其他方面的补释情况。虽为补释注文,其实亦属于申注的范畴之列。简括言之,其补释注文之特色主要可以从以下三个方面加以观照:

其一,对于郑注释义表述不够明晰之例,李氏《集释》亦注意进一步发覆补充之。例如,《乡饮酒礼》:"乃合乐:《周南·关雎》《葛覃》《卷耳》;《召南·鹊巢》《采蘩》《采苹》。"郑注:"合乐,谓歌乐与众声俱作。"《集释》卷四"释曰":"合乐,谓堂上歌瑟,堂下钟磬,合奏此诗也。《燕礼》曰:'歌乡乐:《周南》《召南》。'《关雎·序》曰:'用之乡人,用之邦国。'用之乡人,此礼是也。用之邦国,《燕礼》是也。《乡饮酒义》曰:'工入,升歌三终……笙入三终……间歌三终,合乐三终',歌与笙每篇为一终,间歌每间为一终,合乐,《鹊巢》合《关雎》,《采蘩》合《葛覃》,《采苹》合《卷耳》,每合为一终。《肆夏》《遏》《渠》,《颂》之族类。"考之该例,郑注言"乐与众声俱",表意略显模糊,易于引起歧义,故李氏《集释》通过援引文献材料为之详加解说,极为具体,仪制说解补充得十分明晰。又如,《聘礼》:"饪一牢,在西,鼎九,羞鼎三;腥一牢,在东,鼎七。"郑注:"中庭之馔

也。饪,熟也。熟在西,腥在东,象春秋也。鼎西九东七,凡其鼎实与其陈,如陈饔饩。羞鼎则陪鼎也。"《集释》卷十一"释曰":"鼎九者,牛、羊、豕、鱼、腊、肠胃、肤、鲜鱼、鲜腊也。鼎七者,无鲜鱼、鲜腊。"考之郑注语,所谓"鼎西九东七"并未表明具体的所指对象,故李如圭《集释》为之逐一说明。又如,《聘礼》篇"受币堂中西北面",郑注:"堂中西,中央之西"。《集释》卷十二"释曰":"堂中西,盖中堂与西楹之间。"较之郑注,该例中李氏《集释》释义表述更加明晰具体,有助于读者对仪节位次的准确把握。

其二,对于郑注未见明确训释而又易于引起误解者,李氏亦注意加以补释之。例如,《聘礼》篇:"其礼如为介三。"郑注:"如为介,如为大聘上介。"《集释》卷十二"释曰":"其礼,谓得主国之礼也。三介者,大夫降于卿二等,然则公之卿聘七介者,小聘使大夫五介;子男之卿聘三介者,小聘使大夫一介。"又如,《士丧礼》:"祝负墉,南面。主人中庭。"郑注:"祝南面房中,东乡君。墙谓之墉。主人中庭,进益北。"《集释》卷二十二"释曰":"中庭,庭南北之中。"以上二例,前者郑氏注语未提及经文中"其礼"所指称的对象为何,后者则经文并注语皆言及"中庭"一语,读者不易明了其所指称方位位次情况,有鉴于此,李如圭《集释》均为之一一补充说明。

其三,补充解说与经文、郑注所述密切相关的礼制情况。例如,《燕礼》:"受爵于筵前,反位。主人拜送爵。宾升席,坐祭酒,遂奠于荐东。"郑注:"遂者,因坐而奠之,不北面也。奠之者,酬不举也。"《集释》卷七"释曰":"于酌膳时宾即拜,且手受而祭之,急承主人之酬,重君物也。此皆异于《乡饮酒礼》酬礼。"此例郑氏注语专就本经行文为训,而李如圭《集释》则将本经仪制与《乡饮酒礼》酬礼的具体规制相对比,发覆其间仪节及其礼意异同之所在,甚富价值。又如,《公食大夫礼》:"雍人以俎入,陈于鼎南。旅人南面加匕于鼎,退。"郑注:"旅人,雍人之属。旅食者也。雍人言入,旅人言退,文互相备也。出入之由,亦如举鼎者。匕俎每器一人,诸侯官多也。"《集释》卷十五"释曰":"大夫馈食礼,匕俎皆合执以从。"按照郑玄《目录》的说法,《公食大夫礼》乃是"主国君以礼食小聘大夫之礼",也就是记述主国国君以礼食招待来小聘的大夫的礼仪,而李氏则在郑氏注语所述仪制说解外,补释"大夫馈食礼"与此礼仪"匕俎分执"的差异。凡此之类,皆有助于读者从总体上对《仪礼》本经仪节规制及其礼意的深层次体认。

## 四、从文献引证角度看李氏的申注特色

考之《集释》一书"释曰"部分可以发现，无论是解释经文，还是申补郑注，李如圭都十分强调援引各类典籍材料，或者与《礼》经行文相互发明，或者与郑氏注语相互印证，或者佐证自身的语词及礼制诠释。从文献引证的书目情况来看，李氏引书最为广泛、最为普遍的应是《三礼》及《大戴礼记》，其中尤以《小戴礼记》称引最多；其次则遍及宋人所谓"十三经"之其他儒经，如《诗经》《尚书》《春秋左氏传》《论语》《尔雅》等；其次又推及《荀子》《国语》《孔子家语》《管子》，其余各类先秦典籍文献则基本上不予援引。特别值得注意的是，在《春秋》三传中，李氏往往主要关注《左氏春秋》所叙事类，而较少援引《公羊传》《谷梁传》二书语料。此外，对于汉代以来各类典籍注释语料，李氏亦较少给予关注，一般不纳入其"释曰"之中。

从文献引证功用的角度来看，李氏《集释》的引证申注与引证解经一样，同样具有自身的独到之处，其所起到的申注功用是多方面的，形成了自身的鲜明特色。简略言之，李氏援引各类文献材料的诠释功用，主要体现在如下几个方面：

其一，李氏通过援引相关文献典籍语料，进而发覆郑玄注文有关语词训释的依据和来源。例如，《士丧礼》"稻米一豆实于筐。"郑注："豆四升。"《集释》卷二十"释曰"："《春秋传》曰：'四升为豆。'"又如，《既夕礼》"若赗"，郑注："赗之言补也，助也，货财曰赙。"《集释》卷二十三"释曰"："《公羊传》曰：'车马曰赗，货财曰赙，衣被曰襚。'"以上二例，李氏《集释》均通过援引《春秋》三传之文的有关注释性话语，印证郑玄注语语词释义的准确性。特别有意思的是，李氏基本上不援引汉代以后学者的注释语，可能是出于确保文献引证的可信度而采取的一种特殊做法。

其二，李氏往往通过直接援引相关文献典籍语料，证明郑玄注语仪制训释的正确性。例如，《乡饮酒礼》："工入升自西阶，北面坐。相者东面坐，遂授瑟，乃降。"郑注："降立于西方，近其事。"《集释》卷四"释曰"："《乡射礼》：'乐正适西方，命弟子赞工，迁乐'，知相者降立西方。"按：这则训例中，郑注以"降立于西

方"数语对释经文"降"字,而《集释》则援引《乡射礼》文为说,推阐郑注训释理据,引文即郑氏理据所在。有些情况下,李如圭亦不添加任何诠释性话语,而是直接援引具体文献典籍语料,佐证郑玄注语训释之所依从,例如,《聘礼》:"辞无常,孙而说。"郑注:"孙,顺也。大夫使受命不受辞,辞必顺且说。"《集释》卷十四"释曰":"《春秋公羊传》曰:'聘礼,大夫受命不受辞。'"又如,《士丧礼》:"升自前东荣,中屋,北面招以衣,曰:皋某复。"郑注:"北面招,求诸幽之义也。"《集释》卷二十"释曰":"《檀弓》曰:'复,尽爱之道也。有祷祠之心焉。望反诸幽,求诸鬼神之道也。北面,求诸幽之义也。'"又如,《既夕礼》:"无祭器,有燕乐器可也。"郑注:"士礼略也。大夫以上兼用鬼器、人器也。"《集释》卷二十三"释曰":"《檀弓》曰:'明器,鬼器也。祭器,人器也。'士无祭器,故明器实之。兼用之,则虚明器而实祭器。'宋襄公葬其夫人,醯醢百瓮。曾子曰:既曰明器,而又实之。'讥其与祭器皆实之。"以上三例,李氏援引文献,或佐证郑注礼制的说解,或印证郑注礼意之阐发,申注之功亦极为显著。相比较而言,这是最为普遍的一种援引文献材料申注的情况。

其三,少数情况下,李氏也会通过直接援引相关文献典籍语料,实现对郑氏注语相关语词进行解释的功效,而不加附任何注释性话语。例如,《士虞礼》:"苴刌茅,长五寸,束之,实于筐,馈于西坫上。"郑注:"苴,犹藉也。"《集释》卷二十五"释曰":"刌,切也。《易》曰:'藉用白茅。'"这一则训例中,李氏援引《周易·大过》的行文解释郑注训语中的"藉"字意义,这对于准确理解郑注训语"苴,犹藉也"的含义,具有重要的辅助之功。

其四,李氏在申解阐述郑注有关语句礼仪所指内容的同时,也常常援引相关文献典籍语料加以佐证。例如,《燕礼》:"射人自阼阶下请立司正,公许。射人遂为司正。"郑注:"君许其请,因命用为司正。君三举爵,乐备作矣。将留宾饮酒,更立司正以监之,察仪法也。射人俱相礼,其事同。"《集释》卷八"释曰":"三举爵者,为宾、为卿、为大夫举旅也。《晋语》曰:'献公饮大夫酒,令司正实爵与史苏,曰:饮而无肴。'"按:李氏云"三举爵者,为宾、为卿、为大夫举旅也"者,乃在于申解郑氏注语文辞语句,同时又援引《国语·晋语》文句佐证自身对郑注的解释。

## 五、从校勘释音角度看李氏的释注特色

就校勘角度来看，在李如圭之前，有朱熹撰《仪礼经传通解》，对通行本《仪礼》经、注、疏文作了一次详细的校订。正因如此，李氏《集释》在校勘方面的成就并不如朱氏那么突出，价值那么重大，特别是在对郑注本身行文的校勘方面，李氏几乎没有什么贡献。李氏《集释》校勘方面的价值，在于它和自身的释注特色贯通在一起，即将校勘的视角集中在了对郑注行文校勘结论的抉择方面。具体考察李如圭对郑注行文校勘结论的抉择情况，他所关注的方面主要有二：

其一，对郑玄有关于《仪礼》今古文择取的剖析，例如，《士冠礼》："布席于门中、闑西、阈外，西面。"郑注："闑，门橛。古文闑为槷，阈为蹙。"《集释》卷一"释曰"："闑，门中央所竖短木也。闑西而曰门中者，举大分言之。闑与槷音义同，《谷梁传》曰：'置旃以为辕门，以葛覆质以为槷。'古文，即出于孔氏壁中字以篆书者。"又如，同篇"冠之日，主人纷而迎宾，拜、揖、让，立于序端，皆如冠主，礼于阼"，郑注："今文礼作醴"。《集释》卷一"释曰"："礼，当从今文作醴。醴重而醮轻，孤子礼盛醴而不醮也，且士之醴子无作礼字者。"以上二例，前者李氏《集释》乃申解今古文字异而音义实相通也，后者李氏则申解说明郑玄抉择之不允当，主张改从今文用字为宜。

其二，对今古文校勘之外的其他校勘语的评判抉择，例如，《士冠礼》："请醴宾，宾礼辞，许，宾就次。"郑注："此醴当作礼。礼宾者，谢其自勤劳也。"《集释》卷一"释曰"："士之醴子、醴宾、醴妇，经皆作醴，不必改为礼，大夫以上乃曰傧曰礼耳。"这一例中，经文用字尽管没有今古文之别，但李氏以为郑玄改"醴"作"礼"的做法仍有不当之处，故予以校改并说明之。

就释音角度来看，在整个《仪礼》学研究史上，李氏《集释》不仅给《仪礼》经文的语词标音，而且第一次将郑玄训释语中的语词纳入标音的范畴之列，扩大了注释标音的对象范围。李如圭《集释》关于郑注行文语词的释音，有其自身的独到之处和释注特色，详细言之，可以从其标音功用和标音方式两方面加以考察：

其一，就其标音功用而言，考察《集释》对郑注本身行文的语词释音情况，大致可以归结为两种情况。一是单纯的语词表音，例如，《士昏礼》："若舅姑既没，

则妇入三月乃奠菜。"郑注："奠菜者，以筐祭菜也，盖用堇。"释曰："堇，亦取谨敬之义。《内则》有堇、荁，音谨。"这一则李氏释语，首先对郑注"盖用堇"的礼意内涵进行了一番申解，然后又针对注语"堇"字专门标示了释音，与"堇"字释义无关。二是通过语词表音的方式，表明注语中多音词的表意情况，例如，《聘礼》："公曰：'然。而不善乎？'"郑注："善其能使于四方。"《集释》卷十三"释曰"："使，所吏反。"又如，《公食大夫礼》："公辞。"郑注："止其拜，使之卒食。"《集释》卷十五"释曰"："食，如字，下至注卒食同。"凡此之类注音例，李氏目的不在于单纯的注音，他更强调通过注音这种形式，表明自己对这个多音多义词的语境义的选择理解。以上两种注音功用，《集释》中明显以后者为主，占其所有释音例的绝大多数。

其二，就其标音方式而言，考察《集释》对郑注本身行文的语词释音例，主要有两点值得注意。一是李氏所采取的标音方式有直音、反切、如字三大类，其中直音注音例较少，例如，《聘礼》："宾遂左。"郑注："见私事也，虽敌宾犹谦，入门右，为若降等然。《曲礼》曰：'客若降等，则就主人之阶。主人固辞于客，然后客复就西阶。'"《集释》卷十三"释曰"："复，音服。"即其例是也。二是除了大多数标音例属于一词一音（如上举诸例）外，李氏《集释》亦有少数情况下也会标注一词二音的例子，例如，《士昏礼》："主人以宾升，西面，宾升西阶，当阿，东面致命，主人阼阶上北面再拜。"郑注："今文阿为庪。"《集释》卷二"释曰"："庪，居委、居绮二反。"又如，《士丧礼》："明衣裳用布。"郑注："所以亲身为圭洁也。"《集释》卷二十"释曰"："亲，如字，或清刃反。"这样的标音例，一般所标示的语音系统属于宋代时候的语音情况，并不能代表郑玄遍注群经那个特定时期的语音现象，因而这种注音方式并不为后世学者所推崇。从申解郑注的角度来讲，意义不大。

## 结　语

考察整个宋代的经学研究史，庐陵李如圭能勤力专治《仪礼》之学，在承继以郑玄、贾公彦为代表的《礼》经注疏之学治学风格的基础上，进一步深入探考《仪礼》的词句训诂及其仪文节次内容，发覆郑玄注语的精微隐奥之处，并著为鸿篇，足以启发清代乾嘉以后一些《礼经》学研究者对郑注的重视，较之当时学者不复传习《仪礼》及郑注《礼经》之学的做法，值得称道。就今天来看，李氏《集释》中的许多按语可谓辨析详明，时或能发先儒之所未言，深得《仪礼》经意及郑注解经要旨，非元明之际以空言说礼者所能也。即以清后期胡培翚著其集大成之作《仪礼正义》而言，其中亦多有引用《集释》之训为说者。清乾隆年间，四库馆臣曾谓李氏所著《仪礼释宫》一书"诚治《仪礼》者之圭臬也"[1]，诚非溢美之词。统而言之，李氏《集释》之作虽仅为一部纂集体著作，然其"释曰"部分所体现出来的治学特色仍较为鲜明，在宋代历代《礼》学界可谓独树一帜。今天我们研究李氏《集释》，可谓大有必要，对《礼经》学发展亦大有裨益。

---

[1] 《钦定四库全书总目》卷二十。

# 《谷村仰承集》中的文天祥佚文

黄桃红　井冈山大学人文学院副教授
刘宗彬　吉安市文广新局原副局长

**摘要**：本文通过多方论证，证明《谷村仰承集》中《与深斋书》一文应为文天祥所作。
**关键词**：文天祥；《谷村仰承集》；《与深斋书》

《谷村仰承集》十一卷（清宣统元年重刊本）系江西省吉水县盘谷镇李氏族谱。全书刊载文天祥诗文五篇，即卷七《与肯堂先生书》《与深斋书》《跋李景春绍兴万言书稿》，卷八《李氏谱序》，卷九《赠深斋》诗，今见于《文天祥全集》者有四篇[①]，即《与肯堂先生书》，《文天祥全集》卷之五作《回李宫教应革》；《跋李景春绍兴万言书稿》，《文天祥全集》卷之十有录；《李氏谱序》，《文天祥全集》卷之十作《跋李氏谱》；《赠深斋》，《文天祥全集》卷之二作《又用韵简李深之》。以上四篇，内容与《文天祥全集》所载相同，仅个别文字有异，如《与肯堂先生书》末句"驰诉"，在《全集》中作"驰泝"。其中《与深斋书》，不见于《文天祥全集》。

《与深斋书》云："天祥比留城郛，幸甚。连日款诵'名理之诲'一节，相聚未有如此之久者。浣慰迄今，初朝从之归，往往匆匆，屡价扳致，方知紫气已不可追。暑气氤秽中，深以疏间清侍为恨。璧弟遭戍，人事如此，诚非本心，其身事未完，今莫知所以处也。因刊来谕，并求教焉。别柬云云。敢不敬体，区区已他布矣。幸赐体照，两日暑盛，此身又着在卑陋之下，调摄良苦。追想清湖水竹之盛，德人容与其间，临风怅然。不宣。"

这封书信是否为文天祥所作，我以为有研究讨论的价值。从内容上看，作品都与谷村李深斋有关。李深斋系《回李宫教应革》中李应革之胞弟，谱名应纲，号深斋。《谷村仰承集》卷五《李氏联芳图·兄弟进士》载："应革，弟应纲。"同卷《进士篇》载："应革，字式夫，宋端平甲午（1234）解试。宋宝祐丙辰

---

[①] ［宋］文天祥：《文天祥全集》，北京市中国书店1985年版，第27、105、239、250页。

(1256)文天祥榜登第。仕至朝奉郎,知袁州军事。"又:"道夫,以字行,名应纲。宋宝祐乙卯(1255)解试,宋咸淳甲戌(1274)王龙泽榜登第。任赣县主簿。"府志、县志中皆作"李道夫"。谷村李氏家族从两宋至清代八百多年中,举进士者48人,乡举115人,名震江南。李应革在《谷村仰承集》中被列入《循良传》,云:"公讳应革,字式夫,号肯堂,鼓楼西湖人也。宝祐四年进士,累官至崇正殿说书。时吉州大祲,经筵讲罢,上从容问应革乡里,即以饥对,上恻然。复取建隆绍兴乾道赈饥故事,反复陈于前。上为动感,捐粟十万赈之,全活甚众。后进读唐史,至忠武王传,上知其为忠武裔,特书手诏赐之,有曰:'卿之鼻祖,朕甚嘉之。'复赐宴便殿,御书诗翰以赐,即席赓和。授朝奉郎,知袁州军事,赐紫金鱼袋。卒于官。"李应革因得到皇帝恩赐,族门光耀。李应纲则少见传载,官止于主簿。

李应革兄弟年长文天祥兄弟许多,李应革于1234年中举人,文天祥于1236年才出生,应该要大上十七八岁。尽管如此,文天祥、文璧兄弟与李应革、李应纲兄弟交谊深厚,情同手足,原因是文氏兄弟与李应纲同于宋宝祐三年(1255)举郡贡士。第二年,文氏兄弟与李氏兄弟四人同赴京城参加礼部会试,文天祥与李应革进士及第。文璧于宋开庆元年(1259)中进士,李应纲直至宋咸淳甲戌才中进士。由于这么一种特殊关系,他们四人之间常有书信往来。只是在《文天祥全集》中能够见得一篇《回李宫教应革》书信,一个"回"字,传达了书信的往来情形。《谷村仰承集》卷七载有文璧《与深斋先生书信》,书云:"文璧去年冬半,相与泛桐江之舟,而各为西东。虽后来又得一笺,由是而之,盖无非渐疏之日也。维北有斗,夜夜瞻依。比审冰台献赋,天府登名,旗铃四驰,闾里交羡。璧于公厚甚,若已有之仰,惟执事胸藏甲兵,直万人敌,出其绪余,何向不克。顾乃迁就白衣,别试则一捷,固其所有不敢不为执事贺,而未足重贺也。扶摇万里,将此起步,一第溷子,又当探之囊中。担头梅花,曷日载道。惓惓倾向,溯风以之。璧自春徂秋,一往返京国,息肩侍下,方此逾月,幅纸写心,朝是夕是,因循到今,始能遣问。惟赐之伟度,未由参悟,切冀珍啬,以印前祷。或有驱役,所愿执鞭。"显然,此文作于宋咸淳七年(1271)李深斋举进士第后,为恭贺之辞。

文天祥、文璧兄弟与谷村李氏的交往,除了与李应革兄弟外,还有不少笃谊之友，如文天祥受李希元之请而作《跋李氏谱》，跋中说"友人李希元，示予家传"。李希元其人，文献记载不多。《谷村仰承集》卷五《修谱源流·修族谱文献》载："希元，宋德祐年修族谱。"主持家族修谱的人，都是宗伯族彦，非一般之人。赵文《青山集》卷一《送罗山禺序》载："印山罗氏有曰崓山禺者，与余庚午同解进士，数年来贫于赋役。……吾友李希元作序，为山禺言贫，山禺未尝言也。"由此可知李希元为当时地方名贤。

抚州崇仁县白砂今存旧谱《李坊李氏重修族谱》①，该谱把文天祥为吉水谷村李氏所作序文通过移花接木的办法变成李坊李氏所作，这种现象在旧谱中经常可以看到。难得的是，在李坊李氏谱中保存了文陛为谷村谱中文天祥旧序所作的跋文。文陛跋云："右先公序李氏族谱。后四十年，晋翁出自北方，其派于江以西者，仅一而已。其蕃衍如是，余可知矣。晋翁谓其北来同姓何如，岂无共此一初之身者，而持此三年，无从参考。虽博雅如东平墅斋公，亦付之不足之叹，则吾宗之得免相视如路人也。借是谱，倚是序，俱存之。今枣镌时，求诸名公，相与品订焉。余闻是言，有不得不书。而予执笔，实不能不无感也。希元为崆峒先生，先生之友，予之师也，今八十余。晋翁又其阶庭弟子，皆不坠厥宗者。时皇庆元年正月，司子男集贤直学士大夫文陛敬序。"

文陛的跋文也提到了李希元这个人，称崆峒先生。崆峒是盘谷附近山名，又作"空同"，明人金幼孜《环山楼记》："四面环以苍翠，若崆峒，若鹿角，若三岬诸峰。"罗汝敬《环山堂记》云"：环谷之山，近之则湛冈、空同，远之则南鹿、紫淦。"②文陛跋文中的款识时间点明了文天祥作序的时间为宋咸淳九年（1273）。史书记载，文天祥于1270年九月回到庐陵故里，隐居文山，直至1273年正月被任命为湖南提刑，三月往湖南上任。《文天祥全集》卷十七《文山先生纪年录》载："癸酉，咸淳九年，正月，除湖南提刑，辞免不允。三月，领事。"

宋咸淳、德祐之际，文天祥时而赋闲文山，时而奉命赴任。国势危难，招募勤王，游历庐陵邻县，受友人之托，其间也写了不少谱序等文章。如《罗氏

---

① 此族谱系1928年重修本。
② 《谷村仰承集》卷九。

族谱跋》，款识曰："咸淳七年辛未，文天祥跋。"①《同治永丰县志》卷三十三载文天祥《市隍庙碑记》云："有宋咸淳八年，余以王事之勤，道经乡郡，招来义士，时邻邑永丰李从实闻之，奋然欲前。……至观其家谱，乃出自西平忠武王之后，相传而来，亦有年矣。其讨叛贼，而诛奸臣，定社稷，安居民，立功当朝，忠烈昭昭，照耀古今。故其子孙代显，皆由尔祖积德，福泽深长而致然。维时从实请予文以记岁月，予故乐为之书。"②

元代著名文学家吉水人刘诜在《桂隐文集》卷四《题李氏所藏先世交游翰墨》中记载，谷村李同家里保留了文天祥、刘辰翁、聂淳等人的墨迹，题云："内侄李同立仁藏其先祖傅园、祖深斋主簿、父伯英学正三世所交名公翰墨，宝之如珙璧。自傅园至今且五十年，中更离乱，人事升沉。伯英、立仁皆早孤，而能宝此，难矣。傅园翁博学文，及交东山杨公，大小山二萧公，东南名士多相与，今独存约山朱公一帖。深斋颖悟绝人，未弱冠，文章川涌山拔，凌厉一时。约山诸公皆期以国器，交游必以天下士。文山、须溪、心远尤笃密，往还书问最多。尝与文山、心远共作论，如联句、各手书于篇。宝祐丙辰，与兄肯堂及文山同赴省，中途屡联句为赋论。既而肯堂省魁，文山殿魁，皆扬历显要。先生独至咸淳甲戌方第。既没，族侄鹤田状其行，须溪为铭志，哀特甚。今独文山三书、心远一书、鹤田行状稿存，而诸公往还书翰、联句、赋论、须溪手书墓铭皆不见。伯英少游燕，邵庵、松雪善之，伯长诸巨公特相厚，翰墨尤多，今邓公诗亦不复见。以是知三世所交游翰墨存者特十百之一二，岂不愈可宝哉！余于傅园公为外孙，幼尝往还外氏，凡前所称翰墨，多亲见之。今睹此卷，固伤其不免于流落，而尤以其能宝为喜。渊明凯风寒泉之思，羊昙西州岳山之痛。悁然于怀，故书此，不敢简略云。"

这一段文字比较详细地介绍了深斋先生祖孙数代宝藏名人翰墨的情况，资料价值非常高，其中述及"文山三书"，对我们讨论文天祥的这篇佚文有极其重要的意义。第一，李同家中收藏的都是历代名人给他祖先个人的，不是给谷村李氏家族的。第二，文天祥的三书是给深斋兄弟的，所以其子孙珍藏；而跋李景春书稿和跋李氏谱，则应分别由李景春和李希元的后代收藏。第三，"文山

---

① 刘文源编：《文天祥研究资料集》，中国社会科学出版社1991年版，第530页。
② 《文天祥研究资料集》，第530页。

三书"当指《与肯堂先生书》《与深斋书》及《赠深斋》三篇。

《赠深斋》诗云:"晚尊和月吸,早饭带星炊。鹏鷃从高下,螳蝉任黠痴。水澄神自定,云远意俱迟。门下谁车马,故人来讽诗。"此诗当系李道夫往访文天祥于文山时,相唱和所留。文天祥抱愤退隐山中,过着云水生活,实属无奈。逢友人来访,心情颇有几分快意。因此,在文字上,这首诗与其同时期的"史诗"相比,形成鲜明的对照。

文天祥这篇佚文,从内容上看,文中说"暑气氛秽中""幸赐体照,两日暑盛,此身又着在卑陋之下,调摄良苦"等,当指退居文山休养事。文天祥隐居文山两次,一次是宋咸淳元年(1265)伯祖母梁夫人病逝后,文天祥遭排挤,退隐文山,至宋咸淳四年(1268)出山。第二次是宋咸淳七年被贾似道排挤,九月归隐文山,至宋咸淳九年三月往任湖南提刑。宋咸淳八年(1272)六月间,文天祥身染疟疾,大病了一场,历时四十多天。时值炎暑,此书似在此时作。

# 慎终追远与家族自我管理

## ——以吉水谷村进士文化为例

李伏明　井冈山大学历史系主任、谷村西平李氏（元潭派）第四十八世孙

### 一

由于各方面的因素，江西尤其是吉安地区宗族势力历来强大，宗法组织严密。在近现代化过程中，这一基层社会组织结构模式曾遭到严厉的批判，族权被认为是束缚中国人民的四大绳索之一。中国传统族权的形成有其历史的合理性，近代以来对族权的批判，说到底就是因为它在一定程度上会妨碍中国实现工业化、走向现代化。必须指出的是，中国的工业化和现代化是外生性的，是向西方学习、赶超西方的过程和产物。近代以来，中国文明与西方文明遭遇，中华民族一度陷入巨大的灾难和危机之中。为了生存与发展，为了自立于世界民族之林，中华民族必须海纳百川，向西方学习，实现工业化、走向现代化。这也就意味着，必须对中国传统的社会结构进行改造。宗族势力的强大、宗法组织的严密，阻碍着国家对基层社会的渗透和控制，削弱了国家对社会的动员能力，而社会动员能力恰恰是一个国家和民族走向工业化和现代化的非常重要的条件。

由于形势极其严峻，救亡图存，实现工业化、走向现代化对于中华民族而言具有压倒一切的意义，中国人民为此付出了巨大的努力和代价。尤其是在工业化前期，为了筹集工业化所需的资金和原材料，中国不得不实施"剪刀差"政策，农村和农民付出了巨大的牺牲。与此同时，传统的农村宗族势力和宗法组织遭到相当程度的打击甚至被摧毁，国家由此实现了对基层社会的有效控制和治理，从而能够最大程度地动员有限的人力和物力进行工业化建设，使中国在较短的时间内从一个落后的农业国转变为工业化和现代化国家，走上了一条正

确的且不可逆的道路。今天的中国,彻底摆脱了民族危机,正昂首走在民族复兴的道路上,并逐步走上了世界政治和经济舞台的中心。从历史角度来看,近代中国打击甚至摧毁农村宗族势力和宗法组织具有毋庸置疑的历史合理性。

不过,从逻辑上说,发展经济是改善民生、提高民众生活水平的途径,提高民众的生活水平和生活质量,使民众过上幸福生活才是最高目标。工业化和经济发展水平高无疑是幸福生活的重要基础,但幸福生活绝不仅仅依赖经济。生活的幸福涉及方方面面,尤其是人们的价值观念、思维模式和行为方式,也就是说,跟特定的文化氛围与背景有紧密联系。随着中国工业化和现代化的展开,人们越来越清楚地认识到,中国的工业化尤其是现代化必须建立在自身的历史文化基础之上——文化自信是民族复兴的必要条件,也是人民幸福的保证。

必须指出的是,中国工业化最重要的成果之一是大规模的城市化,但是作为一个传统的农业大国,农村、农业和农民依然是中国社会经济和文化的极其重要的组成部分,于是有了工业化基础的社会主义新农村建设,这是中国走向现代化的重要任务。

发展经济毫无疑问是建设社会主义新农村最重要的基础,但重新建构农村社会组织和文化同样十分重要。长期以来,基于工业化的需要,我国对传统的农村基层社会组织结构模式进行了大规模的改造,但很难说已经有效地重构了社会组织和文化。实际上,在现有的基础上重新建构农村社会组织和文化面临很多难题,依然任重而道远,需要不断探索。有道是,"礼失求诸野",无论中国传统的宗族势力和宗法组织与工业化和现代化的需要存在多大的矛盾,可以肯定的是,它历史悠久,是辉煌灿烂的中国古代文化的社会组织基础,是中华文明生生不息的社会组织基础,这意味着必定有其内在的生命力和合理性。继承和弘扬自身的文化传统,发掘并弘扬其中的优秀成分,是我国当前建设社会主义新农村的重要方面。

就吉水而言,这里历来是吉安地方文化(庐陵文化)的核心区域,文化积淀极其深厚。尽管经历了近现代工业化和现代化浪潮的冲击,地方的传统文化依然有着较为完整的保存,这些文化传统构成了当代建设社会主义新农村的极其宝贵的资源和财富,不仅对发展文化和旅游产业、提高经济发展水平意义重大,同时对建设新型的基层社会组织和文化有着极大的启迪。

## 二

　　吉水地方传统文化深厚的底蕴最突出的表现就是科举和进士文化繁荣。无论现代学者对科举体制作何评价,一个客观的历史事实是,科举和进士文化繁荣,对本地的社会、经济和文化的发展有着巨大的促进作用。吉水地方史志记载说:"环吉水百里之疆,多业儒;环吾乡远近之间,多世族。儒业多,故官达之士隆;世族多,故诗书之习盛。"①地方史志记载,吉水县共考取进士519人。②宋明两代尤为显盛。宋代吉水考取进士者达243人(光绪《吉水县志》记载为262人),明代达221人(光绪《吉水县志》记载为204人)。元和清两代情况比较特别。元朝统治者根本不重视考试,甚至长期不开科考试。据统计,有元一代,官员中拥有进士功名的不到4%,故元代吉水考取进士的人数不多,只有21人。清朝重视科举考试,由于各方面的原因,比如说考试规则发生了变化,取消了专经考试制度,加上地方上读书人的理想追求发生了重大变化,整个吉安地区考取进士的人数大幅下降,吉水县也仅有32人考取进士,不过依然位居吉安府前列,仅次于安福县和庐陵县。

　　那么,为什么吉安地区会有如此繁荣的科举和进士文化呢?这是一个颇有意味也非常复杂的问题。本人在对江右王门学派的研究和探索中,提出了一种解释或者说假说:移民文化与自然地理环境是影响包括吉水在内的吉安科举和进士文化繁荣的根本因素。

　　首先,从包括吉水在内的吉安的自然地理环境而言,地处"吴头楚尾"的吉安历来不是政治和军事上的战略重地。江西的政治中心在南昌,其重要性不言而喻;动荡不安的赣南直接冲击和破坏君主专制体制下的政治社会秩序,威胁国家的安全稳定,因而会吸引政治家和军事家的关注——稳定赣南地区的政治社会秩序一直是政治家和军事家的责任和使命。吉安地区正好处于两者中间:战略上不重要,社会又长期相对稳定,"地非要害,战争少,人生手不持戈刀",政

---

① 汪泰荣点校:光绪《吉水县志》卷九《地理志》之"风俗",江西科学技术出版社2019年版,第134页。

② 按:本文以1949年以后,青原区设立之前的吉水为范围。由于区划调整或其他因素,清代吉水地方史志把属永丰县(如欧阳载、欧阳观、欧阳颖、欧阳晔等人)、永新县一些进士(如刘洞等人)归入吉水,一些族谱则把祖籍为吉水的进士也纳入吉水,这当然有其道理,可以讨论,本文则予以剔除。

治家和军事家没有必要予以太多关注。这就使得吉安,尤其是自然地理条件较为优越的吉泰盆地成为为躲避北方战乱而南下的移民的最佳选择。众所周知,包括吉水在内的吉安地方的传统文化主要是由南迁的北方移民的后裔创造出来的。我们今天所讨论的中国进士文化第一村——谷村,正是由南迁的移民所建立起来的。

作为南迁移民,他们必须想方设法确保自身的安全,保护自己已经拥有的资源,抵御后来的移民的入侵。当然,如果有可能,还会排斥甚至驱逐本地的居民。在此过程中,宗族的力量、宗族内部的团结至关重要。吉安地区的宗法组织历来严密,宗族势力历来强大。明代著名思想家、吉水人罗洪先指出:"惟江以南,人无远徙,群其族而居,寡弱者不下数百人。仕于朝,虽位至卿大夫,不忍轻去其乡。其尊卑之叙,历数十世不可紊,又为吾吉为最。"[1]我们今天探讨的谷村的宗族组织之严密,宗法势力之强大,非常著名。《谷村仰承集》第三卷详细记载了本村的"家规""家约"和"祠例"具有现实的约束力。本人先祖从谷村迁到永新已有数百年,但我们的世系非常清晰,辈分从未混乱。本人系西平李氏第四十八世孙(元潭派长房)。我们村(单姓村,现有二千余人)的总祠楹联上大书本村"渊源盘谷"。

谷村的"家规""家约"和"祠例"充分表明,宗法、宗族组织的功能是提高本宗族的凝聚力、加强宗族成员之间的团结,目的是促进本宗族的生存和发展。就提高本宗族的凝聚力、加强宗族成员之间的团结而言,宗法、宗族组织的主要措施是修撰家谱族谱、修建宗祠、定期举行各种层次祭祀仪式,以此加强宗族成员的认同感、凝聚力和向心力。就维护和促进本宗族的生存和发展而言,主要措施有三:一是在遵守国家政治和法律制度的基础上,制订家训、家规和族规,以规范宗族成员的行为,教育和引导宗族成员守望相助,协调解决内部可能发生的各种矛盾和纠纷,这是确保本宗族团结的基础和关键。二是致力于维护本宗族的利益,包括集体利益和成员的个体利益,动员宗族成员抵御自然灾害和外部势力的侵蚀,尽可能地为宗族争夺更多的利益。在资源稀缺的条件下,所谓为宗族争夺更多利益,当然是和其他宗族争夺,这就必然引起宗族之间的矛

---

[1] [宋]罗洪先著,徐儒宗编校整理:《安成华秀彭氏族谱序》,《罗洪先集》卷十二,凤凰出版社2007年版,第523页。

盾。势均力敌的宗族可能结下世仇,弱小的宗族则可能被欺凌,甚至被驱逐,新来的移民如果没有足够的力量,更是难以立脚。三是大力发展教育,想方设法支持本宗族成员通过科举考试等途径走上仕途,获得政权力量的支持。

强大的宗法、宗族势力的存在也意味着对本族传统的坚守。最重要的传统当然是中原的儒家文化,坚守和传承儒家文化传统具有特殊重要的意义。对于经济生活条件相对优越、"人生手不持戈刀"的吉安人而言,坚守和传承传统儒家文化,除了以儒家名教纲常指导宗族的道德和秩序建设外,还支持族人继续追求"治国平天下"的理想。毕竟,这里离国家政治中心虽然有一定距离,但也谈不上有巨大的天然地理阻隔,赣江提供了良好的交通条件。政治中心和政治权力具有现实的诱惑力,这意味着南迁的移民可以通过自己的努力,重返政治中心,获得政治资源。由于吉安的政治和军事战略地位不重要,要重返政治中心,获得政治资源,成功地通过科举考试读书做官,几乎是唯一途径。实际上,对于南下移民及其后裔而言,发展文化教育事业,继承和发扬儒家文化传统,在科举方面取得成功,能够确切地表明自己并没有"落草为寇",明显地优越于土著,并在与其他宗族的竞争中获得明显优势。

这一假说有待进一步论证,请各位批评指教。当然,就具体过程而言,情况可能复杂多样。比如说,先进者的示范作用尤其是对后进者的提携就非常重要。但必须指出的是,先进者的示范作用必须有雄厚的后备基础,对后进者的提携也必须是值得提携的,否则先进者可能一骑绝尘。以有着"中国进士文化第一村"之誉的吉水谷村为例,慎终追远的信念和严格有效的家族管理模式才是其长期繁荣的最重要的原因,实际上,这也正是其现代价值所在。

## 三

为了深入认识和理解谷村进士文化的价值意义,我们有必要透过谷村的家规族约进行讨论,谷村的家规族约深刻体现了其慎终追远的信念和严格有效的家族管理体制,反过来,这也正是谷村进士文化的繁荣的原因。

明清时代,吉水共有同水、仁寿、中鹄、折桂、文昌五个乡。从地理上看,同水乡是一个相对独立的单元,自然地理条件较为优越,在吉水地方文化史上有着举足轻重的地位,拥有众多的文化世家大族,其中以谷村李氏、泥田周氏、洴塘杨氏、秀川罗氏、伍塘王氏等最为显赫。谷村属吉水县同水乡六十一都,六十一都除了谷村李氏外,著名的大族尚有泥田周氏和曾氏。罗洪先说:"吉水乡五,而同水为最大,同水都八,而六十一为最大,都之故家且十余而人至众。"明永乐年间谷村进士李庄不无自豪地称:"谷平距文江之西北六十里间,其地衍夷,旷达四冲,良畴肥沃,演迤千顷,山水映带,清淑灵秀,曰谷平里。族里而居,皆吾李氏,尚数百房。"可以说,正是六十一都,正是同水乡良好的自然地理条件为这些大家族的生存和发展奠定了坚实的经济基础,当然也是谷村进士文化繁荣的基础。

这些大家族有共同特征:它们都是一个典型的移民村庄,宗族、宗法组织严密。《谷村仰承集》卷一《地舆》扼要介绍了谷村的自然地理环境及其宗族分布和严密的宗法组织:

> 谷村,在吉水县西,离城六十里,乡属同水,都列六一,山环水抱,中间十余里,聚址而居,千数百烟。中开一墟,分为上下二节,上节则元潭四房所居,而西湖、上谷、书院下、花树下,楼下附居其旁;下节则元潭长房所居,而旧宅里,岭背附居其后。从前非无异姓杂处,其后或迁徙他方,或渐次消亡,今仅留其地名,不知散归何处。自七世祖祖尧公卜居斯地以来,原住南盘山旧宅,其后子孙众多,分居各地,十里之遥,一本之亲,比屋相连。建总祠,建支祠,岁时伏腊,冠婚丧祭,往来庆吊,虽各派各房,不啻同堂焉。

《谷村仰承集》卷三载有清代的《家规》十二条和《忠肃公家约》十条,对族众的行为进行了较为全面的规范。众所周知,中国宗族法的形成、发展和完善是一个漫长的过程。一般认为,到清代中叶,南方的宗族法才发展得比较完备,此前家训、家规、族约大多是一些原则性的规定,这些原则性的规定无疑极其重要。宋代以来,谷村的科举文化非常发达,南宋即有进士22人,但南宋偏安江南,情况特别。明清时代谷村的科举文化的发达更有典型意义,体现了地方文化的传承和生命力。

《家规》主要从宗族、宗法的角度较为细致地规范了族众的行为。第一条至第四条规定了各级祖祠祭祀的组织、仪式、过程以及祭品的分配方法。第五条规范本族义仓的收支与管理。第六条和第七条规范了本族的庆寿之礼和吊丧之礼。第八条对本族文蔚书院和树人书院每年一度的考课作出具体规定。第九条则对本族士绅特定场合的衣着进行了规范:"我族绅士与考诸生朋友往来,衣冠相见,虽盛暑亦着长衫,不戴草帽,不肩挑,不背负,至绅士进祠必衣冠整肃。马褂不许入祠,便帽不许入祠。"第十条是组织宗族对完纳钱粮的监督和管理办法。第十一条规范村中的商业贸易行为,规定开市、收市时间,严禁强买强卖。第十二条是族内纠纷的处理办法。

《家规》宗旨正是引导族众敬宗睦族、慎终追远,实际上,这也正是谷村历代学子的信念和追求,被认为是谷村绵延不息,成为大族的关键所在:"吾宗文献之盛,盖自西平忠武王以来,伟人硕士,丰功盛烈,前辉后映。其肖子哲孙,继继绳绳,世济其美,不陨其名。故家遗俗,父兄之所教训,子弟之所传习,耳濡目染,信而有征。""吾宗自唐至今,近六百年,传二十五世。虽国已易十姓,而吾宗文献犹历历可考……自经丧乱,远近故家旧族,流落死亡几尽,能卓然不泯其世者鲜矣。而吾宗岿然独存,盖德盛者福泽常深远,材薄者传委每短浅……"

《忠肃公家约》的宗旨是配合地方政府,稳定本地、本族的政治社会秩序,建立良好的社会风气。第一条督促族众按时缴纳皇粮国税,以免拖累本族;第二条、第三条和第四条是防范盗贼,禁止族人包庇盗贼,与江湖各色不入流的人士同流合污;第五条禁止打架斗殴,并规定打架斗殴事件的调查处理方法;第六条禁止欺行霸市、强买强卖行为;第七条禁止屠宰耕牛(最为重要的农业生产资料);第八条是鱼塘捕捞规定,严禁犯抢;第九条禁止各种迎神赛会;第十条是维护村前河流运输秩序的规定。《忠肃公家约》最后规定道:

> 以上约条,每月初二、十六为会约定期。凡有投词口诉,俱详载簿内,下注或已处,或未处,或抗不服处,以便官府稽查。其簿送官,每月以二十八为期,盖取月终以报一月之事。凡有紧急,以事闻官呈词,具于士绅奔走,属之约长,慎毋互相规避。各约长亦宜严于律己,慎于处世,不得含糊,不得武断。倘或借事需索,受贿高下,岂惟黜之约外,更当加以重罚,各宜奋勉,毋滋遗议。

《家规》十二条和《忠肃公家约》十条体现了谷村的宗族自治体制的完备性。实证研究表明，严格的家规族约，对于维护宗族团结，确保一方安定，促进宗族的持续稳定发展至关重要。几乎所有的大宗族、大村落都有较为完备且有效的自我管理机制，所谓"没有规矩，不成方圆"，没有严格的自我管理机制，宗族很容易在内外冲突之中走向衰落败亡。

仅仅制定完备的家训、家规、族约显然是不够的。法律制度的有效性或者说其生命力绝不仅仅在于制度本身，还在于人们对制度的信仰和对违法者的有效制裁机制。就谷村而言，人们对制度的信仰绝不仅仅源于共同的祖先这个客观事实本身，更源于各种定期的祖宗祭祀仪式。通过各种神圣的祭祀仪式不断灌输和强化人们慎终追远、敬宗睦族的信念。这就意味着，定期组织各种祖宗祭祀仪式具有极大的重要性，有能力、有魄力并且被赋予了一定权力的宗族领袖人物成为关键所在。权力的来源不仅仅是辈分——科举功名具有特殊的、重要的意义。有了科举功名，通常意味着拥有更高的政治社会威望、更多的资源，不仅能够赢得族众的支持，同时也能够获得政治力量的支持，为宗族谋取更多的利益。这使得他们不仅能够定期组织各种祖宗祭祀仪式，教育和引导人们慎终追远、敬宗睦族，还能够有效减少族内各种纠纷，制裁各种危害宗族稳定和发展利益的行为。在谷村，这形成了良性循环。良好的经济地理条件和慎终追远、敬宗睦族的信念促进了文化教育的发展、科举事业的成功，而科举的成功反过来又强化了慎终追远、敬宗睦族的信念，壮大了宗族自我管理的能力，促进宗族的不断繁荣和发展。

## 四

历史不可重现，科举体制已一去不复返，但作为一种历史文化，科举长存于人们的记忆之中，成为可以发掘利用的资源。如今我们纪念和弘扬传统进士文化，说到底是为了建设社会主义新农村，促进地方社会经济和文化事业的发展，使居民过上幸福的生活。进士园和进士广场的重要性毋庸置疑，作为一种人文景观，它们不仅仅可以美化环境，还是人们旅游休闲的好去处，这显然远远不够，更重要的是要发挥对后来者的激励作用，激励人们为建设社会和谐稳定、经济文化繁荣发达的社会主义新农村而奋斗。

就谷村进士文化而言,未必能够"复活",但可以而且应当继承和弘扬慎终追远、敬宗睦族、服务乡梓的传统。这跟现代社会管理体制不但不矛盾,而且能成为非常有价值的可发掘利用的资源。为此,首先需要不断通过各种仪式教育和引导人们对先辈、对历史的敬仰之心——先辈值得敬仰,后辈决不能为先辈丢脸——实际上,这正是谷村长期繁荣的精神源泉。所谓的后辈不仅仅是指村内居民,更指散居各地的谷村后人。本人先祖(仲开公,十七世,元潭派长房)从谷村迁居永新,但后人始终不敢忘却先祖所自。李俨(民望)、李钧(许国)等人考取进士后,均回谷村拜祖,并在谷村建祠——既是慎终追远,也是留典范与后人看。散居各地的谷村后人有责任、有义务为乡邦作出实质性贡献,而不只是指手画脚。其次,应当在现有的法律和制度框架下,强化宗族自治功能,赋予宗族组织相应的权力。这对于建设社会主义新农村乃至中华民族的复兴至关重要。毕竟血缘是最原始,同时也是最实在的关系。中国传统上家国同构,以孝悌为本,家乡和家族是人们最后的也是终极的皈依和避风港。中国传统社会也特别强调好男儿志在四方,但光宗耀祖、服务乡梓是人们的终极使命,也是其终极的生命价值所在,而为其提供支持的便是家族和宗族组织的自治功能——即使父母、祖父母离世,家族和宗族组织依然是其实在的皈依。近百年的现代化过程打破了这一格局,但国家和民族观念也没有稳定地建立起来,这就形成了巨大的文化断层,非常不利于中华民族的复兴。一方面,传统的孝悌观念被严重腐蚀,养老将成为中国极其严重的社会问题;另一方面,没有了宗族自治功能,实际上会使族人外出追求事业,闯荡天下者失去皈依感,进而产生一种难以言表的漂泊感。无皈依感,漂泊感只能产生疏离感乃至逃避感。于是,国家大量人才流失海外,不少人以获得外国绿卡和国籍为追求。没有具体资料说明这些获得外国绿卡和国籍者的生活和心理状况,但这对国家和民族的损失不言而喻,对中华民族的复兴显然是不利的。多少年来,我们一直号召爱国主义,进行爱国主义教育,如果没有有效的制度支持和心理皈依,号召和教育的意义将大打折扣。

今天,我们缅怀先贤,纪念和弘扬曾经辉煌的进士文化,就是为了慎终追远,更好地走向未来,建设乡邦。

# 吉安到底有多少科举进士

李梦星　吉州区文化研究会会长

中国封建社会的科举制度，从隋炀帝大业二年(606)开始实行，到清光绪三十一年(1905)七月停止，历时约1300年。全国正统王朝举办的正式科举考试为733次，共取进士66100多名，少数民族政权和分裂时期的朝廷或政权也举行过科举考试，录取了两三千名进士，总共10万名左右。进士的多少，往往是衡量一个地方文化是否兴盛的重要标准。

科举考试创始于隋朝，确立于唐朝，完备于宋朝，兴盛于明、清两朝。科举制度程序很多，要求很严格，各朝虽有不同的形式，但凭考试择优录取的宗旨没变。明清近600年的科考程序，先是童生试，包括县试、府试和院试三个阶段，院试合格后取得生员（秀才）资格，才能进入府、州、县学学习。应试者不分年龄大小，都称"童生"。二是乡试，每三年一次在各省省城（包括京城）举行，因在秋八月举行，故又称"秋闱"。主考官由皇帝委派，考后发布正、副榜，正榜所取的叫举人，第一名叫解元。三是会试，乡试的第二年在京城举行，各省的举人及国子监监生皆可应考，因在春季举行，故又称"春闱"。考试由礼部主持，皇帝任命正、副总裁，录取三百名左右为贡士，第一名叫会元。四是殿试，这是最高级别的考试，皇帝在殿堂对会试录取的贡士亲自策问，以定甲第，有时也委派大臣主管殿试。录取分为三甲：一甲三名，赐进士及第的称号，第一名称状元（鼎元），第二名称榜眼，第三名称探花；二甲若干名，赐进士出身的称号；三甲若干名，赐同进士出身的称号。一、二、三甲统称进士。三年才考一次，每次有六千多举人参加，一届只录取三百名左右，还要经皇帝亲自主持的殿试录取、皇榜公布了的，才是正式的进士，因而考中进士真是千难万难。有的州府，几十上百年才只考中几个进士，有的县从来没谁中过进士，这难度有多大可想而知。民间把考中举人称作"文曲星下凡"，比举人还高一个档次的进士，就更难得了。

文化兴盛的吉安,进士众多,但到底有多少名正式的进士呢?我在2001年出版的《庐陵文化纵横谈》专著里,分析了吉安市范围的进士构成情况,估计有3000名左右,可能在全国古代州府里是最多的。这个说法当时并没有找到确切的史料佐证,只是推测。我在2002年8月25日《井冈山报》刊登的专文,也是说有3000名左右。

可近十几二十年来,新闻媒体和网站、书籍上对吉安进士的数量说法不同,五花八门,差距悬殊。说2500多名、2700多名、2800多名、2900多名、3000多名的都有。光绪版《吉安府志》里,有登科的记载,但没统计具体数字。新世纪出版的《吉安地区志》上载吉安府共考取进士2758名。1985年至1997年出版的吉安各县新编县志所载的进士数为:吉安县635人、吉水552人、安福460人、泰和369人、永丰287人、永新198人、万安135人、峡江114人、遂川76人、新干67人、宁冈16人,一共2909人。原属吉安的莲花县划到萍乡去了,故而没计算在内。当然,上述数字不确切。首先,有重复。县与县之间因行政区划变更,同一个进士,现属和原属县都载入。尤其是名人,如欧阳修,吉安县、吉水县、永丰县都收录了。第二,有的是举人,宋代也有举称进士的,其实并不是正式进士,也算进去了。宋代还有不少特奏名进士,特奏名是科举的一种方式,就是数次参加会试但没有录取的年纪大的考生,朝廷特别赐予进士称号,有的地方史籍把他们列入进士名录,有的不列。第三,籍贯难确定。外迁的人士,迁出几代内算是吉安籍?三代还是五代?有的把外迁六七代的也计入,有的只算三五代之内。第四,严重缺漏。旧府志、县志根本无法收全历史上本地的进士名单,尤其是外迁三代以上,跟祖籍没联系的。

为什么会出现不同的数据?主要原因一是统计口径不同。旧府志上的进士数,不包括新干县和峡江县,但包括了1992年划归萍乡的莲花县,而现在所说的吉安进士,有的包括了新干县、峡江县,有的又不包括莲花县,因而相差较大。二是进士身份的认定,按要求是殿试合格者为进士,可在唐代,往往是去参加进士科考试的人,都叫进士,意为朝廷推举人才,录取了才叫"赐进士及第"。于是,往往进士和举人同称,叫"举进士",宋代也有类似情况。还有恩科进士和明经进士、乡贡进士等不同的称谓,有的不过是去参加了进士考试罢了,其实只是贡士。这些都不属正式进士,历来朝廷公布的进士录取名单上都不记载。鉴于此,进士数额有误差在所难免。如今的作者参照的史料不同,于是相差悬殊。

著名历史学家,吉安县籍的周銮书先生根据光绪《江西通志》进士名录统计,宋代江西进士有5442名,其中吉州1032名,约占20%;明代江西进士有3148名,吉安府就有994名,约占31%,还不含后来划归吉安的峡江县、新干县。从千年科举的总数看来,全国正式录取的进士有10万名左右,其中江西1万多名,吉安占了近三分之一。一个远离京城、不是省会的内陆中等州府,涌现这么多进士,使天下人惊叹不已。

随着研究的逐步深入,我原先的推测经学者考证基本得到证实。2016年,刘宗彬先生整理出版的《吉安历代进士录》(第二版)记载有2900多名进士,没统计具体的数目。同年汪泰荣先生出版的《吉安登科考》中,结论是正式登科进士2600名,加上副榜、特奏、恩赐、童子科,还有武进士等,共3007名。但并非今吉安市辖区,还包括莲花县。于是,笼统说吉安进士3000名左右没什么问题,这在吉安的学术界基本达成了共识。

至于吉安进士是不是全国"之最",难以作出判断。因古代州府与今地市范围有异,何况州府大小悬殊,无法去逐一比对。改朝换代时宫廷档案难以保全,1300年来,历代州府进士数缺乏权威公布数据,难说哪个地方最多。更须考虑的是,千年间行政区域变化较大,不能拿吉安现所辖区域,去跟别的地方古代州府类比。比如,福州、苏州等都是进士"强州",按古州府今辖区范围计算,都远不止3000名,有4000多名。网上有多个地方说进士数是"全国之最",也都存在疑问。其次,进士多少是具体的数目,不同于"桂林山水甲天下""唯楚有才"等定性描述,必须有确切定量的数字去比对才行。比如说某乡、某村人口最多,哪怕比其他村多一个也是最多。鉴于此,连各州府进士统计基数都缺失或不确切,没有比较的基础,争论谁是"之最",没多少学术意义和现实价值。

当然,如果作为企业广告或对外宣传口号,说说吉安进士"冠华夏",也情有可原。这属于文学手法,是另外一码事,不必较真。但吉安进士在全国名列前茅,位于第一梯队,是毋庸置疑的。

# 中华第一部保存完整的古村文献
## ——吉水谷村《仰承集》

李希朗　吉安市文广新旅局党委委员、吉安博物馆馆长

　　谷村,位于吉水县盘谷镇,是一个有着千余年历史的古老村落。"谷村,在吉水县西,离城六十里,乡属同水,都列六一,山环水抱,中间十余里,聚址而居,千数百烟,中间一墟,分为上下二节……自七世祖祖尧公卜居斯地以来,子孙众多,分属各地,十里之遥,一本之亲,比屋相连。"这是清乾隆二十年(1755)李康斋所著《谷村记》对谷村的描述。历经千余年,谷村至今仍未失去昔日的辉煌,如今的谷村,已有一万余人口,住户1500余户。全村分为六个行政村,村落屋宇相连,古建成群,新居成片,气势恢宏。村中的古树、古塘、古井、牌坊、庙宇相映生辉,古墟早市如潮,日出而散,千年不变。谷村,像一只巨大的雄鹰,蛰伏在赣中大地,以独特的古村文化,见证着历史的变迁。

　　谷村的演变,同众多江南古村一样,依靠宗族和血缘关系传承发展,这是古村文化的一种共性。将这种文化以文献的形式完整记录下来,更多的古村落都是采取谱牒形式记载传承,而谷村,除了有传统的族谱外,谷村子孙还编著了一部罕见的、保存完整的谷村文献——《仰承集》。

　　《仰承集》可谓谷村之魂。"吾族自承事祖开基,而后忠孝节义、事业文章,代有传人。其文而传之者,非出于族贤之歌颂,即得自亲友之赠遗,阅时既久,所积遂多。"元至正七年(1347),由鼓楼派尚文公"汇而辑之",最早称《文献》。至清乾隆二十年,由三十四世孙康斋公易名为《谷村记》。清道光二十年(1840),三十六世孙文澜公以"士庶家不敢当文献之称",改《谷村记》为《仰承集》。"仰承者,吾谷村基祖祠堂名也。在当日名堂之意,无非期后之子孙,仰承先德,世守而勿替也。"

　　清宣统元年(1909),《仰承集》得以重修刊行。"文化大革命"期间,这部重

要的历史文献大多散佚流失,唯谷村四十一世孙李昴老师冒死密存一部(共十本),才得以传世。1993年4月,谷村后裔以现代精装印刷的方式内部刊行,是为《仰承集》第七版。

《仰承集》共50余万字,全书包括序、卷首在内,共十部十二卷,结构宏大,内容繁杂,详尽记载了谷村的"世德源流""地舆地貌""祖德分派""家规家约""古迹祥瑞""衣冠联芳""人物列传""奏疏公呈""谱序文献""艺术记诗""记告行状""墓表墓志"等,自谷村始祖西平王至清末宣统,跨越千余年时空,记载了谷村的历史变革,是一部研究我国地方历史的重要文献,其历史价值不容低估。其历史价值一是,谷村是千年封建社会的历史缩影,《仰承集》犹如一幅浩瀚的历史画卷,揭示了我国农村社会长期发展的演变规律;二是,为研究我国政治、经济、文化,尤其是基层组织的巩固稳定,提供了真实的历史资料;三是,以家族血缘为纽带的文化传承,是实现我国社会长期和谐发展的基本因素;四是,深入人心的儒家文化的传承与弘扬,是社会发展进步的历史动力。

《仰承集》的传世,有着重要的历史意义,本文从源流、科举、创建、著作、诗赋、人物等方面对其承载的内容予以介绍。

## 一、谷村源流

追溯谷村源流,应上溯到唐代陇西忠武王李晟。《仰承集》记载,李晟先祖为甘肃陇西人;曾祖李嵩为岷州刺史,赠泽州都督;祖父李思慕,为洮州刺史,赠幽州大都督;父李钦,左金吾卫大将军,授陇西节度使,赠太子太保。李晟的祖上,"代有名迹,雄于西土"。至李晟时,更显富贵腾达。李晟因战功被封为忠武王,"忠武幼好学,学不为己及,读孙吴之书,慨然有经邦济世之志,未弱冠,游秦凉间,元候宿将,咸器异之"。李晟于唐贞元九年(793)八月死于任上,卒年六十七岁,唐司徒、中书令、丞相、晋国公裴度,受德宗皇帝之托,撰写《故奉天定难柱国元勋太师中书令西平忠武王神道碑》,碑文详尽记载了李晟的生平事迹。

李晟有十五个儿子,皆有功名。其中第十子李宪,于唐太和元年(827)任江西观察使,拜岭南节度使,有善政,死于任上。李宪长子李游为袁州刺史,被封为宜春侯。李游第二子李丕,为德化县令,徙居庐陵福塘。李丕子李遵,徙居吉水高村。李遵子李华,生祖尧,是为谷村始祖。

自唐西平忠武王李晟至谷村始祖李祖尧,历经七世,由北方向南方迁徙,脉络清晰。这期间,也正值我国历史上民族大迁徙之时。大量中原百姓或因战事避乱之故,或因灾荒亡命而逃,或因为官难归,客居他乡,迁徙南方。李晟后裔,顺应时代潮流在南方繁衍生息,图存发展。

李祖尧定居谷村,有"笼破鸡飞,逢谷即止"之说。相传唐僖宗时,黄巢起义军攻占长安后,国师杨筠松避走江南,乘舟而行,至吉水桐江(即现在吉水县境内的同江河),登陆上岸,行至洋稠坳,见鸡笼山神龙踊跃,奔驰起舞,便问当地村民此山山名,村民如实告知。松曰:"笼破鸡飞,逢谷即止。"祖尧随父居高村,高村地势狭小,人气闭塞,无以图大业,祖尧早有择址而居之意。听到国师有"笼破鸡飞,逢谷即止"之说。吉人吉言,定有后福,便请风水大师筠松先生,择吉日沿途选址。祖尧笼鸡载酒,审视山水风光,行至同江河畔一开阔地。忽然鸡从笼中飞出,在田里吃稻谷,祖尧与筠松先生击掌相贺:笼破鸡飞,逢谷即止,此乃天意。于是祖尧即将新址选定,取名"谷村"。这年,为后唐天成二年(927)。谷村自开基至今,已有一千多年的历史了。

自祖尧迁居谷村后,传至十三世,经过约200年的发展,至宋元丰年间,谷村遂分为三大派,即元潭派、月州派、鼓楼派。派下分房设堂,纷繁复杂,一个庞大的家庭,以血缘为纽带,以宗族、宗祠为支柱,以家法、族规为准绳,在漫长的历史长河中繁衍生息,至今已传承了四十七世,族众遍布江南诸省。

## 二、谷村科举

谷村千百年来不断发展壮大,究其原因,有两个方面:一是严密而神圣的宗法制度制约着人们的行为规范;二是令人向往的科举考试为谷村的发展提供了人才保证。《仰承集》载,谷村自宋元祐年间李彦成中进士始,经元明清历代,有进士48名、举人115名,其中武举9名。有贡士95名、荐辟46名、仕籍66名、封赠49名、荫袭14名,还有隐逸、义士、烈女、烈妇若干。这样一组数据,出自一村一姓,在江西乃至全国恐怕都是罕见的。

谷村的科举,呈现出三大特点。

第一,谷村自宋元祐戊辰(1088)李常宁榜鼓楼派李彦成登第始,代代有人中进士。元代80余年,竟有30余年未开科取士,断绝了天下士人之路。而谷村却有 2 名进士、3 名乡举、7 名武举,实属不易。明代进士举人增多,村中出现了李邦华、李中、李日宣、李元鼎等理学家、政治家,使谷村重现了昔日的辉煌。清代相较明代略为逊色,但李振裕历任户、礼、刑、工四部尚书,李景迪任江南道御史,谷村引以为荣。谷村的科第,没有因朝代兴衰更替而终止,而是以"学而优则仕""万般皆下品,唯有读书高"为准则,谷村族众积极仕进,数百年不松懈,以振兴自己的家族。这种代廷俊杰的历史渊源,保持了家族文化的传承性和连续性,从而使这个家族日益庞大。

第二,谷村科举,各派各房,相互竞争,互比高低。如"父子兄弟进士",元潭派长房李炅,中宋嘉熙周垣榜进士,他的两个儿子李可方、李允方,同榜中宋咸淳甲戌(1274)王龙泽榜进士。移居外地的鼓楼派子孙李维贞、李维标兄弟二人中明嘉靖、万历进士。诸如父子进士、兄弟进士、祖孙进士、一门同榜进士、一门同科乡举、父子乡举、兄弟乡举,比比皆是。谷村族众,为求功名,父子结伴,叔侄同行,祖孙相约,邻里相随,同赴科场,试身手于大比之年,谷村文风可见一斑。

第三,谷村科举,累累登第,得益于村中书院。书院教育在漫长的历史长河中,为培养人才、倡导儒学、巩固统治阶级的地位,发挥了非常重要的作用。莘莘学子,通过在书院寒窗苦读,进入科场,获取功名,光宗耀祖。谷村人在村中大兴书院教育,请名师于书院收徒授业。谷村弟子,足不出村,即可受到良好的教育。

谷村书院有多少?《仰承集》载有 11 所,宋高宗敕建书院 2 所:经训书院、义方书院;谷村自创书院 9 所:桂林书院、神童书院、东湖书院、依仁书院、有裴书院、三益书院、复礼书院、六行书院、文蔚书院。这些书院最早建于宋高宗朝,最晚建于清乾隆年间。谷村的进士、举人,正是通过这些书院,走出谷村、走向全国。书院,为谷村的发展打下了人才基础。

**谷村历代进士简表**

| 名 称 | 时代 | 年 份 | 中 榜 | 历 官 与 行 迹 | 房派 |
| --- | --- | --- | --- | --- | --- |
| 李彦成 | 宋 | 元丰壬戌 | 黄裳榜 |  | 月洲 |
| 李㮦 | 宋 | 元祐辛未 | 马涓榜 | 特旨除太学博士 | 鼓楼 |
| 李奥 | 宋 | 嘉定丁丑 | 恩赐 | 授象州教授,调湖北安抚使,升昭信推官 | 月洲 |

续表：

| 名　称 | 时代 | 年　份 | 中　榜 | 历官与行迹 | 房派 |
|---|---|---|---|---|---|
| 李擢 | 宋 | 宣和甲辰 | 沈晦榜 | 授礼部架阁，升翰林侍讲学士 | 鼓楼 |
| 李尚义 | 宋 | 宣和甲辰 | 沈晦榜 | 特授礼部架阁，升翰林侍讲学士 | 月洲 |
| 李贲 | 宋 | 元符庚辰 | 李釜榜 | 历兴国军永兴尉，升朝散郎，韶州通判 | 月洲 |
| 李求 | 宋 | 政和壬辰 | 黄俦榜 | 试词学兼茂科，特除太学博士 | 鼓楼 |
| 李午 | 宋 | 宣和戊戌 | 王昂榜 |  | 鼓楼 |
| 李发 | 宋 | 宣和戊戌 | 王昂榜 | 授靖州知州 | 月洲 |
| 李鼎 | 宋 | 宣和辛丑 | 何涣榜 | 任建昌军南康知县 | 月洲 |
| 李诵 | 宋 | 绍兴丁丑 | 王十朋榜 | 任衡山县尉，转德化州县，主管台州 | 月洲 |
| 李稠 | 宋 | 绍兴丁丑 | 王十朋榜 |  |  |
| 李如圭 | 宋 | 绍熙癸丑 | 陈亮榜 | 知保庆府事，官至福建安抚使 | 鼓楼 |
| 李骥 | 宋 | 绍熙癸丑 | 陈亮榜 | 授迪功郎，南安军主簿 | 月洲 |
| 李孝谦 | 宋 | 绍兴壬子 | 张九成榜 |  | 鼓楼 |
| 李如金 | 宋 | 嘉定庚辰 | 郑自成榜 |  | 鼓楼 |
| 李渠 | 宋 | 嘉定庚辰 | 刘渭榜 | 授衢州路教授、长沙通判调湖广安抚使差遣，升宣议大夫 | 鼓楼 |
| 李晦之 | 宋 | 绍定壬辰 | 徐元杰榜 | 官至缉熙殿侍讲 | 月洲 |
| 李昃 | 宋 | 嘉熙戊戌 | 周垣榜 | 任龙兴、分宁主簿 | 元潭 |
| 李伯圭 | 宋 | 嘉熙戊戌 | 周垣榜 | 授翰林检校 | 元潭 |
| 李郭 | 宋 | 开庆己未 | 特奏名 | 授弋阳县丞 | 鼓楼 |
| 李应革 | 宋 | 宝祐丙辰 | 文天祥榜 | 仕至朝奉郎，知袁州军事 | 鼓楼 |
| 李内翁 | 宋 | 咸淳乙丑 | 阮登炳榜 | 授广州增城县尉，改宝庆府司理 | 月洲 |
| 李寅孙 | 宋 | 咸淳乙丑 | 阮登炳榜 |  | 月洲 |
| 李埈 | 宋 | 咸淳乙丑 | 阮登炳榜 | 任分宁主簿、浔州教授，转从政郎 | 月洲 |
| 李同卿 | 宋 | 咸淳戊戌 | 陈文龙榜 | 任赣州府雩都县令 | 月洲 |
| 李晋之 | 宋 | 咸淳戊戌 | 陈文龙榜 | 授江陵监利簿尉兼制司制干 | 元潭 |

续表：

| 名　称 | 时代 | 年　份 | 中　榜 | 历 官 与 行 迹 | 房派 |
|---|---|---|---|---|---|
| 李大临 | 宋 | 咸淳辛未 | 张镇孙榜 | 授台州黄岩尉 | 元潭 |
| 李可方 | 宋 | 咸淳甲戌 | 王龙泽榜 | 官吉州金判 | 元潭 |
| 李允方 | 宋 | 咸淳甲戌 | 王龙泽榜 | 仕至吉州八县招讨使 | 元潭 |
| 李道夫 | 宋 | 咸淳甲戌 | 王龙泽榜 | 任赣县主簿 | 鼓楼 |
| 李再芝 | 宋 | 咸淳甲戌 | 王龙泽榜 |  | 元潭 |
| 李　层 | 元 | 至正乙丑 | 张士坚榜 |  | 鼓楼 |
| 李公明 | 元 | 至正乙丑 |  |  | 鼓楼 |
| 李　庄 | 明 | 永乐戊戌 | 李其榜 | 仕至辽府左长史 | 元潭 |
| 李在修 | 明 | 永乐甲辰 | 邢宽榜 | 授御史迁福建佥事 | 元潭 |
| 李　茂 | 明 | 正统己未 | 施槃榜 | 历官大理寺少卿 | 鼓楼 |
| 李　珪 | 明 | 弘治丙辰 |  | 云南曲靖知府 | 元潭 |
| 李　中 | 明 | 正德甲戌 | 唐皋榜 | 官至都察院右副御史，谥"庄介" | 元潭 |
| 李　湘 | 明 | 正德甲戌 | 唐皋榜 | 官广西按察司佥事 | 元潭 |
| 李邦华 | 明 | 万历甲辰 | 杨守勤榜 | 官至都察院左都御史，谥"忠肃" | 元潭 |
| 李日宣 | 明 | 万历癸丑 | 周延儒榜 | 官至吏部尚书，谥"清惠" | 元潭 |
| 李元鼎 | 明 | 天启壬戌 | 刘必达榜 | 官至兵部左侍郎 | 元潭 |
| 李次莲 | 清 | 康熙庚戌 | 蔡启僔榜 | 拣行人中书 | 元潭 |
| 李振裕 | 清 | 康熙庚戌 |  | 历官礼、户、刑、工四部尚书 | 元潭 |
| 李鹤鸣 | 清 | 康熙庚戌 |  | 授山西盂县知县 | 元潭 |
| 李景迪 | 清 | 康熙癸未 | 王式丹榜 | 历仕江南道御史 | 元潭 |
| 李象井 | 清 | 乾隆乙未 | 吴锡龄榜 | 任昌黎知县 | 元潭 |

## 三、谷村创建

谷村作为江西最大的村落，在长期的发展变迁中，留下了大量的名胜古迹，

《仰承集》记载的谷村创建有堂、别业、楼、亭、阁、第、坊、书院、寺、观、庙、社、戏台等,影响较大的有李氏祖祠仰承堂、祖尧公墓、护吉大庙、盘龙古寺、金瓯塘、古戏台、上谷坊、文园、千年铁树、贞节坊等百余处古迹。

位于村中的祖尧公墓,建于唐代,为谷村基祖墓。宋咸丰年间,李祖尧墓为一土堆墓,显得荒芜。清咸丰七年(1857),其后人将墓修葺成现在的规模。墓地占地 200 余平方米,四周筑有 1 米余高的封土墙,前低后高,墓体隆起,正中书"谷村李氏祖墓",两侧书对联"祖训绵先泽,尧兴裕后昆",以开基祖"祖尧"二字相对。墓前松柏挺立,四周古建筑围绕,以始祖为中心,家族观念,千载不变。

护吉大庙,现为谷村最大的古建筑,长 50 余米,宽 30 余米,分前后两栋,前栋为大戏楼,后栋为祭祀神庙。护吉大庙为谷村祭祀和集会的重要场所,庙内设戏台,戏台位于庙的大门之后,中间设一前低后高的大型露天场,两侧为庑廊,廊柱挑梁之间,皆有精美雕饰构件。后栋设神龛,有宽大门道与前栋相通,神龛上排列着谷村历代先贤的神位,气氛庄严。

护吉大庙建于崇祯年间,由兵部尚书李邦华、吏部尚书李日宣等倡建。门额书"盘谷福地",取福祉永存之意,现为江西省重点文物保护单位。

仰承堂,为李氏祖祠,位于美丽的金瓯塘畔。金瓯塘波光粼粼,李氏祖祠气宇恢宏,水面照映着祠堂,映衬出谷村的秀美。

仰承堂始建于明正统年间,由李克勉倡建。弘治年间,兵部侍郎李贡增修廊庑,正德、嘉靖年间,都御史李中等第一次重修。清顺治丙申(1656),少司马李元鼎捐建门楼,康熙间四部尚书李振裕第二次重修祖祠。清乾隆乙未(1775),谷村合族重建前楹,清嘉庆甲子(1804),重修门楼。现在保存的仰承堂,其主体应是明正统年间的建筑。

仰承堂为山墙式门楼建筑,大门为坊式门楼,中设天井,天井中植两棵高大的桂花树,花开之季,清香四溢,寓意宫中折桂,谷村科第蝉联。祠内开间宽大明亮,一世祖西平王像挂于祖祠神台中央,"仰承堂"匾额横悬于神台之上,显得肃穆庄严,建筑保存完好,谷村族众每年春冬两季皆来祖祠祭祀。李氏祖祠现为县级重点文物保护单位。

## 谷村创建一览表

| 堂 ||
|---|---|
| 名 称 | 原 由 |
| 孝友堂 | 孝子处静公孙彦从作于湛溪,杨诚斋题额。后移至上谷,罗念庵题额,阳平洲芳公记。清康熙壬子(1672)被毁,戊寅汉周公、为龙公、刚来公等重建,为龙公记 |
| 仙寿堂 | 为靖州太守发公母夫人年百岁建 |
| 百桂堂 | 宋时族中登科第者近百人,建堂以表其盛。高宗御书飞白,以荣之后。伯原公重建,赵承旨子昂为书额,改曰"千桂" |
| 瑞橘堂 | 孝子时公以橘奉母,遗核生树,遂以名堂。杨诚斋记以诗 |
| 天授堂 | 在文园,仲承公卜居文园,梦天赐之,因以名堂。筼雪公有记 |
| 受益堂 | 谦道公作,香山王鹤年有记 |
| 慈乐堂 | 在书院下,伯谦公作以奉母,郑真记 |
| 一乐堂 | 沂泳公作,彦宣公记,周述诗 |
| 贞节堂 | 沂浴公作,以奉母,周叙记,金幼孜、张彻有诗 |
| 环山堂 | 子达公作,罗汝敬记,周述、曾棨具有诗 |
| 怡乐堂 | 处亨公作,罗汝敬记 |
| 适安堂 | 民立公作,胡广记 |
| 芳桂堂 | 彦达公兄弟五人建,原有古桂树,后称为花树下。周公明记 |
| 积善堂 | 叔暄公作,周述记 |
| 传经堂 | 子复公作,即孝祖书院旧址 |
| 孝恭堂 | 在书院下,孝祖无求公后裔建 |
| 亦善堂 | 在街西,鹿南公作 |
| 清白堂 | 在元夏,敏公作 |
| 聚庆堂 | 粹湜公后裔建 |
| 清泾堂 | 粹清公、粹泾公二房合建,即今禽庆堂 |
| 高行堂 | 六池公乡宾额,遂以名堂 |
| 位育堂 | 在楼屋下 |

续表：

| | | |
|---|---|---|
| 和乐堂 | 在楼屋下蓰使第 | |
| 积古堂 | 在凌云楼下 | |
| 天叙堂 | 在西湖,天禄公后裔建 | |
| 务本堂 | 在旧宅里 | |
| 葆元堂 | 在大池,左右二房公堂,明忠肃公建,御书"任事忠笃,才品具优"匾额,博平侯郭振明题"尚书府" | |
| 敦叙堂 | 在上谷,子达公后裔建 | |
| 培本堂 | 在上谷,克庵公后裔创 | |
| 恒德堂 | 在上谷,方享公后裔创 | |
| 四留堂 | 在池东,文源公建,邹忠介书额 | |
| 敬修堂 | 清惠公官吏部尚书时,御书"修己以敬"匾赐之,因以名堂。又赐有"学宗濂洛"匾,并联云:"期王旦而调鼎鼐四海想建太平,简毛玠以秉铨衡一世咸推公正。" | |
| 世德作求之堂 | 在大池,忠肃公建 | |
| 乾坤正气之堂 | 在池东,为忠肃公殉国建 | |
| 浚明堂 | 在石园,少司马梅公作 | |
| 恭嘿堂 | 珍嘿公后裔建 | |
| 五有堂 | 在池东,忠肃公建,为老五房众厅 | |
| 贻厚堂 | 在桂园,大鲁公建 | |
| 大节堂 | 在池东,五有堂后,闻孙公作 | |
| 贤师堂 | 在池东,五有堂后 | |
| 希任堂 | 在翰阳,忠肃公自题,杨嘉祚书"翰阳胜处"门额 | |
| 开远堂 | 在桃林元冈忠肃公别墅 | |
| 守一堂 | 在池东,后东谷别墅,忠肃公作,杨嘉祚题额"东谷小隐" | |
| 继善堂 | 在翰阳,原为"启贤堂",克言公恢复先业,改建故名 | |
| 传宽堂 | 在池东,士台公作 | |
| 树滋堂 | 御书赐宗伯醒斋公 | |

续表：

| 本立堂 | 御史培园公作 |
|---|---|
| 明经堂 | 在羊稠坳伯杞公后裔众厅 |
| 宣佐堂 | 在元善堂后，匡人后裔建 |
| 启佑堂 | 在翰阳，京公后裔建 |
| 别 业 ||
| 名 称 | 原 由 |
| 复斋 | 文园直乡公作，朱晦庵有诗，杨诚斋有记 |
| 云泉精舍 | 存诚公作，揭奚斯记 |
| 乐盘 | 上谷仲珍公作，周启记 |
| 谦谦斋 | 大池谦道公作 |
| 梅圃 | 文园秉彝、伯埙二公作，进士艾实记 |
| 西园别墅 | 克庵公兄弟作，钱习礼记，以谦公有诗 |
| 筠雪轩 | 以谦公作，布政李桢有记 |
| 友竹轩 | 旧宅贞福公作，龙寿记 |
| 克庵 | 克勉公作以自号，罗汝敬有记，尹凤岐有诗 |
| 恒轩 | 恒勉公作，刘定之有诗 |
| 竹轩 | 鼎孙公作，宗人用记 |
| 梅岩 | 求止公作，萧镃记 |
| 洗心藏蜜斋 | 在上谷，畲章公建 |
| 翰圃 | 在翰池，司马梅公作，忠肃公题额 |
| 留髡处 | 在大池，绳武公作 |
| 和熊山房 | 幼青公不忘母教作 |
| 松风轩 | 上谷达则公建 |
| 西圃 | 友霞公兄弟作，有《西圃十景》诗 |
| 临汝室 | 在贤师堂后 |
| 六有轩 | 在楼前，日峰公作 |

续表：

| 蛰园 | 在元厦,思安公别业 |
|---|---|
| 楼 ||
| 名　称 | 原　由 |
| 两轩楼 | 在楼前,端、正、奕三公作,鹤田公有诗 |
| 华尊楼 | 在楼前,处泰、处约公兄弟作,解文毅额 |
| 抗云楼 | 村前,北岳公作,苗薇记 |
| 环山楼 | 子容公作,金幼孜、周启具有记,李桢有诗 |
| 双瑞楼 | 赞公、贡公建 |
| 吞月楼 | 闻孙公循迹作于大池 |
| 御书楼 | 康熙御书"天马赋咸,中有庆额"赐宗伯公,有谢恩表,御史培园公有记 |
| 亭 ||
| 名　称 | 原　由 |
| 庐墓亭 | 处静、无求二孝子作 |
| 鹤亭 | 在谌溪孝友堂后,彦从公建,尚书章杭题额 |
| 丈人亭 | 在书院下,为一百一十八岁老人益修公作 |
| 洗心亭 | 在楼屋下,镜石公作 |
| 光风霁月亭 | 在翰阳,士台公额匾"翠涛流韵" |
| 野史亭 | 在大池,闻孙公建 |
| 阁 ||
| 名　称 | 原　由 |
| 敕书阁 | 一在元夏,为教公作。一在大池,为忠肃公恩封四世作 |
| 文昌阁 | 在盘龙庵,文源公有碑记 |
| 朝元阁 | 忠肃公作 |
| 第 ||
| 名　称 | 原　由 |
| 双桂第 | 在桂园,为可方公、允方公兄弟作 |

续表：

| 名称 | 原由 |
|---|---|
| 学士第 | 在岭背，晦之公作 |
| 双凤第 | 在楼前，楷公、栋公兄弟作 |
| 双进士第 | 在西涌，赞公、贡公兄弟作 |
| 嵯使第 | 在楼前，一德公作 |
| 进士第 | 在上谷，幼青公作 |
| 翰林第 | 在石园，为振裕公作 |
| 柱史第 | 在石园，御史景迪公作 |

### 坊

| 名　称 | 原　由 |
|---|---|
| 兄弟孝友坊 | 在书院下，为筹公、衡公建 |
| 大理坊 | 为尊茂公建 |
| 父子兄弟进士坊 | 为灵公、晋公、可方公、允方公建 |
| 表义坊 | 在岭上，为贞观公建 |
| 父子兄弟科第坊 | 在枫树下，为伯圭公、恣公、梦简公建 |
| 金榜题名坊 | 在楼屋下，为相公建 |
| 解元坊 | 在文园，为中公建 |
| 贞烈坊 | 为联芳公妻谢氏建 |
| 诰敕坊 | 为鹿南公建 |
| 尚书坊 | 一为忠肃公建，一为清惠公建，一为宗伯公建 |
| 百步两尚书坊 | 为懋明公、缉敬公建 |
| 一门三进士坊 | 为次连公、振裕公、鹤鸣公同榜建 |
| 四世一品坊 | 一为忠肃公建，一为宗伯公建 |
| 双节坊 | 为士开公妻欧阳氏、宋氏建 |
| 贞节坊 | 为士齐公妻邓氏建 |
| 友烈坊 | 为必先公殉弟建 |
| 恩荣坊 | 成公令辑九公建 |

续表：

| 节孝坊 | 为桂芳妻刘氏建 |
|---|---|
| 烈女坊 | 为怀芳公女五妹建 |

| 书　　院 ||
|---|---|
| 名　　称 | 原　　由 |
| 敕建经训书院 | 宋高宗朝孝子处静居士作 |
| 敕建义坊书院 | 宋高宗朝孝子无求居士作 |
| 桂林书院 | 学士晦之公作 |
| 神童书院 | 在书院下，献可公作 |
| 东湖书院 | 谷平先生讲学处 |
| 依仁书院 | 忠肃公讲学处，督学侯峒曾题其堂曰"中安" |
| 有斐书院 | 在翰阳右，必先公作 |
| 三益书院 | 在书院下，宗伯、醒斋公为师退庵公作 |
| 复礼书院 | 在文园 |
| 六行书院 | 在楼屋下，日峰公作 |
| 文蔚书院 | 在黄橙溪新大祠左，乾隆乙未合族建，为会文之所 |

| 寺观庙社 ||
|---|---|
| 名　　称 | 原　　由 |
| 延右观 | 宋理宗宝庆二年丙戌(1226)建，卜于潭西冈李氏祖祠之侧招玉笥山道士李石田住持。元顺帝至正十二年壬辰(1352)，红山贼扰，至正二十六年丙午(1366)，石田徒孙沈南溟终。是年，李道士等招紫霄观道士肃三友来护吉庙侧，住持不久又终。明洪武十四年辛酉(1381)，李迪询、伯瑜、文鼎、谦道公等又请三友徒辈刘率正来延右旧址住持。宋朝致仕官于祠侧立观，故匾曰："延右"，取延福之义。宋乡举赣县主簿仲承公墓祀于此 |
| 玉虚观 | 在村西秧坑。明嘉靖间，同里罗状元文恭、曾宫保恭端先后会友讲学于此，为"玉虚会"。前有古桂一株，大数围 |
| 鹿苑庵 | 明副使鹿南公墓祀于此，名其庵为鹿苑。邹忠介题，又额其楼为"南楼"，合之得"鹿南"二字。宗伯醒斋公有《修庵小引》，子和公有记 |

续表：

| | |
|---|---|
| 蟠龙庵 | 在磨盘洲山顶。洲为村心水中平阳突起,高数仞,周围广千尺,圆如磨盘,又名金轮山,属杨嘉祚题书,有土庵。明天启癸亥(1623),文源公首倡建文昌阁,手撰碑记。明天启丙寅(1626),忠文公继创宏济宫,祀天姥其上。明崇祯甲戌(1634),又起弥勒殿,复手疏募,建观音阁。阁下甚宏,厂体负山,山隙有泉,杨嘉祚体其堂曰"卓锡万年"。清惠公复新大雄宝殿 |
| 莲华庵 | 即玉虚观旧址。清康熙壬子,上谷幼青公建,手题额曰"莲华庵"。清乾隆甲申(1764),志安公倡众重建,西圃公有碑记。佛殿有罗文恭书"抱元堂"额 |
| 锡庵 | 在翰阳右,建于明崇祯癸未(1643)。旧为烈孝必先公弦诵地,种竹千竿,雨洗娟净,风吹细响,月斜露冷,书声与竹声相和,因自题曰"有斐书院",取切磋琢磨之义。殁后子闻孙公重建,以祀公木主。后楹改为庵,如僧居守,以奉香火,无可和尚题曰"锡庵",表字觉也,子和公有记。和尚俗姓方,讳以智,明崇祯庚辰(1640)进士,官简讨,国变后为僧,法名宏智,与闻孙公文章节义交也 |
| 净土庵 | 在窑园,即今竹林寺 |
| 南禅寺 | 创于宋大观元年(1107),原名福德院。乡举石城县簿存之公享亭改创,庄介公与门人周七泉、罗念庵、罗果斋、王龟年讲学于此。至明正德己卯(1519),王文成从虔赴闽,曾勘兵变,易小舟过桐江时,王公橄谷平自粤归,文成至丰城闻变,易小舟函返桐江,微服步行至谷平家,与俱至南禅寺信宿画策,入吉安起兵讨贼。明末寺毁,顺治间重修,乾隆间存之公后裔复修,谷平公有诗 |
| 永恩庵 | 在仁寿乡口解坑,忠肃公兄弟为文源公守墓建,后楹为享堂,额曰"忠孝祠",殿撰刘同升题 |
| 栖云庵 | 在上坬山麓,忠肃公居元冈时建,为游憩之所 |
| 安静院 | 在新淦(今新干)扬名乡官田金钏山下。宋绍兴间,孝子处静公子孙建以守墓,阁学谢谔有记,峡江西六 |
| 绍隆庵 | 在仁寿乡,省司马梅公捐修 |
| 护吉大庙 | 门额"盘谷福地,神最灵感"。明冢宰清惠公镇昌平,有御赐黄蟒玉带之奉,总宪忠肃公抚天津,有"是吾公垒"之额。庙前有古井,源出万华山,进士镜石公修 |
| 福庆古庵 | 原为公案,清嘉庆庚申(1800),立堂会倡合房改修 |
| 应丰会案 | 在楼前 |
| 永盛会案 | 在花树下 |

续表：

| | |
|---|---|
| 东岳会案 | 在金瓯塘前 |
| 永崇会案 | 在南池 |
| 国庆会案 | 在上谷 |
| 庆远会案 | 在书院下 |
| 福右会案 | 即今庆丰会案，在旧宅 |
| 德盛会案 | 在岭背 |
| 福善会案 | 在翰阳 |
| 太保场灵右祠 | 在上谷 |
| 谌冈里社 | 在楼下园右，明嘉靖间重修，罗洪先题额；康熙间重修，次莲公题额 |
| 上社 | 在潭西冈 |
| 中社 | 在桂园 |
| 下社 | 在横坑 |
| 厉祭坛 | 在谌冈里社右 |
| 勤王台 | 在村心垴上，崇祯末年，忠肃公勤王于此点兵 |

## 四、谷村著作

谷村文风鼎盛，留下了大量的著作。《仰承集》记载的宋代著作有李如圭的《仪礼集注》，李奥的《四书通旨》《章旨》，李景春的《上八议万言封事》，著名诗人李钰的《鹤田诗六集》《杂注四集》《乐府东游记》《钱塘百咏》等。

明代著作有都御史李中的《疏草日录》《书问》《诗文谷平号》，兵部尚书李邦华的《奏疏留丹集》《诗文全集》《依仁讲学语录》，吏部尚书李日宣的《是语堂录》《沧浪诗集》《散修堂集》等数十部著作。

清代著作有女诗人明瑞昌王后裔朱中楣的《唱和随草诗》《余镜阁新声》《亦园嗣响》，李振裕的《预修皇舆表》《辑古鉴览》《三朝圣训制艺》《沧浪亭稿》《白石山房集》等数十部著作。

谷村自宋代至清末，合计各类著作百余部，《四库全书》收录部分，其余大多遗散失传，是为可惜。

## 谷村著作一览表

| 作 者 | 原 由 |
|---|---|
| 李如圭 | 字宝之。有《仪礼集注》 |
| 李 奥 | 字幼蕴,号实轩。有《四书通旨章旨》 |
| 李景春 | 字宗英,赐号忠隐。诣阙上《八议万言封事》 |
| 李 珏 | 字待价,号鹤田。有《鹤田诗》六集、《杂著》四集、《乐府东游记》、《钱塘百咏》 |
| 李 贡 | 字惟正,号舫斋。有《流芳集》 |
| 李 凤 | 字子仪,号怡轩。有《淮南稿》《同江锦官集》 |
| 李 层 | 字道存,号达泉。有《赵铎集》 |
| 李以谦 | 字友仁,号筠雪。有《筠雪集》 |
| 李 絅 | 字尚文,号书隐。有《湖滨小草》、《乐府杂著》十二集 |
| 李 桂 | 字小山,号谦谦。有《谦谦斋集》 |
| 李 楷 | 字邦正,号株山。有《东阳集》 |
| 李 钧 | 字许国,号损斋。有《世藏五伦书》《朱子损卦本义》《绥德集》 |
| 李伯尚 | 字尚翁,号清溪。与刘石潭、张忍庵称为"禾川三君子"。有《清溪集》 |
| 李宣明 | 字日升,号旸谷。有《旸谷集》 |
| 李 相 | 字懋良,号镜石。有《寓乐集》 |
| 李 中 | 字子庸,号谷平,谥庄介。有《疏草日录》《书问》《诗文谷平号》 |
| 李邦华 | 字孟暗,号懋明,谥忠文,国朝谥忠肃。有《奏疏留丹集》《诗文全集》《依仁讲学语录》 |
| 李日宣 | 字本晦,号缉敬,谥清惠。有《传是堂语录》《西台奏章》《中州奏疏》《平回始末》《清禄始末》《按豫文告》《祀戎奏章》《按豫勿喜录》《铨曹奏略》《枚卜始末》《沧浪诗集》《敬修堂集》 |
| 李元鼎 | 字吉甫,号梅翁。有《香雪堂法帖》《右园全集》《灌研斋文集》《石园馀草》 |
| 李朱氏 | 讳中楣,字懿则,号远山,明瑞昌王裔辅国中尉朱议汶女。有《唱和随草诗》《余镜阁新声》《亦园嗣响》 |

续表：

| 作 者 | 原 由 |
| --- | --- |
| 李士开 | 字必先,谥烈孝。有《烈孝馀韵》 |
| 李长世 | 字闻孙,号铁庵,又号锡庵、严庵、欠一和尚、吞月野叟。有《上行在万言书》《忠孝渊源》《南音集》《名山藏》《南冠操正志》 |
| 李 原 | 字伯原,号心源。有《源泉稿》 |
| 李 制 | 字节庵。有《节庵集》 |
| 李 瑚 | 字仲琏。有《未能免俗集》 |
| 李震方 | 字为龙,号苍竹。有《四书直解》《易经讲义》 |
| 李一伟 | 字君奇,号勺亭。有《勺亭诗集》《勺亭琐言诗经注疏》 |
| 李 抡 | 字简在,号退庵。有《易经详解》《半闲山房诗文》 |
| 李次莲 | 字幼青,号谪仙。有《易经讲义》《熊山房诗集》 |
| 李振裕 | 字维饶,号醒斋。预修《皇舆表》《辑古鉴览》,纂修《明史》《三朝圣训制艺》《沧浪亭稿》《白石山房集》 |
| 李鹤鸣 | 字子和,号亦庵。有《复礼堂诗集》《理学正气录》《书易精义录》《皇极经世太乙合历》 |
| 李发曾 | 字绳武,号念祖。有《野史亭诗集》 |
| 李景迥 | 字近修,号香城。有《娱嬉集》《注庄子因李义山诗》 |
| 李 暄 | 号晴轩。有《庆堂诗集》 |
| 李长发 | 字公度。有《四书会注讲义》 |
| 李成熙 | 字春卿。有《蛰园集》 |
| 李应文 | 字友霞,号西圃。有《西圃山房稿》《过日集》 |
| 李子固 | 字闻柳,号柳庭。有《江辑四书辩精义》 |
| 李家桂 | 字燕五,号丹庭。有《周官必诗》《春秋撮要》 |
| 李家栋 | 字任堂,号定轩。有《自娱草幻生录》《禽言诗》 |
| 李曰琯 | 字献延,号玉嵓。有《诚斋诗集诗余稿》 |

## 五、谷村诗赋

文人墨客同谷村人诗文唱和,风盛一时。《仰承集》记载,自宋至清,有三百余首诗歌颂谷村的人或事。这些诗的作者中不乏名臣大家,如宋代杨万里、杨长孺、朱熹、张栻、文天祥、李鹤田、刘辰翁等,明代周述、金幼孜、曾启、王艮、罗洪先、曾同亨、邹元标、李元鼎,清代李振裕、朱中楣、李次莲、李鹤鸣等。诗人或赞美,或感怀,或赠别,流露出对谷村的仰慕与敬畏。如杨万里《赠神童李氏如圭西归》:

江西李家童子郎,腹载五车干玉皇。
选德殿后春昼长,天子呼来傍御床。
口角诵书如布谷,眼光骨法俱冰玉。
紫绡轻衫发锦束,万人回头看不足。
莫言幼慧长不奇,杨文公与晏临淄。
老翁笞儿也太痴,欲鞭辕下追霜蹄。
六岁取官曲肱似,春风昼锦归吾里。
生子当如李童子,至如吾儿豚犬耳。

南宋著名政治家、理学家张栻《题复斋》诗三首,并作序云:"庐陵李直卿,以复名其斋,求予诗,久未暇也。今日雪霁登楼,偶得此,遂书以赠,顾惟圣门精微纲领,岂浅陋所能发,只增三叹。"

一

李侯索我复斋诗,此理难明信者稀。
要识圣人端的意,须于动处见天机。

二

万化根原天地心,几人于此费追寻。
端倪不远君看取,妙用何曾间古今。

## 三

今古茫茫浪著鞭,谁知圣学有真传。
请君细诵复斋记,直到羲爻未画前。

朱熹《复斋偶题》:

出入无时是此心,岂知鸡犬易追寻。
请看屏上初爻旨,便识名斋用意深。

朱熹和张栻两位大家,同题"复斋诗",实在是谷村的一件盛事。李次鱼,号复斋,宋绍兴十年(1140)中解元,三十四岁授长沙酒正,博学多才,在谷村建一馆,取名"复斋",常在馆中研读《周》《易》,潜心理学。"纵观之,欣然有得,初不知为官之乐,亦不知古人之远。"以"复斋"为名,修心养性,用意深远。朱熹、张栻,同为理学名臣,深谙主人用意,故作"复斋诗"以颂之。

文天祥《赠深斋》诗:

晚尊和月吸,早饭带星饮。
鹏鹞从高下,螳蝉任黠痴。
水澄神自定,云远意俱迟。
门下谁车马,故人来讽诗。

谷村诗人中,月洲派李珏(即李鹤田)值得一提。他是南宋著名爱国诗人,与他唱和的诗人很多,如宋代著名诗人刘辰翁作《送李鹤田游右杭》相赠、林仿作《送李鹤田归庐陵》、魏初作《送李鹤田》、周密作《赠李鹤田供奉》、张广微作《赠鹤田先生》等。

明代大学士解缙,为谷村作《南源十景》,金幼孜作《赠李彦安赴荆门州学正》《题环山堂》,罗洪先作《送李台冈应贡》《调中与李省庵谈亡友他伯实有感》《访李少舫故宅》《李汝思南昌新居成有赠》,曾同亨作《赠外翰李台冈先生任天长》,邹元标作《送李鹿南改粤少参》,李邦华作《癸未起南宪冒请勤王志感》,等等,众多名人,创作了大量与谷村有关的诗篇。

清代谷村还出了一位女诗人。诗人朱中楣,字懿则,号远山,为明瑞昌王后裔辅国中尉朱议汶之女,谷村兵部左侍郎李元鼎之妻,夫妻俩常相酬唱,著有《文江唱和集》《镜阁新集》。其代表作《西江月·暮春雨夜》写得凄怆幽怨:

细雨欲收春去,残花暗约莺留。无心闲玩强登楼,陌上行人还有。
泥滑难将旧恨,提壶唤起新愁。天涯芳草自悠悠,零落海棠消瘦。

诗作《示儿公车北上》:

吾门事业始唐开,继世天教付汝才。
已喜故园新折桂,行看上苑早探梅。
家传经史精研索,策对轩墀谨体裁。
驿路风霜当自摄,春深应报锦衣回。

全诗流露出母亲对儿子深切的爱与期待。李振裕没有辜负母亲的期望,登清康熙庚戌(1670)榜进士。

谷村人以诗言志,以诗会友,尚诗之风,颂誉千古。

## 六、谷村人物

《仰承集》记载了大量历史人物,包括:忠臣、理学、文学、神童、隐逸、封赠、耆寿、孝行、义士、烈女、节妇、贤母等,约数百人,这些谷村人物,为家族的发展作出了重大贡献,是谷村人的骄傲。

抗金英雄李邈,宋宣和年间为霸州知州。李邈直言敢谏,因触犯了权臣童贯而被免官。后复出,为严州知州,时金兵来犯,李邈起兵勤王,驻防真定,与金兵激战,相持40余日,城破而被俘。金人威逼利诱,不为所动,遂坐牢3年。坐牢期间,金人不许他穿汉服、蓄长发,李邈不服,终日骂贼不绝。金朝统治者又令他任沧州知州,他更不予理睬。金人无奈,用铁杆猛击他的嘴巴,牙齿尽落,誓不顺从,英勇就义。

布衣名士李景春,字宗英,宋绍兴二十八年(1158),进京向高宗皇帝上万言书。上书的内容分八个部分:一礼制,二国体,三命令,四官吏,五财货,六国本,七学校,八刑辟。洋洋万言,力陈治国平天下之大义。高宗皇帝对他忠君爱民之举倍加嘉勉,五日内两次宣召上殿对策,并授之官。景春托病坚辞不受,回归故里,高宗帝赐号"忠隐"。一介布衣,胸怀天下,"诚足以愧居官食禄两苟容者也"(刘球《书李景春万言书后》)。一百多年后,文天祥从谷村族谱上看到了李景春《上高宗皇帝万言书》,遂作《跋李景春绍兴万言书稿》一文:"吾乡布衣李景春,上书于绍兴,累累万言,尽疏闾阎隐微之故,可谓知无不言矣。厥亦唯我高宗皇帝,仁厚恻怛,勤求民瘼,足以旁通下情,庶几古者,询于刍荛之遗意,凡我有官君子,暨于国人,式克于劝读君之言,当时州县间,可嗟叹者如此,今去之百有余年,执知又有过于君,所观者于此,又重为世道感。"跋文感于时政,盛赞李景春上书之举。

理学名臣李中,字子庸,号谷平,明正德二年(1507)应湖广乡试第一。明正德九年(1514)中进士。武宗皇帝自称为"大庆法王",建寺于西华门内,用番僧住持,廷臣没有谁敢说,时李中拜官才三月,即抗疏"请毁佛寺,出番僧,选儒臣,朝夕劝讲,揽大权以绝天下之奸,建储位以立天下之本,革义子以正天下之名,则所谓振纪纲,励风俗,进君子,退小人,诸事可次第举矣"。武宗怒,谪其为广东通衢驿。世宗即位,复故官,未任,擢广东佥事,再佥广东提学副使,三迁广东右布政使。十八年升右佥都御史,巡抚山东,进副都御史,总督南京粮储。光宗时病卒,追谥"庄介"。

李中为官清廉,自广西归里,有客人来访,李中无以招待客人,只得向邻居借米为饭,米至又乏薪,客人竟不及饭而别。所居房屋,"崇显败辟,腐衰不蔽风雨"。他也不为子孙考虑,"而兴致旷远,飘然自得"。著名理学家、同乡罗洪先、王龟年、周子恭皆为其门生。罗洪先称其学"以求仁为的,以闲邪为端,以自作主宰,不致纤毫之力为功,以生生不息,不与一己为体。以心正而动,自有分殊为用,以脱然无击,常如太虚为乐,以遁世无闷,不求人知为至"。罗洪先对李中的理学观点,作了较高的评价。李中著有《谷平前后集》二十八卷(目录三百余条)、书问三十三卷、诗与文一百六十五卷行世。

兵部尚书李邦华，字孟暗，自少受业同里名臣学士邹元标。明万历三十一年（1603），与父亲李廷谏一起参加乡试并中举，明万历三十二年（1604）中进士，授泾县知县，有政绩，拟授御史。值党论初起，朝士多抵顾宪成、邹元标，邦华受牵连，被指为东林党。因此，两年后拜命，陈"法祖用人"十事，未被采纳。明万历四十一年（1613）又上"革除时弊"十事，触怒了权贵利益，又未被采纳。明万历四十四年（1616），请病假归里，时朝中党争正酣，有人指邹元标为东林党党魁，邦华与元标为同乡，又喜欢辩论是非，有人劝他说话做事委婉些，邦华却说："宁为偏枯之学问，不作反覆之小人。"更受到异己嫉妒。次年任山东参议，父廷谏时为南京刑部郎中，罢官返乡。

明天启元年（1621），起故官，改易州兵备，二年调任光禄少卿。四月升右佥都御史，巡抚天津。军府新立，庶务草创，邦华极力整饬，升兵部右侍郎，再次返乡探望父亲。四年（1624）夏抵京，被阉党诬陷，引疾去。五年（1625）秋，阉党奏请朝廷，削其官职，于明崇祯元年（1628）四月官复原职，总督河道。不久改兵部，协助戎政。邦华竭力改革，所设云辇、龙旌、金鼓、旗帜、甲胄、剑戟，焕然一新，皇帝大加赞赏。二年，加兵部尚书，邦华陈《更操法》，填简选、改战车、易火器、酌兑马、练大炮等九事，又以革除占役虚报冒领之弊，杜绝滥借营马，带头减去自己三分之一班马，非公事不骑，共减少营马一万余匹，裁汰老弱八万余人，每年省军粮二十四万石，这些措施都得到崇祯帝的认可，并将其作为法令颁布执行。

明崇祯二年（1629）十月，满桂兵拒清兵于德胜门外，城上发大炮胁桂，误伤桂兵，都察院事张道泽弹劾邦华，遂罢官。十二年（1639）四月，改任南京兵部尚书，十七年（1644）三月，李自成攻陷山西，不久又攻下北京，崇祯帝吊死景山。邦华移驻北京文丞相祠，内城失守，邦华绝望。遂整肃朝服，行五拜三叩头礼。更青衣，向文丞相作三揖云："邦华，先生里人，当国难无可报君，唯一死从先生地下。"拿来白绫，手书赞曰："堂堂丈夫，圣贤为徒，忠孝大节，矢死靡渝，遭国不造，空负良谟，临危受命，庶无愧吾，君恩莫报，鉴此痴愚。"抛笔正坐，引帛在手，自缢身亡，谥号"忠肃"。

四部尚书李振裕，字维饶，父李元鼎，官至兵部左侍郎，母朱中楣，明末清初诗人。振裕于清康熙九年（1670）中进士，授宏文院庶吉士，修《皇表鉴古集览》,改翰林院检讨,预修明史,迁右中允翰林侍讲。康熙二十四年(1685)提督江南策政,拜内阁学士,兼礼部侍郎,奉诏往祭泰山、沂水、东海。进吏部右侍郎、经筵讲官、国史副总裁。

清康熙二十八年(1689),京郊灾荒,西连井径,北接医间,振裕临灾区视察赈济,救活了不少灾民。四十七年(1708)大比,滇省生员日盛,奏请增加名额,特破例批准。为大司空,督修太和殿,工成费省,康熙题"咸中有庆树滋堂"匾以赐,进工部尚书。江西每年都有巨额的漕粮运费,负担过重,督抚屡疏请免,户部不准。振裕为此领头上书朝廷,巨额费用得以减免。转刑部尚书,裁减司员,抚恤囚犯。再转户部尚书,有豪强附势,欲专营陕北直诸路铁利,振裕力执执照不发。后改礼部尚书,入南书房,纂修《佩文韵府》等书,著有《沧浪亭稿》《白石山房集》。

# 万顷良畦飞白鹭
## ——谈谷村的人文渊薮

李湘水　吉安市教育局教研室主任

江南的山青,山青花欲燃;

江南的水绿,春来江水绿如蓝;

江南的天蓝,惠风和畅郁蓝天;

江南,宜居、宜游、宜耕,也宜学。使人流连,让人忘返。

谷村位于吉水县的北端,与峡江县比邻,是江南的一个拥有两万人口和千年人文底蕴的自然村。村的北面有延绵百里的罗霄山脉余脉万华山,村的南面则是罗霄山脉的另一支余脉南岭,东边十里是江西的母亲河赣江。从南岭北眺,万华山就是谷村的天然屏障。

在万华山与南岭之间,同江河自西往东,蜿蜒穿过。谷村就是坐落在同江河与赣江的冲积平原上,良田万顷,一马平川。

## 一、古吉福地

唐广明元年(880),黄巢攻陷长安,一路杀伐。国师杨筠松为避战乱,南下江南,坐船到同江登岸,见此地樵歌响答,牧唱互闻,放眼北望,翠屏隐耀。大师堪舆此地后说,此乃吉地,并留下"笼破鸡飞,见谷即止"的择地吉言。

后唐时,谷村李氏开基祖李唐也为避战乱逃到吉水高村住下,觉得高村居住环境不尽如人意。当听到大师杨筠松堪舆之说后,决定挑鸡选地。乾贞元年(927)三月,他携妻挑担,带鸡从同江河上岸北行,走到今天建村的地方,笼破鸡飞,用盘子盛谷喂鸡,鸡食后安然入笼,正验大师所言,李唐欣然地说"就这里",就此安家定居。如今,李唐在当时建房之地被后代叫为"旧宅里"。

李唐所择之地旷达四冲,良畴肥沃,逶迤千顷,山水映带,清淑灵秀。

明代礼部尚书金幼孜感叹说:"其地衍沃夷旷,茂林嘉树,扶苏蔽空,清泉白石,辉润洒落,四面环以苍翠,若崆峒,若鹿角,若山凹,诸峰逶迤,绵亘巉岩,秀郁如重城厚郭,低昂起伏,隐然而与人拜跪拱揖,可喜可爱,奇相翁存,日常号其居曰环两山间,盖取李愿居盘谷之意。"

明代右侍郎罗汝敬赞叹说:"江右之地,方数千里,因山水名郡邑者,惟吉为胜,环吉之地,方数百里;因山水名墟落者,惟谷村为胜,环谷村而居者邑著姓李氏,故又称李谷。"

由此,"盘谷""谷村"之名秩然可考。

明代进士周启游历谷村,对谷村的人文地理也大加赞赏:"壤可以稼,池可以渔,畦可以茹。或窈窕寻壑,或杖履访邻,亦或荫流而坐。"

## 二、显赫家族

西平堂李氏一世祖李晟,为中兴大唐,戎马征战,替唐德宗平定了半个中国的叛乱,官至太尉、中书令,爵封西平郡王,为彰显李晟再造大唐的功绩,唐德宗将李晟的画像,列于凌烟阁。李晟有十五个儿子,其中十二个掌握了兵权,但最有名望是李愿、李愬、李听、李宪四人,他们都在唐史上留下了浓墨重彩的一笔。

李愿,号盘谷子,官拜银青光禄大夫、太子宾客、上柱国。与韩愈、卢仝为好友,韩愈一篇《送李愿归盘谷序》,使得此李愿和盘谷声名鹊起。当然,这里的盘谷是指河南济源的盘谷。

李愬,魏博节度使、太子少保,赠太尉,封凉国公。以前初中语文课本中有一篇《李愬雪夜入蔡州》,写的就是唐朝后期名将李愬雪夜袭取蔡州,擒获吴元济之役,这是一个成功的奇袭战的典型战例,体现了李愬的大智大勇。

李听,河中尹、河中晋慈隰节度使、太子太保,赠司徒。

李宪,宗正少卿,迁光禄卿,迁检校左散骑常侍,兼太府卿,出为洪州刺史,转岭南节度使。

唐贞元三年(787),唐德宗剥夺了李晟的兵权,李晟的十二个儿子也被分散到全国各地,李宪因此被调到江南西道的洪州(今南昌)任刺史。其后裔子孙为了日后好相见,都以西平郡王作为自己家族的标志,一律使用"西平堂"作为自己的堂号,并供奉西平郡王李晟为一世祖。

李宪长子李游为袁州刺史,晋爵宜春郡侯。882年,李游的长子李服为避黄巢之乱率部分家族成员徙居庐陵(今吉安)。李游的五世孙李唐在乾贞元年定居吉水谷村。李唐因择吉地,谷村李氏人丁迅速发展,成为当地望族。

## 三、耕读科考

　　江南的夏季,蓝天上飘着白云,炽热的太阳照耀着大地,翠绿的禾苗在旺盛地生长,天气闷热潮湿,老牛在埋头吃着青草,牧童戴着草帽,豆大的汗珠顺着脸颊流淌下来,尽管如此,牧童仍然不舍不弃地盯着老牛。双脚修长的白鹭悠闲地站在一旁,像一位身着白袍的书生在守望着什么。在那亦耕亦读的时代,许多农家子弟就是边放牧边读书长大的,然后走向科举之路,展现人生的才华,就如那陪老牛吃草的白鹭,一旦展开翅膀,就能在蓝天翱翔,一鸣惊人,那就是:"朝为田舍郎,暮登天子堂。"

　　谷村李邦华就是"田舍郎"中的佼佼者。

　　虽然李邦华也是出自官宦读书世家,但是到了他父亲李廷谏这一代,家道中落,非常贫穷。李邦华的奶奶过世,家里居然连一口薄棺也买不起,只好用禾秆草葬了。但贫穷并不是不读书的理由,李邦华的父亲李廷谏一直刻苦学习,在父亲引导下,李邦华从小就展示了才华,在老师邹元标的教导下,于明万历三十一年(1603)与父廷谏一起参加乡试,父子二人同时中举。第二年进京的考试,李邦华和父亲李廷谏都取出自己的积蓄,再借了些盘缠上路赶考。父子俩穿越了十里有一人多高的芦苇地和有虎狼出没的磨盘洲,来到赣江边的小码头小江村,乘船北上,然后风餐露宿,徒步到京城。不懈努力,终得回报。明万历三十二年(1604)李邦华喜中进士,为三甲第三十五名,那一年,他30岁。遗憾的是他父亲李廷谏落榜了。

　　李邦华从此开启了他的官宦生涯。他历经万历、泰昌、天启、崇祯四朝,始授泾县(在安徽境内)县令,历任御史、易州兵备、光禄少卿、右佥都御史、兵部侍郎,累至南京兵部尚书,南京都察院左都御史。明崇祯十七年(1644)李自成攻下京城,李邦华在文信国祠写下一首绝命诗:"堂堂丈夫兮圣贤为徒,忠孝大节兮誓死靡渝,临危受命兮吾无愧吾。"遂自缢而亡。据说邦华去世三天后,仍面色如生。李自成的军队见了叹曰:"真忠臣也。"后来,该文信国祠更名为"二忠祠",以纪念庐陵两大忠烈文天祥和李邦华。

## 四、崇文重教

万华山自西向东连绵起伏,如巨龙般横亘在谷村的北面,形成了一道天然屏障,将吉水与峡江两县隔开,只留下几个小缺口。白云生处,青山映带,山势陡峭,长满青苔的石阶小路蜿蜒而下。山下山风阵阵,小溪潺潺,茂林修竹。

清康熙二十九年(1690),清代文豪戴名世在四部尚书李振裕的邀请和陪同下游览上圳的桃林岭,他要去看那桃山镜石。相传谷村文风风水起源于此,那里有巨石名叫桃山镜石,每遇科考之年,这些巨石都会发出熠熠的光辉,远眺如镜耀目,是谷村弟子参加科考的祥瑞,故有"桃林岭上镜石光,照见谷村李家坊"之说。

戴名世走在幽静的乡野小径上,杜鹃盛开,高大的古樟虬枝参天,幽静的民居墙角桑柘、屋外田畴。特别是那"布谷"声声,飘过高大树木林梢,穿越空旷清凉的早春田野,余音袅袅,好一派温婉的人文情貌。他慨叹不已:"江西山水之胜称吉安,吉安之属曰吉水,吉水有村曰谷村","谷村之旁有山曰桃山,山多美石,而以镜石为奇。镜石者,其石形盖如镜云,石有时光耀照人,则李氏必有兴者",但他认为"是奇仍在人,不在石也"。

的确,谷村李氏从始祖李唐开始,便十分重视对子孙的教育,创设湛源书院,要求幼童入书院读书。经过几代人的努力,十四世李迁之、李存之兄弟首开纪录,于宋元丰四年(1081)同科中举,接下来在短短三十年中,一个村子连中9个进士,而李鼎三叔侄中同榜进士,引起了宋高宗的注意,于建炎、绍兴间先后在谷村敕建经训书院和义方书院。宋绍定五年(1232)进士、缉熙殿侍讲李晦之于嘉熙间又创建了桂林书院,此后元、明、清三代又先后建起了文蔚书院、树人书院、东湖书院、神童书院、有斐书院、三益书院、复礼书院、六行书院,连同宋代的书院,总计12所,到清末除湛源书院已废弃外,尚有11所。

从宋元丰五年(1082)至清乾隆四十年(1775),693年中谷村共有进士68人,其中宋36人、元2人、明23人、清7人。如果剔除客居在外者,则有49人。从李迁之、李存之中举人至清咸丰九年(1859)共有举人127人,除客居外乡29人外,有98人,其中武举9人。此外,自元至清有贡士96人、荐辟34人、仕籍

67 人。除去封赠、荫袭不计,谷村通过科举取得功名的总共 308 人。

由科举进入仕途者也很多。《谷村仰承集》记载,自宋至清末,被朝廷任以官职的 287 人中,五品以上的 46 人,三品以上的 16 人,有明代左副都御史李中,明代兵部尚书李邦华,明代吏部尚书李日宣,清代兵部左侍郎李元鼎,清代历工、刑、礼、户四部尚书李振裕等名人。

读书人多,科举贡荐者多,入仕者多,必然形成浓厚的文风,学者文人也多。据不完全统计,谷村自宋至清末有著述者 71 人,有著述 150 余部。经查,这些著述中至今尚存,藏于国家图书馆及省市图书馆的有 38 部,其中有名的如宋代经学家李如圭,他的经学著作《仪礼集释》30 卷、《仪礼释宫》1 卷、《仪礼纲目》1 卷,除《仪礼纲目》已佚外,余两种均被收入《四库全书》。

# 白鹭洲书院科举历史初探

刘黎霞　白鹭洲书院博物馆馆长

　　白鹭洲书院是宋代江西四大书院之一，书院创办后第十五年，因文天祥高中状元而闻名天下。书院自南宋淳祐元年（1241）创办，至清光绪三十一年（1905）改为吉安府中学堂，历经664年。其间，除明代前期150余年中断办学外，基本在办学。

　　一直以来有很多人问，白鹭洲书院办学历史这么悠久，一共出了多少位进士呢？这个问题确实难以回答。古代科举考试，考生只需要在试卷上写自己的姓名、籍贯，并不需要注明自己的学习经历。所以各类官方志书中鲜有这方面的记载。民间族谱或文人留存的诗文集中或许有些记载，但因资料缺乏，查证起来非常困难。基于此，除非学校或书院有记录科举状况的传统，否则要想统计古代一所学校或书院考出了多少位进士和举人，非常困难。

　　然而，由于白鹭洲书院声名卓著，要研究吉安科举历史，则绕不开白鹭洲书院。白鹭洲书院科举历史到底是一个怎样的状态？它在吉安科举历史中的地位如何？影响如何？这些问题，很有必要进行探索、归纳和总结，这是吉安科举历史非常重要的内容。

　　笔者查阅《白鹭洲书院志》《吉安府志》《吉安登科考》等资料，就白鹭洲书院的科举历史进行了初步探究，并从以下三个方面予以论述。

## 一、白鹭洲书院科举历史状态："自有书院即有科举"

　　"自有书院即有科举"，这是白鹭洲书院有别于其他民办书院最鲜明的特点，也是白鹭洲书院科举历史悠久的原因。

　　宋庆历四年（1044），宋仁宗根据范仲淹等人的建议，诏令兴学，规定："各州县设立学校，士须在学300日方可参加科举考试。"根据这一诏令，进入学校学习,成为士子参加科举考试的必由之路。

北宋时,书院基本由民间人士创办,书院学子没有直接参加科举考试的资格。南宋之后,在朱熹等理学大家的推动下,经皇帝同意,一些知名书院成为官办书院。于是,官办书院的学子在书院学满300日后,即有参加科举考试的资格,书院因此得到蓬勃发展。元代,朝廷更加重视书院教育,将大部分书院列为官办学校一并管理。

然而,到了明代前期,由于朝廷规定"科举必由学校",书院因此而沉寂,白鹭洲书院也正是在这一时期中止办学150余年。明代嘉靖年之后,"科举必由学校"导致的腐败等弊端,使学校教育日益颓废,加上心学兴起,书院教育迅速复苏,白鹭洲书院再次振兴,从此再未中断办学。

不论哪个朝代,民间书院的学生是不能直接参加科举考试的。白鹭洲书院因是官办书院,所以自创办之初就有科举,在院学子和学校生员一样,在学300日即可参加科举考试。明代中期恢复办学后,同时也恢复了科举资格。这在《白鹭洲书院志》中有文章记载。

清代康熙年间,吉安知府向上级呈报的《请增白鹭洲书院科举详文并学道行知文》中写道:"夫有书院即有科举,所以,先朝二百七十余年,吉州之鹭院科举与南康之白鹿洞、南昌之澹台祠俱有定额。而吉州之元魁科举,每由鹭院,班班可考。""我朝顺治年间尚存其例,但或多或少,未有定额。""自遭楚逆,书院毁,而书院科举竟废。""敢恳师台上请府宪,转详学宪,请于正额科举三等前十名外,另取鹭洲一、二等科举,照新进例府学二十名、大学十五名、中学十二名、小学八名,以宏文教。"

这篇呈文意思非常明了,就是向上级请求恢复白鹭洲书院科举名额,并详细列举了恢复理由:

(一)"有书院即有科举",即书院自创办起就有科举名额。文中没有对此进行展开说明,或许因为这是众所皆知的历史:书院由吉州知州江万里创办,创办费用及学田院产全由官府拨给,且文天祥在南宋宝祐三年(1255)进入白鹭洲书院学习,当年秋闱就参加了乡试并中举,第二年春,就到京城临安参加进士考试并一举夺魁。

(二)"先朝二百七十余年,吉州之鹭院科举与南康之白鹿洞、南昌之澹台祠俱有定额。"意思说,明朝江西仅有白鹭洲书院和白鹿洞书院、南昌滶台祠这三所书院有科举定额。

(三)进入清朝,书院科举虽没有定额,但多少总是有的,谁知"遭楚逆,书院毁,而书院科举竟废",这太不应该了。

基于这三点,吉安知府向上级强烈请求恢复白鹭洲书院科举名额。理由充分,上级无理由拒绝,于是,江西省督学道批示如下:"本道今科试,该属除正案三等前大学十名、中学五名、小学三名,俱照例准取科举入闱。此外再增大学八名、中学四名、小学二名,以为鹭洲书院科举,永为定额,合檄行知。"这不仅恢复了白鹭洲书院的科举名额,且名额数和府学的相差无几。

正是因为书院有科举名额,加上它创办初期的科举成就,白鹭洲书院在吉安士子心目中具有崇高的地位。各县优秀学子"不于州学则于书院"(欧阳守道《白鹭洲书院山长厅记》),书院与州(府)学一样,成为吉安科举考试必由之地。

## 二、白鹭洲书院科举历史地位:"自有书院以来,科甲踵接" "吉州元魁每由鹭院"

上述于康熙年恢复白鹭洲书院科举的呈文中有这么一句话:"吉州之元魁科举,每由鹭院,班班可考。"道光年间,吉安知府刘体重在其撰写的《重建白鹭洲书院记》中又写道:"自有书院以来,科甲踵接。"

科举,包括举人考试和进士考试。举人考试由各省组织,也称乡试,元魁,则是指乡试的第一名。书院自创办后,科甲接踵,每次乡试,吉州府的第一名,都由白鹭洲书院学子囊括。

需要解释的是,古代的科举考试和今天的高考不是一个概念。如果非要有个比照的话,那么举人考试,可以理解为今天的公务员考试;而进士考试,则是公务员选拔考试。因为考中了举人就可进衙门入仕了,进士则更不必说了,考中了最少也是个七品官。

古代科举考试难度非常大,为什么呢?因为名额极少,由中央核定。以明代初期为例,江西乡试录取名额为40人,即每三年只有40人有资格参加进士考试。明代后期,名额虽有所增加,但整个江西也不过95名。举人也可谓人中龙凤,那进士又该是何等荣耀?

"书院自创办以来,科甲接踵,吉州元魁每由鹭院",这两句话将白鹭洲书院在吉安科举历史上的地位清晰地勾勒出来了:白鹭洲书院是吉安科举砥柱、教育高地和人才的摇篮。正因如此,才有白鹭洲书院 20 余次被毁废,又 20 余次维修和重建的历史。吉安人将白鹭洲书院的兴盛与吉安人文兴盛紧密联系。明代著名理学家陈嘉谟就说道:"鹭洲书院兴废,与古之人文相盛衰。"

事实也正如陈嘉谟所言。明代嘉靖年间,白鹭洲书院因水患太频繁而迁出白鹭洲,此后,吉安科举一蹶不振,士绅纷纷向官府建言,要把书院搬回洲上。这在明代学者、官至湖广参政的永新人甘雨撰写的《重修白鹭洲书院募劝疏》中有确切的记载:"大江浩淼,洲踞其中。负青螺而揖天玉,神冈在盼,二华为辅。章贡泸禾诸水远近合沓,绕出洲前,其形势为特胜。文忠即洲建院,据揽其胜而置之几砚之间,地与人相得而章,盛有由矣!厥后,院徙洲芜,水冲气汇,阖郡人文一蹶而不复振。"

还有书院大门楹联:"陵谷经几迁,此地依然为砥柱;江河同万古,斯文有幸见回澜。"都可证明白鹭洲书院在老百姓、仕人心目中的文脉砥柱般的神圣地位。

### 三、白鹭洲书院进士数量:"名硕云蒸,几当宇内之半"

甘雨在《白鹭洲书院志序》中还写道:"吾郡夙号材薮,自文忠创书院,而后制科飙举,名硕云蒸,几当宇内之半。"意思是说,白鹭洲书院创建后,科举兴盛,人才辈出,书院培养的举人相当于吉安举人的一半。且结合"吉州元魁每由鹭洲"这一依据,我们是否可以推断,白鹭洲书院培养的进士,大约为吉安进士总数的一半?如果这个推断成立,那么,我们可以大概得到白鹭洲书院培养的进士数。

自南宋淳祐元年白鹭洲书院创办,至清光绪三十一年改为吉安府中学堂,白鹭洲书院历宋、元、明、清四朝共 664 年,除元末至明嘉靖初年停止办学,其他时间办学均较为稳定。其稳定办学期内共经历科举考试 180 次。这 180 次科考,据《吉安进士登科考》统计,吉安共有登科进士(不含宗室子弟、副榜及特奏名等恩科)931 人。如果以此基数计算,那么白鹭洲书院自创办始,考出的进士有 400 余人。

这400余人,姓甚名谁,大多已不可考,湮没在岁月的云烟中。近些年来,经学者们研究,已经确认的从白鹭洲书院考出的进士仅4人,即宋代的文天祥、刘辰翁、邓光荐,及清代的榜眼姚颐。宋代的3位是吉安人引以为豪的先贤,都是白鹭洲书院的学子。清代姚颐虽知其者甚少,但因其是高中榜眼,后又官居高位,且《白鹭洲书院志》中留有其诗作《春晚登云章阁二首》,诗中有"三年曾此倚嵯峨,春晚登临意若何"句,故可以确定其也为白鹭洲书院的学子。

但是,可以肯定的是,从白鹭洲书院走出的进士中能臣干吏和名儒学者远不止这些,如清代末年朝廷重臣黄赞汤,就极有可能是白鹭洲书院生员。

清道光八年(1828),吉安知府刘体重修缮白鹭洲书院时,撰写了《重建白鹭洲书院记》,文中记载了书院当年的科举盛事:"自有书院以来,科甲踵接,顷者功未告竣,戊子与鹿鸣者四人。"经查阅资料,这科吉安共有举人8人,其中4人是庐陵县籍,分别是:晏纯一、康孔昭、黄赞汤、黄志云。他们极可能就是文中所指的白鹭洲书院"鹿鸣者四人"。这四人中,黄赞汤、康孔昭又同为清道光十三年(1833)进士,晏纯一为清道光十五年(1835)年进士。

再有,光绪《吉安府志·龙亨绣传》:"少负敏才,年十三应府试,知府王铭琮奇之,招入署。从浙江吴青学,见赏于鹭院山长彭元瑞、周定斋,同学姚颐、郭缙光目为畏友。"光绪《吉安府志·金世英传》:"金世英,字半塘,永丰人。拔贡生,博通经史,与姚颐、龙亨绣、郭绥光、缙光相砥砺。泰和彭履坦、庐陵梁崑皆赖其陶成。晚岁教谕泸溪,以忧归。卒年七十三。"

综上记载,可以肯定,姚颐在白鹭洲书院读书时的优秀同学还有金世英、龙亨绣、郭绥光和郭缙光。这四人中,金世英、龙亨绣只是举人,郭绥光和郭缙光兄弟俩则双双中了进士。

郭氏兄弟虽中进士,但事业建树不高,故光绪《吉安府志》没有传记,反倒两位举人因其在文学领域有所建树,故立传于志书之中。

还有黄赞汤的哥哥黄赞禹,为道光二十二年(1842)进士。据黄氏后人介绍,清代时,黄氏子孙大多都在白鹭洲书院读书,黄赞汤和哥哥双双中进士,极有可能都是白鹭洲书院考出去的。可惜目前尚未找到确切的资料依据。

上述这些进士,除郭氏兄弟因有记载与姚颐为同学可以确定其为白鹭洲书院学子之外,其他几位包括黄赞汤,都没有确凿依据可以证明其是白鹭洲书院学子。由此可见查找白鹭洲书院进士名单的难度,这一问题还有待后人不断收集资料,予以深入探究。

"圣人教泽书千卷,士子弦歌声满楼。莫道狂澜无砥柱,从兹桃李盛江头。"这是清代学者章绂留下的吟咏白鹭洲书院的诗句。正如诗中所说,白鹭洲书院自创建以来,虽屡遭狂澜冲圮,然而始终是"弦歌传圣教,桃李盛江头"。白鹭洲书院自创办开始,就成了吉安教育的最高学府、人才培育中心及文化交流中心,历年科举中第人数为吉安之最,从这里走出去的国士贤达、能臣干吏不计其数。

所以,白鹭洲书院的科举历史是辉煌而灿烂的,是吉安教育文化事业的引领者,是庐陵文化最核心的代表和体现,对吉安乃至江西的文化教育事业产生了重大而深远的影响。

# 江西谷村李氏家族

汪泰荣　吉安一中原副校长

就一姓同宗、聚族而居而言,谷村应该是江西省第一大村。出了吉水县城,汽车沿公路在丘陵间穿行三十公里,来到一个缓坡,一个千门万户、瓦盖连绵的村子就平卧在坡谷中。山陵不高,属于罗霄山脉的武功山延绵百里至万华山,其余脉分东西两支缓缓而下二十余里,至村后被一座山拦住,这座山称盘龙山,又名鸡笼山,山下谷地称盘谷。两脉山陵的峡谷中流出两条溪水,左右盘绕,逶迤数十里,在村前十余里与桐江汇合东去。村前,一马平川,稻田绵延十余里。

《谷村李氏族谱》称始迁祖李唐外出寻找新居址,"在此稍憩,以盘盛谷喂鸡,鸡食饱入笼,乃于此定居焉",故而此地称盘谷,建村称谷村。

如今,整个村子纵深两三里,左右号称十里,实际约六里,分上下两节,每节又分各房各支聚居的小段落,如老屋、翰阳、太园、文园、大池、池东、池南、桂园、龙、元度、榨下、东街、西街等近二十处,段段相连,中无间断。如问本地人:谷村有多少户人家?有多少人口?本地人的回答都很一致:上七下八,将近万人。所谓"上七下八",意即上节七百户,下节八百户。这种说法大致接近事实。

## 一、谷村李氏源流

谷村李氏奉唐朝李晟为一世祖。其先居甘肃临洮,"代有名迹,雄于西土"。李晟,在唐朝是很有名的宰相。李晟下传五世至李遵,遵徙居吉水高村(今江西吉水县阜田乡高村)。遵之孙为李唐。

李唐为谷村始迁祖。《谷村仰承集》载:"(唐)值吴杨溥割据,四方乱离,世事不可为,遂遁迹林泉,积善贻后人。晚知高村形势非久大规模,乃卜度山水,得谷村之地,乾真元年迁而居之,即今旧宅也。"

新址选定,李唐携家于乾贞元年(927)三月择吉自高村迁至谷村,至今已有一千多年。

李唐生三子,第三子留居谷村旧宅,一直延续至今,总共3派16房,形成了庞大的谷村李氏宗族的基本架构。

自宋至清数百年中,由于种种原因,不断有人外迁。《谷村仰承集》载,迁徙到省内外的谷村子孙陆续形成了一百多个村子,其中分布于江西省内的有13个县79个村,江苏芜湖、湖南湘阴、湖北京山、陕西洵县、山西孟县、广东高州、化州、南海、南雄、贵州锦平等地20多个。其中有些村经数百年繁衍,也成为当地大村,如永新县的泮中村,明永乐间李氏徙居于此,全村单一姓李,现有300多户,1500余人。

## 二、家族管理

谷村李氏自开基以来,十分注意族规的建立和子孙的教育,家规严整,管理严格,特别强调书院教育和衣冠制度,其冬春祭礼、庆丧之礼以及口角争端约束之礼规定得非常详细,其他如义仓捐赠、钱粮管理、店肆经营等也条规清楚。明崇祯间兵部尚书李邦华在家规基础上制订家约,称为《忠肃公家约》,要求族人遵循礼教,禁乡外百般流民在村里停留,禁族人做贩牛买马、唱戏打拳、迎神赛会、酗酒格斗等事,禁私宰耕牛,禁入塘犯抢滥捕等十多条,并规定每月二十六日定期会约,违者罚,重者送官稽查。

家族管理规范、聚族治家严格的另一个重要标志是族谱和文献修纂的及时、频繁和完整。《谷村李氏族谱》始修于宋庆历三年(1043),距始迁时间仅116年,可以说非常及时了。以后宋绍兴间、宝祐间、德祐间、元泰定间、天历间、元统间、至正间,明洪武间、永乐间、正统间、崇祯间,清康熙间、乾隆间、道光间、宣统间先后16次重修,从初修至十六修平均每54年重修一次,这样的修纂频率是极为少见的。最近一次重修在2000年。除族谱外,从元天历元年(1328)开始编纂《李氏文献纪略》,以后元至正间,明洪武间、永乐间、正统间,清乾隆间、道光间、宣统间七次重编,中间曾更名为《谷村记》《仰承集》,宣统间最后一次重编定名为《谷村仰承集》,流传至今。这部文献纪略共十二卷,体例完备,记载周详,族谱中限于体例成规不便记载的,或族谱中散见各处的,无不旁搜周纳,条分缕析。

谷村3派16房除了基祖祠忠武堂、始祖祠仰承堂两个总祠外,各派各房各支又有祖祠,还有纪念性、表彰性的祠堂,还有各种牌坊、楼阁。《谷村仰承集》记载,到清宣统间,谷村有各类祠堂51处、各种牌坊19处、各种楼阁亭第24处、寺观庙宇5处、庙坛18处。时至今日,这些建筑物虽然有一部分已经坍塌,一部分已经破败,但也有相当一部分仍然屹立于村落各处,尤其是宣统间修葺或重建的总祠忠武堂、仰承堂,仍然完好无损,那座谷村人祭祀和集会的护吉大庙也完好无损。

关于谷村的祭祀活动,家规规定:每年春祭正月初三祭基祖祠,正月初五祭始祖祠,冬祭则冬至日祭基祖祠,冬至后第三日祭始祖祠。又严格规定各房参祭人数、祭品份额及祭祀仪式,各派各房各支祭祀活动在总祭之后各自安排。每年的祭祀日,是谷村人的重大节日,其热闹程度远远超过其他节日。这些祭祀活动使谷村人不忘先辈业绩,接受先德熏陶,从而达到收族聚家的目的。

家族经济管理也非常规范严密。前面提到,家规中关于钱粮课输、义仓捐赠、钱粮管理、店肆经营等都有明确而严格的规定。由于支派纷繁,公产层次也多,族总祠有族公产,各派祖祠有派祠公产,各房祖祠又有房祠公产,逐层管理,层次分明。

特别值得一提的是谷村墟市的开设和管理。由于村子越来越大,人口日渐繁多,物产交易规模越来越大,于是在明永乐十二年(1414)开设谷村墟市。墟市设在村中心,由族总祠管理。家规中有专款规定:"本村村心排列店肆,中宽十八丈,清晨开市,柴米油盐,鸡肉鱼鸭,无物不具,远近各姓,皆来贸易。族中定规,毋许夯买夯卖。至巳时交易而退,各得其所。"《谷村仰承集》概述其事称:"谷村墟……旧以旬中一、三、五、七、九交易。今铺户日增,民居日盛,朝市朝时而市,夕市夕时而市。"家规中规定族人"毋许夯买夯卖",到《忠肃公家约》中则具体化为禁族人巧取豪夺,禁族人借声势索取钱物,禁族人拦路拦舟勒索钱财等。由于管理严格,墟市井然有序。

## 三、文风鼎盛

谷村文风鼎盛在省、县内都是公认的,其教育兴盛,科举连捷。谷村李氏从始祖李唐开始,便十分重视对子孙的教育,他们创设湛源书院,要求幼童入书院读书。经过几代人的努力，十四世李迁之、李存之兄弟首开纪录，于宋元丰四年（1081）同科中举，在接下来短短三十年中，一个村子连中9个进士，李鼎三叔侄中同榜进士，引起了宋高宗的注意，于建炎、绍兴间先后在谷村敕建经训书院和义方书院。宋绍定五年（1232）进士、缉熙殿侍讲李晦之于嘉熙间又创建了桂林书院，此后元、明、清三代又先后建起了文蔚书院、树人书院、东湖书院、神童书院、有斐书院、三益书院、复礼书院、六行书院，连宋代书院总计12所，到清末除湛源书院已废弃外，尚有11所。

从宋元丰五年（1082）至清乾隆四十年（1775），693年中共谷村有进士68人，其中宋36人、元2人、明23人、清7人。如果剔除客居在外者，则有49人。从李迁之、李存之中举人至清咸丰九年共有举人127人，除客居外乡29人外，有98人，其中武举9人。此外，自元至清贡士96人、荐辟34人、仕籍67人。除去封赠、荫袭不计，谷村通过科举取得功名的总共308人。

由科举而进入仕途者也很多。《谷村仰承集》记载：自宋至清末，被朝廷任以官职的287人中，五品以上46人、三品以上16人。最有名的是明崇祯朝兵部尚书李邦华，由于敢于直言，锐意改革戎政，他屡遭劾削，又屡被起擢，后因李自成进京，自缢而死；其侄李日宣在崇祯朝任兵部尚书、吏部尚书，因性耿直，忤旨下狱，又曾遭陷为东林党而被削籍，后起故官，明亡，不食而死；清初兵部侍郎李元鼎之子李振裕于康熙朝连任工、刑、户、礼四部尚书，清正廉明，吏治清雅，士风为之一变。

读书人多，科举贡荐者多，入仕者多，必然形成浓厚的文风，学者文人也多。据不完全统计，谷村自宋至清末有著述者71人，有著述150余部。经查，这些著述中至今尚存，藏于国家图书馆及省市图书馆的有38部，其中有名的如宋代经学家李如圭，他的经学著作《仪礼集释》30卷、《仪礼释宫》1卷、《仪礼纲目》1卷，除《仪礼纲目》已佚外，余两种均收入《四库全书》。

侯宾于《李氏文献序》称："西平王子十又五人，支分派析于天下，惟江右之族为盛，江右之族惟吉安为盛。"我们可以按照侯宾于的说法，推衍得更加明确一些：吉安之族唯吉水为盛，吉水之族唯谷村为盛。

谷村确实是一座充满文化底蕴的古老而庞大的村落。无论流连于谷村周围的山色水光中，还是徜徉在谷村纵横交错的街巷中，无论是埋头于谷村完备的族谱文献中,还是漫步在谷村闪烁着文化灵光的众多古迹中,只感觉一股浓浓的文化气息扑面而来。谷村太庞大深奥了,置身于其中,常常分不清东西南北,摸不透其中的奥秘。当你从迷惘中抬起头,似乎有点头绪,但又没有完全梳理清楚时,已经夕阳西下了,是赶紧离去踏上归程呢?还是留下来继续探寻?《谷村仰承集》所载朱廷基《宿谷村》诗里有"谷村文物地,此夕得淹留"之句,正好表达了这种进了谷村而一时难以离舍的心情。

# 清代江西进士县域分布与姓氏分布关系研究[①]

吴根洲　江西科技师范大学教育学院教授

**摘要**：清代江西1887名进士的县域、姓氏分布都很不均衡。79个县域可聚类为进士巨县、进士大县、进士中县、进士小县，183个姓氏可聚类为进士巨姓、进士大姓、进士中姓、进士小姓。某县域某姓氏进士可聚类为巨姓进士、大姓进士、中姓进士、小姓进士。清代江西进士县域类型与其进士姓氏分布的关系非常密切。进士巨县和进士大县依赖巨姓进士和大姓进士而存在，但更离不开中姓进士和小姓进士的贡献。中姓进士对进士中县的形成具有重要的影响作用，仅有2个进士中县拥有大姓进士。全部进士小县既无大姓进士更无巨姓进士。大姓进士和巨姓进士主要来自进士大姓和进士巨姓，略少于三分之一来自进士中姓和进士小姓，说明这些姓氏的进士在少数县域存在明显集聚现象。

**关键词**：清代；江西；进士；县域；姓氏；分布

科举家族与科举功名区域分布是明、清科举研究的两个重要主题，但是两者之间的关系却鲜有学者研究。科举家族研究以辽宁大学张杰的《清代科举家族》[②]及相关论文最为知名。绝大多数科举家族研究成果以某个科举家族为对象，以省域为范围的科举家族研究成果相对较少，主要有蔡惠茹的《明代福建科举家族的时间分布及其成因》[③]、刘明坤的《明清云南科举家族刍议》[④]、陈尚敏的《清代甘肃科举家族研究：概念、内容与史料》[⑤]等。进士家族是科举家族中的重要类别，但相关研究成果并不多，主要有张杰的《清代东北边疆地区的科举

---

[①] 基金项目：2016年度江西省高校人文社会科学研究规划项目"清代江西县域教育实力与进士家族关系研究"（JY161025）。
[②] 张杰：《清代科举家族》，社会科学文献出版社2003年版。
[③] 蔡惠茹：《明代福建科举家族的时间分布及其成因》，《辽宁大学学报（哲学社会科学版）》2016年第2期。
[④] 刘明坤：《明清云南科举家族刍议》，《教育与考试》2017年第6期。
[⑤] 陈尚敏：《清代甘肃科举家族研究：概念、内容与史料》，《教育与考试》2019年第1期。

进士家族》①、郭培贵的《明代进士家族相关问题考论》②、郭九灵、李林霞的《金代山西地区进士家族研究》③、夏汉宁、黎清的《文化地理视域下的宋代江西籍进士家族》④、刘京臣的《大数据视阈中的明代登科录研究——以余姚进士家族为中心》⑤等。科举功名区域分布的研究成果较多，进士的县域分布作为科举功名区域分布中的一个重要类别，虽已有研究但局限于各县域进士的数量。探讨进士县域分布与进士家族之间是否存在明显的关系，是对科举家族、科举功名区域分布两大研究主题的深入，目前尚未发现相关研究成果，仅有关于某省进士姓氏分布的少量研究成果，如刘陆军的《明清河南进士群体姓氏分布及鼎甲者分布小计——〈河南明清进士群体文献研究〉之三》⑥、盛菊和刘佰合的《清代安徽进士群体的姓氏分布》⑦、古喜喜和贾伟的《清代陕西进士群体姓氏的时空分布研究》⑧等。判定同一姓氏的进士中哪些同属一个进士家族是一个工作量极大的挑战。这项工作可以分为两个步骤来进行，第一步是分别理出某县同一姓氏进士的数量，第二步是确认某县同一姓氏的进士分属几个家族，哪些家族可以称之为进士家族。本研究即围绕工作的第一步展开，以清代江西进士为例探讨进士县域分布与姓氏分布的关系。

## 一、清代江西进士分布

清因明制，江西 13 府分领 1 州、77 县，共 78 个县级行政区。整个清代，江西行政区划变动极小。乾隆八年（1743）、光绪二十九年（1903）、光绪三十三年（1907）、宣统二年（1910）分别增设莲花厅、虔南厅、上栗市厅、铜鼓厅。吉安府

---

① 张杰：《清代东北边疆地区的科举进士家族》，《中国边疆史地研究》，2000 年第 3 期。
② 郭培贵：《明代进士家族相关问题考论》，《求是学刊》，2015 年第 6 期。
③ 郭九灵、李林霞：《金代山西地区进士家族研究》，《太原理工大学学报（社会科学版）》，2016 年第 3 期。
④ 夏汉宁、黎清：《文化地理视域下的宋代江西籍进士家族》，《江西社会科学》，2017 年第 11 期。
⑤ 刘京臣：《大数据视阈中的明代登科录研究——以余姚进士家族为中心》，《清华大学学报（哲学社会科学版）》，2019 年第 2 期。
⑥ 刘陆军：《明清河南进士群体姓氏分布及鼎甲者分布小计——〈河南明清进士群体文献研究〉之三》，《牡丹江大学学报》，2008 年第 4 期。
⑦ 盛菊、刘佰合：《清代安徽进士群体的姓氏分布》，《淮北师范大学学报（哲学社会科学版）》，2013 年第 2 期。
⑧ 古喜喜、贾伟：《清代陕西进士群体姓氏的时空分布研究》，《青海师范大学民族师范学院学报》，2015 年第 1 期。

与广信府在清初均有永丰县,雍正九年(1731),广信府永丰县更名为广丰县;乾隆十九年(1754),赣州府属宁都县,升为宁都直隶州;乾隆三十八年(1773),赣州府属定南县,改设定南厅;嘉庆六年(1801),南昌府属宁州更名为义宁州。[①] 因此,清末江西13府、1直隶州,分领5厅、1州、75县,包括宁都直隶州(直辖区域)在内,清末江西共有82个县级行政区。上栗、铜鼓2厅设立时科举制度已经废止,虔南厅在科举制度废止前2年设立,也并无进士产生。因此,本研究中的清代江西县域指除上述3厅之外的79个县级行政区:1直隶州宁都州(含宁都县),1散州义宁州(含宁州),2厅莲花厅、定南厅(含定南县),75县,其中广信府永丰县、广丰县均以广丰县计。

**(一) 清代江西进士县域分布**

清代江西共1887名进士[②],平均每县域有23.89名进士。22个县域超过平均数,共有1274名进士,占67.51%,57个县域不足平均数,共有613名进士,占32.49%。超过半数的进士分布在南昌、新建、南丰、南城、奉新、新城、德化、临川、金溪、安福、新昌、鄱阳12个县域,共有945名进士,占清代江西进士的50.08%。长宁等5县各仅有4名进士,定南等4县域各仅有3名进士,安远、新喻、兴安3县各仅有1名进士,进士数量最少的12个县域共有进士35名,仅占清代江西进士数量的1.85%。由此可见,清代江西进士县域分布很不均衡。

按照进士数量维度对清代江西79个县域进行聚类,结果可分为四类。南昌、新建、南丰、南城、奉新5县的进士数量均达到90名及以上,明显高于其他县域。新城等12个县域的进士数量区间为36—76,崇仁等29个县域的进士数量区间为13—27,星子等33个县域的进士数量区间为1—12。四类县域按照进士数量区间从高至低,可分别称之为进士巨县、进士大县、进士中县、进士小县。(详见表1)

表1 清代江西进士县域聚类结果一览表

| 县域类型 | 县域名称 | 数量 |
| --- | --- | --- |
| 进士巨县 | 南昌、新建、南丰、南城、奉新 | 5 |

---

[①] 傅林祥等:《中国行政区划通史·清代卷》,复旦大学出版社2013年版。
[②] 毛晓阳:《清代江西进士丛考》,江西高校出版社2014年版。

续表：

| 县域类型 | 县域名称 | 数量 |
|---|---|---|
| 进士大县 | 新城、德化、临川、金溪、安福、新昌、鄱阳、高安、丰城、庐陵、宜黄、清江 | 12 |
| 进士中县 | 崇仁、萍乡、湖口、吉水、广昌、彭泽、都昌、宁都、赣县、铅山、分宜、永新、广丰、进贤、泰和、武宁、安义、建昌、浮梁、乐平、玉山、新淦、宜春、龙南、万载、兴国、义宁、上高、永丰 | 29 |
| 进士小县 | 星子、东乡、贵溪、泸溪、南康、瑞昌、上饶、德兴、石城、莲花、弋阳、大庾、德安、靖安、信丰、雩都、会昌、余干、安仁、峡江、万年、长宁、崇义、龙泉、上犹、永宁、定南、乐安、瑞金、万安、安远、新喻、兴安 | 33 |

如表2所示,清代江西进士小县、进士中县多,进士大县、进士巨县少。进士巨县、进士大县、进士中县三种类型县域的进士数量比较接近,均约占清代江西进士的十分之三,进士小县则约占十分之一。县域数量约占五分之一的进士巨县与进士大县,进士数量约占五分之三;县域数量约占五分之四的进士中县与小县,进士数量约占五分之二。不同类型县域平均每县域进士的数量也呈现出明显差别,进士巨县的进士平均数量超过100名,进士大县平均接近50名,进士中县平均不足20名,进士小县则平均仅约6名。

表2 清代江西分县域类型进士相关数据统计表

| 县域类型 | 县域数量 | 进士数量 | 县域平均进士数量 | 所占比例 |
|---|---|---|---|---|
| 进士巨县 | 5 | 548 | 109.60 | 29.04% |
| 进士大县 | 12 | 598 | 49.83 | 31.69% |
| 进士中县 | 29 | 539 | 18.59 | 28.56% |
| 进士小县 | 33 | 202 | 6.12 | 10.71% |
| 合　计 | 79 | 1887 | 23.89 | 100.00% |

### (二)清代江西进士姓氏分布

清代江西1887名进士共覆盖183个姓氏,各姓氏平均有10.31名进士。48

个姓氏的进士数量高于平均数,共有进士 1425 名;135 个姓氏的进士数量低于平均数,共有进士 462 名,即清代江西约四分之一(26.23%)的姓氏拥有进士总量的四分之三(75.52%)。与县域分布类似,清代江西进士的姓氏分布同样很不均衡。如表 3 所示,3 个姓氏的进士数量遥遥领先,均在 90 名以上,45 个姓氏则分别仅有 1 名进士。

表 3  清代江西各姓氏进士数量分布表

| 进士数量 | 姓氏数量 | 进士总数 | 所占比例 | 进士数量 | 姓氏数量 | 进士总数 | 所占比例 |
| --- | --- | --- | --- | --- | --- | --- | --- |
| 1 | 45 | 45 | 2.38% | 21 | 1 | 21 | 1.11% |
| 2 | 22 | 44 | 2.33% | 22 | 2 | 44 | 2.33% |
| 3 | 12 | 36 | 1.91% | 23 | 1 | 23 | 1.22% |
| 4 | 19 | 76 | 4.03% | 25 | 1 | 25 | 1.33% |
| 5 | 11 | 55 | 2.91% | 26 | 3 | 78 | 4.13% |
| 6 | 3 | 18 | 0.95% | 29 | 1 | 29 | 1.54% |
| 7 | 7 | 49 | 2.60% | 32 | 1 | 32 | 1.70% |
| 8 | 8 | 64 | 3.39% | 42 | 1 | 42 | 2.23% |
| 9 | 5 | 45 | 2.38% | 44 | 2 | 88 | 4.66% |
| 10 | 3 | 30 | 1.59% | 46 | 2 | 92 | 4.88% |
| 11 | 3 | 33 | 1.75% | 50 | 1 | 50 | 2.65% |
| 12 | 5 | 60 | 3.18% | 54 | 1 | 54 | 2.86% |
| 13 | 4 | 52 | 2.76% | 55 | 1 | 55 | 2.91% |
| 14 | 2 | 28 | 1.48% | 60 | 1 | 60 | 3.18% |
| 15 | 1 | 15 | 0.80% | 69 | 1 | 69 | 3.66% |
| 17 | 4 | 68 | 3.60% | 96 | 1 | 96 | 5.09% |
| 18 | 2 | 36 | 1.91% | 97 | 1 | 97 | 5.14% |
| 19 | 2 | 38 | 2.01% | 100 | 1 | 100 | 5.30% |
| 20 | 2 | 40 | 2.12% | 合计 | 183 | 1887 | 100.00% |

对清代江西 183 个姓氏的进士数量进行聚类,也可分为四种类型:拥有 96—100 名进士的姓氏共有李、刘、黄 3 个,可称之为进士巨姓;拥有 42—69 名进士的姓氏共有 10 个,可称之为进士大姓;拥有 17—32 名进士的姓氏共有 20 个,可称之为进士中姓;拥有 1—15 名进士的姓氏共有 150 个,可称之为进士小姓。(详见表 4)其中,仅有 1 名进士的 45 个进士小姓也可另称之为进士单姓。

**表 4 清代江西进士分姓氏类型相关数据一览表**

| 姓氏类型 | 姓氏数量 | 姓氏及进士数量 |
| --- | --- | --- |
| 进士巨姓 | 3 | 100:李;97:刘;96:黄 |
| 进士大姓 | 10 | 69:陈;60:王;55:张;54:徐;<br>50:周;46:吴、熊;44:彭、杨;42:胡 |
| 进士中姓 | 20 | 32:朱;29:罗;26:程、谢、赵;25:邓;<br>23:蔡;22:涂、万;21:欧阳;20:饶、曾;<br>19:鲁、汪;18:郭、邹;17:曹、傅、何、余 |
| 进士小姓 | 150 | 15:宋;14:萧、袁;<br>13:陶、魏、严、郑;12:甘、高、夏、叶、钟;<br>11:江、许、章;10:卢、邱、汤;<br>9:雷、廖、聂、舒、喻;8:丁、杜、赖、吕、梅、潘、裘、谭;<br>7:戴、段、方、洪、伍、姚、詹;6:华、金、龙;<br>5:龚、梁、毛、阮、帅、唐、辛、晏、易、应、游;<br>4:崔、董、樊、冯、干、顾、管、贺、康、蓝、林、凌、漆、任、沈、苏、温、颜、俞;<br>3:艾、符、骆、盛、石、史、文、习、燕、扬、尹、祝;<br>2:包、单、范、葛、蒋、揭、解、孔、匡、况、黎、连、马、闵、裴、钱、荣、孙、幸、鄢、宗、左;<br>1:敖、鲍、毕、边、超、晁、巢、车、谌、储、笪、但、费、淦、关、韩、纪、焦、柯、旷、勒、乐、冷、柳、陆、缪、倪、欧、秦、上官、施、滕、田、童、席、项、邢、胥、阎、羊、阳、于、查、支、衷 |

注:姓氏之前的数字代表姓氏的进士数量

## 二、清代江西各姓氏进士县域分布

清代江西 183 个姓氏分别拥有从 1 至 100 名数量不等的进士。那么,具体到 79 个县域,各县域的进士覆盖了多少姓氏? 不同姓氏的进士数量又如何? 体现出哪些特征?

## (一) 各县域进士的姓氏构成

进士数量指某县域有多少名进士,姓氏数量指某县域有多少个产生了进士的姓氏。如表 5 所示,从整体上看,某县域进士数量越多,其姓氏数量一般也越多;进士巨县的姓氏数量均高于其余各县,在其内部,南昌的进士数量与姓氏数量均为最多,而奉新均为最少;进士大县的姓氏数量区间为 16—26,进士中县仅有萍乡、崇仁的姓氏数量位于该区间;其余 27 个进士中县的姓氏数量区间为 6—14;进士中县与进士小县的姓氏数量则有较大范围的重合。各县域各姓氏平均进士数量为 2.07 名。21 个县域超过平均数,包括 5 个进士巨县、10 个进士大县和 6 个进士中县;58 个县域低于平均数,仅有 2 个进士大县。直观而言,南丰、奉新、新城、安福、高安、分宜、安义等县域的姓氏数量与进士数量相邻县域相比明显偏少,南城、金溪、丰城、萍乡、上高等县域的姓氏数量与进士数量相邻县域相比明显偏多。当某县域进士数量与姓氏数量相同时,该县域进士各姓氏均仅有 1 名进士,该类县域共有 12 个,均属进士小县,其中瑞昌 9 名进士覆盖了 9 个姓氏,信丰、余干次之,分别为 7 个和 6 个。严格来说,清代江西各县域的进士数量与该县域进士姓氏数量并未呈现出特别明显的对应关系。

表 5 清代江西各县域进士数量与姓氏数量一览表

| 县域名称 | 进士数量 | 姓氏数量 | 平均每姓氏进士数量 | 县域名称 | 进士数量 | 姓氏数量 | 平均每姓氏进士数量 | 县域名称 | 进士数量 | 姓氏数量 | 平均每姓氏进士数量 | 县域名称 | 进士数量 | 姓氏数量 | 平均每姓氏进士数量 |
|---|---|---|---|---|---|---|---|---|---|---|---|---|---|---|---|
| 南昌 | 135 | 47 | 2.87 | 吉水 | 25 | 14 | 1.79 | 龙南 | 14 | 10 | 1.40 | 信丰 | 7 | 7 | 1.00 |
| 新建 | 128 | 44 | 2.91 | 广昌 | 24 | 11 | 2.18 | 万载 | 14 | 9 | 1.56 | 雩都 | 7 | 5 | 1.40 |
| 南丰 | 99 | 28 | 3.54 | 彭泽 | 23 | 14 | 1.64 | 兴国 | 14 | 7 | 2.00 | 会昌 | 6 | 5 | 1.20 |
| 南城 | 96 | 36 | 2.67 | 都昌 | 22 | 14 | 1.57 | 义宁 | 14 | 6 | 2.33 | 余干 | 6 | 6 | 1.00 |

续表：

| 县域名称 | 进士数量 | 姓氏数量 | 平均每姓氏进士数量 | 县域名称 | 进士数量 | 姓氏数量 | 平均每姓氏进士数量 | 县域名称 | 进士数量 | 姓氏数量 | 平均每姓氏进士数量 | 县域名称 | 进士数量 | 姓氏数量 | 平均每姓氏进士数量 |
|---|---|---|---|---|---|---|---|---|---|---|---|---|---|---|---|
| 奉新 | 90 | 27 | 3.33 | 宁都 | 21 | 10 | 2.10 | 上高 | 13 | 10 | 1.30 | 安仁 | 5 | 5 | 1.00 |
| 新城 | 76 | 20 | 3.80 | 分宜 | 20 | 8 | 2.50 | 永丰 | 13 | 7 | 1.86 | 峡江 | 5 | 5 | 1.00 |
| 德化 | 62 | 26 | 2.38 | 赣县 | 20 | 14 | 1.43 | 星子 | 12 | 9 | 1.33 | 万年 | 5 | 4 | 1.25 |
| 临川 | 61 | 25 | 2.44 | 铅山 | 20 | 14 | 1.43 | 东乡 | 11 | 10 | 1.10 | 长宁 | 4 | 4 | 1.00 |
| 金溪 | 54 | 26 | 2.08 | 永新 | 19 | 9 | 2.11 | 贵溪 | 10 | 8 | 1.25 | 崇义 | 4 | 4 | 1.00 |
| 安福 | 49 | 17 | 2.88 | 广丰 | 18 | 10 | 1.80 | 泸溪 | 10 | 9 | 1.11 | 龙泉 | 4 | 4 | 1.00 |
| 新昌 | 48 | 22 | 2.18 | 进贤 | 18 | 11 | 1.64 | 南康 | 10 | 6 | 1.67 | 上犹 | 4 | 3 | 1.33 |
| 鄱阳 | 47 | 22 | 2.14 | 泰和 | 18 | 13 | 1.38 | 德兴 | 9 | 7 | 1.29 | 永宁 | 4 | 3 | 1.33 |
| 高安 | 46 | 16 | 2.88 | 武宁 | 18 | 10 | 1.80 | 瑞昌 | 9 | 9 | 1.00 | 定南 | 3 | 2 | 1.50 |
| 丰城 | 43 | 25 | 1.72 | 安义 | 17 | 7 | 2.43 | 上饶 | 9 | 7 | 1.29 | 乐安 | 3 | 2 | 1.50 |
| 庐陵 | 38 | 18 | 2.11 | 建昌 | 17 | 10 | 1.70 | 石城 | 9 | 6 | 1.50 | 瑞金 | 3 | 2 | 1.50 |
| 宜黄 | 38 | 16 | 2.38 | 浮梁 | 16 | 10 | 1.60 | 莲花 | 8 | 5 | 1.60 | 万安 | 3 | 3 | 1.00 |
| 清江 | 36 | 18 | 2.00 | 乐平 | 16 | 9 | 1.78 | 弋阳 | 8 | 6 | 1.33 | 安远 | 1 | 1 | 1.00 |
| 崇仁 | 27 | 16 | 1.69 | 玉山 | 16 | 12 | 1.33 | 大庾 | 7 | 4 | 1.75 | 兴安 | 1 | 1 | 1.00 |
| 萍乡 | 27 | 20 | 1.35 | 新淦 | 15 | 10 | 1.50 | 德安 | 7 | 4 | 1.75 | 新喻 | 1 | 1 | 1.00 |
| 湖口 | 25 | 13 | 1.92 | 宜春 | 15 | 11 | 1.36 | 靖安 | 7 | 4 | 1.75 | 合计 | 1887 | 913 | 2.07 |

与前述进士小姓、进士中姓、进士大姓、进士巨姓4种进士姓氏类型不同,某县域某姓氏进士数量聚为4类,分别称之为小姓进士、中姓进士、大姓进士、巨姓进士。小姓进士指某县域某姓氏拥有1—2名进士,共700例,合计870名进士;中姓进士指某县域某姓氏拥有3—6名进士,共177例,合计682名进士;大姓进士指某县域某姓氏拥有7—12名进士,共32例,合计274名进士;巨姓进士指某县域某姓氏至少拥有14名进士,共4例,合计61名进士。在小姓进士中,某县某姓氏若仅有1名进士,可称之为单姓进士。清代江西79个县域均存在单姓进士,共计530例,这些姓氏中既有进士单姓,也有李、刘、黄等进士巨姓。小姓进士的进士数量均低于平均值(2.07名),中姓进士、大姓进士、巨姓进士的进士数量则均高于平均值,某县某姓氏仅有9例超过10名进士,临川李姓进士数量最多,为17名,南丰刘姓进士次之,为16名。

清代江西小姓进士出现频次达700,进士数量合计接近清代江西进士的一半,中姓进士出现频次明显降低但进士数量所占比例仍超过三分之一,大姓进士与巨姓进士的出现频次与进士数量均依次明显降低(详见表6)。总之,随着某县某姓氏进士数量的增加,出现频次相应地逐渐减少,然而,出现频率不足四分之一的中姓进士、大姓进士、巨姓进士贡献的进士数量却超过了二分之一。

表6 清代江西某县域某姓氏进士数量相关信息统计表

| 进士数量 | 1 | 2 | 3 | 4 | 5 | 6 | 7 | 8 | 9 |
|---|---|---|---|---|---|---|---|---|---|
| 出现频次 | 530 | 170 | 86 | 48 | 26 | 17 | 10 | 8 | 7 |
| 合计数量 | 530 | 340 | 258 | 192 | 130 | 102 | 70 | 64 | 63 |
| 合计比例 | 28.09% | 18.02% | 13.67% | 10.17% | 6.89% | 5.41% | 3.71% | 3.39% | 3.34% |
| 进士数量 | 10 | 11 | 12 | 13 | 14 | 15 | 16 | 17 | 合计 |
| 出现频次 | 2 | 3 | 2 | 0 | 2 | 0 | 1 | 1 | 913 |
| 合计数量 | 20 | 33 | 24 | 0 | 28 | 0 | 16 | 17 | 1887 |
| 合计比例 | 1.06% | 1.75% | 1.27% | 0 | 1.48% | 0 | 0.85% | 0.90% | 100.00% |

### (二) 各姓氏类型进士的县域分布

进士家族的进士数量下限一般为 2 名。[①] 大姓进士和巨姓进士中出现进士家族的概率比较高,中姓进士的进士数量为 3—6 名,出现进士家族的概率则相对比较低。如前所述,小姓进士虽然出现的频次非常高,但进士数量仅为 1 名或 2 名,很难出现进士家族,530 例单姓进士在理论上不会存在进士家族。因此,研究需要重点关注大姓进士和巨姓进士的县域分布。

如表 7 所示,清代江西共有 4 例巨姓进士、32 例大姓进士。3 个进士巨姓和除了张姓之外的 9 个进士大姓贡献了 3 例巨姓进士、22 例大姓进士,合计 25 例。朱、程、赵、涂、曹 5 个进士中姓分别贡献了 1 例大姓进士,鲁姓则贡献了 1 例巨姓进士,合计 6 例。宋、甘、夏、汤、裘等 5 个进士小姓分别贡献了 1 例大姓进士。李、刘、黄 3 个进士巨姓不仅分别贡献了 2 例、3 例、2 例大姓进士,还分别贡献了 1 例巨姓进士。总体而言,超过三分之二的大姓进士、巨姓进士来自进士巨姓和进士大姓,但也有不足三分之一的大姓进士、巨姓进士来自进士中姓和小姓。

表 7 清代江西大姓进士与巨姓进士县域分布表

|  | 姓氏 | 大姓进士所属县域及数量 | 巨姓进士所属县域及数量 |
| --- | --- | --- | --- |
| 进士巨姓 | 李 | 德化 8、吉水 7 | 临川 17 |
|  | 刘 | 安福 9、庐陵 8、新昌 8 | 南丰 16 |
|  | 黄 | 宜黄 10、都昌 7 | 新城 14 |
| 进士大姓 | 陈 | 新城 7 | —— |
|  | 王 | 安福 9、南城 7 | —— |
|  | 张 | —— | —— |
|  | 徐 | 奉新 11 丰城 7 | —— |
|  | 周 | 鄱阳 9 | —— |
|  | 吴 | 南昌 9、南丰 7 | —— |

---

① 郭培贵:《明代进士家族相关问题考论》,《求是学刊》,2015 年第 6 期。

续表：

| | 姓氏 | 大姓进士所属县域及数量 | 巨姓进士所属县域及数量 |
|---|---|---|---|
| 进士大姓 | 熊 | 南昌9、高安8、新昌7 | —— |
| | 彭 | 南昌9 | —— |
| | 杨 | 清江10、新城7 | —— |
| | 胡 | 新建8 | —— |
| 进士中姓 | 朱 | 高安7 | —— |
| | 程 | 新建7 | —— |
| | 赵 | 南丰12 | —— |
| | 涂 | 新城8 | —— |
| | 鲁 | —— | 新城14 |
| | 曹 | 新建9 | —— |
| 进士小姓 | 宋 | 奉新11 | —— |
| | 甘 | 奉新12 | —— |
| | 夏 | 新建11 | —— |
| | 汤 | 南丰8 | —— |
| | 裘 | 新建8 | —— |

综合分析表1与表7可以发现：一方面，进士巨县南丰和进士大县新城、临川包揽了4例巨姓进士，5个进士巨县均有大姓进士，除了金溪、临川，其余10个进士大县均有大姓进士，与之相反，进士小县无一例外均既无大姓进士，更无巨姓进士，即使进士数量最多的进士小县(12名，星子)也不例外。另一方面，32例大姓进士和4例巨姓进士，进士巨县有16例，覆盖了南昌、新建、南丰、南城、奉新5个进士巨县，进士大县有18例，覆盖了除金溪之外的11个进士大县，仅有2例分属进士中县吉水、都昌。因此，从姓氏角度来看，大姓进士和巨姓进士主要来自进士巨姓和进士大姓；从县域角度来看，大姓进士和巨姓进士更是几乎全部集中于进士巨县和进士大县。这说明清代江西进士的县域集聚程度与进士姓氏的县域集聚存在密切关系。

## 三、清代江西各县域进士姓氏的构成特征

清代江西 1887 名进士在各县域分属小姓进士、中姓进士、大姓进士、巨姓进士 4 种类型。具体分析各县域的进士姓氏所属类型如何，或者说各县域进士在姓氏维度上的构成特征如何，是剖析清代江西进士县域分布与姓氏分布关系的关键点。

### (一) 各县域进士的姓氏构成类型

县域进士的姓氏构成类型，是指县域小姓进士、中姓进士、大姓进士、巨姓进士的组合，理论上共有 15 类。① 实际上，清代江西县域进士姓氏构成类型仅出现了 6 类，如表 8 所示，分别以 A、B、C、D、E、F 指代。6 类县域的数量和进士数量均差别较大，全部由小姓进士与中姓进士构成的 B 类县域数量最多，A 类次之，D 类又次之；D 类县域的进士数量最多，B 类次之，A 类又次之；C 类、E 类、F 类县域的数量或为 1 或为 2，相应的进士数量也较少。

6 类县域的平均进士数量也存在明显差别，A 类(5.74 名)、B 类(17.44 名)、C 类(22.00 名)县域的进士平均数量均低于 79 个县域平均值(23.89 名)，D 类(62.93 名)、E 类(61.00 名)和 F 类(87.50 名)县域的进士平均数量均高于 79 个县域的平均值。6 类县域均有小姓进士，前 3 类县域由一或两类姓氏进士构成，后 3 类县域的进士均在小姓进士和中姓进士的基础上，拥有大姓进士或巨姓进士，或两者兼有。所以，某县域进士姓氏类型越多，对该县域进士数量的贡献合力也就越大，相应地，成为进士大县、进士巨县的概率就越大。D 类、E 类、F 类共 17 个县域，囊括了 5 个进士巨县和除金溪之外的 11 个进士大县，仅有吉水属进士中县。

---

① 小姓进士构成、中姓进士构成、大姓进士构成、巨姓进士构成，4 类；小姓进士、中姓进士、小姓进士、大姓进士构成，小姓进士、巨姓进士构成，中姓进士、大姓进士构成，中姓进士、巨姓进士构成，大姓进士、巨姓进士构成，6 类；小姓进士、中姓进士、大姓进士构成，小姓进士、中姓进士、巨姓进士构成，小姓进士、大姓进士、巨姓进士构成，中姓进士、大姓进士、巨姓进士构成，4 类；小姓进士、中姓进士、大姓进士、巨姓进士构成，1 类。

表8　清代江西各县域进士姓氏类型构成一览表

| 类型 | 进士数量 | 县域数量 | 小姓进士 | 中姓进士 | 大姓进士 | 巨姓进士 |
|---|---|---|---|---|---|---|
| A | 155 | 27 | √ | × | × | × |
| B | 593 | 34 | √ | √ | × | × |
| C | 22 | 1 | √ | × | √ | × |
| D | 881 | 14 | √ | √ | √ | × |
| E | 61 | 1 | √ | √ | × | √ |
| F | 175 | 2 | √ | √ | √ | √ |
| 合计 | 1887 | 79 | 79 | 51 | 16 | 3 |

注:"√"表示该类县域均存在相应的进士姓氏类型,"×"表示均不存在相应进士姓氏类型

如前所述,大姓进士和巨姓进士出现进士家族的可能性较大,因此,本研究重点分析C类、D类、E类、F类4类县域。如表9所示,C类都昌为进士中县,14个姓氏贡献了22个进士,其中黄姓进士7名,为大姓进士的下限,其余13个姓氏合计贡献15名进士,均属小姓进士。E类临川为进士大县,25个姓氏贡献了61个进士,其中李姓进士17名,为巨姓进士,其余44名进士均为小姓进士和中姓进士。李、黄两个姓氏在清代江西则均为进士巨姓。

表9　C类、D类、E类、F类县域大姓进士和巨姓进士情况表

| 县域类型 | | 县域及进士数量 | 大姓进士 | 大姓进士数量 | 大姓进士比例 | 巨姓进士 | 巨姓进士数量 | 巨姓进士比例 |
|---|---|---|---|---|---|---|---|---|
| C类 | 进士中县 | 都昌22 | 黄 | 7 | 31.82% | 0 | 0 | 0 |
| D类 | 进士巨县 | 南昌135 | 彭、吴、熊 | 27 | 20.00% | 0 | 0 | 0 |
| | | 新建128 | 夏、曹、胡、裘、程 | 43 | 33.59% | 0 | 0 | 0 |
| | | 南城96 | 王 | 7 | 7.29% | 0 | 0 | 0 |
| | | 奉新90 | 甘、徐、宋 | 34 | 37.78% | 0 | 0 | 0 |

续表：

| 县域类型 | | 县域及进士数量 | 大姓进士 | 大姓进士数量 | 大姓进士比例 | 巨姓进士 | 巨姓进士数量 | 巨姓进士比例 |
|---|---|---|---|---|---|---|---|---|
| D类 | 进士大县 | 德化62 | 李 | 8 | 12.90% | 0 | 0 | 0 |
| | | 安福49 | 王、刘 | 18 | 36.73% | 0 | 0 | 0 |
| | | 新昌48 | 刘、熊 | 15 | 31.25% | 0 | 0 | 0 |
| | | 鄱阳47 | 周 | 9 | 19.15% | 0 | 0 | 0 |
| | | 高安46 | 熊、朱 | 15 | 32.61% | 0 | 0 | 0 |
| | | 丰城43 | 徐 | 7 | 16.28% | 0 | 0 | 0 |
| | | 庐陵38 | 刘 | 8 | 21.05% | 0 | 0 | 0 |
| | | 宜黄38 | 黄 | 10 | 26.32% | 0 | 0 | 0 |
| | | 清江36 | 杨 | 10 | 27.78% | 0 | 0 | 0 |
| | 进士中县 | 吉水25 | 李 | 7 | 28.00% | 0 | 0 | 0 |
| E类 | 进士大县 | 临川61 | 0 | 0 | 0 | 李 | 17 | 27.87% |
| F类 | 进士巨县 | 南丰99 | 赵、汤、吴 | 27 | 27.27% | 刘 | 16 | 16.16% |
| | 进士大县 | 新城76 | 涂、陈、杨 | 22 | 28.95% | 黄、鲁 | 28 | 36.84% |

14个D类县域有25例大姓进士,其中李、刘、黄3个进士巨姓分别贡献了2例、3例、1例,王、徐、周、吴、熊、彭、杨、胡8个进士大姓(无陈、张)分别贡献了2例、2例、1例、1例、3例、1例、1例、1例,7个进士中姓与进士小姓分别贡献了1例。在14个D类县域之间,大姓进士贡献的进士数量与所占比例均有很大差异,新建的大姓进士数量是南城、丰城的6.14倍,奉新、安福、新建的大姓进士贡献率均超过三分之一,丰城、德化、南城则均不足六分之一,奉新的大姓进士贡献率是南城的5.18倍。

2个F类县域的6例大姓进士涉及3个进士大姓(陈、吴、杨),2个进士中姓(赵、涂),1个进士小姓(汤);3例巨姓进士涉及2个进士巨姓(刘、黄),1个进士中姓(鲁)。F类县域大姓进士、巨姓进士的数量与所占比例均非常高,两类进士数量均超过40名,所占比例均超过40%,新城的这两个数据分别高达50名、65.79%。

### (二)县域类型与进士姓氏构成类型

如表10所示,A类县域基本为进士小县,B类县域主要为进士中县,这说明没有大姓进士、巨姓进士则难以成为进士大县和进士巨县;进士小县全部属于A类与B类,这说明中姓进士、大姓进士、巨姓进士的存在消除了某县域成为进士小县的可能;C类、E类均有1县域,分别为进士中县、进士大县,均属特殊情况,大姓进士、巨姓进士的"偶然性"出现提升了县域原有的类型等级;D类县域基本为进士巨县、进士大县,2个F类县域则分属进士巨县、进士大县。因此,可以认为,拥有大姓进士、巨姓进士的县域才有可能成为进士大县、进士巨县,同时这种可能性很大。通过表10也可以看到,5个全部由小姓进士构成的A类县域中,上高为进士中县;全部由小姓进士和中姓进士构成的B类县域中,金溪为进士大县;由小姓进士、中姓进士和大姓进士构成的D类县域中,吉水为进士中县;由小姓进士和大姓进士构成的C类县域都昌为进士中县;由小姓进士、中姓进士和巨姓进士构成的E类县域临川为进士大县。

表10 清代江西进士县域类型与进士姓氏构成类型关系表

|      | A | B | C | D | E | F |
|------|---|---|---|---|---|---|
| 进士巨县 | 0 | 0 | 0 | 4 | 0 | 1 |
| 进士大县 | 0 | 1 | 0 | 9 | 1 | 1 |
| 进士中县 | 1 | 26 | 1 | 1 | 0 | 0 |
| 进士小县 | 26 | 7 | 0 | 0 | 0 | 0 |
| 合 计 | 27 | 34 | 1 | 14 | 1 | 2 |

### (三)清代江西进士县域分布与姓氏分布存在的关系

清代江西进士县域分布与姓氏分布存在着密切的关系。

**1. 进士巨县与进士大县依赖大姓进士与巨姓进士而存在**

清代江西79个县域共有5个进士巨县、12个进士大县,17个县域共有进士1146名,平均每县域有67.41名进士,是清代江西县域进士平均值的2.82倍。这17个县域能够拥有如此多的进士,最直观的原因是拥有大姓进士、巨姓进士。南丰、新城、临川3县包揽了仅有的4例巨姓进士,5个进士巨县和10个进士大县占据了32例大姓进士中的30例,临川无大姓进士但有数量最多的进士巨姓李姓,金溪既无大姓进士也无巨姓进士。与之相反,29个进士中县仅有都昌、吉水各自拥有1例大姓进士,前者有7名黄姓进士,后者有7名李姓进士,均为大姓进士的数量下限。33个进士小县均既无大姓进士更无巨姓进士。

2. 大姓进士与巨姓进士主要来自进士大姓与进士巨姓

与进士大县和进士巨县关系密切的大姓进士和巨姓进士,主要来自进士大姓和进士巨姓。4例巨姓进士中的3例分别来自李、刘、黄3个进士巨姓,另1例来自进士中姓(鲁),分布在进士巨县南丰与进士大县临川、新城。32例大姓进士中的22例来自3个进士巨姓和9个进士大姓,10个进士大姓中仅有张姓没有产生大姓进士;曹、程、涂、赵、朱5个进士中姓和甘、裘、宋、汤、夏5个进士小姓分别产生了1例大姓进士。换言之,四分之三的巨姓进士来自进士巨姓,分布在1个进士巨县、2个进士大县;三分之二的大姓进士来自进士巨姓和进士大姓,分布在全部5个进士巨县、10个进士大县、2个进士中县。11例进士中姓、进士小姓也产生了略高于十分之三的大姓进士、巨姓进士,其中8例分布在新建、南丰、奉新3个进士巨县,2例分布在进士数量最多的进士大县新城,1例分布于进士大县高安,这说明该11个姓氏拥有的进士在江西并无明显集聚,但在江西的少量县域集聚且集聚程度颇高。

3. 进士巨县与进士大县离不开中姓进士甚至小姓进士的贡献

积少成多,集腋成裘。进士巨县与进士大县的产生虽然依赖大姓进士与巨姓进士的存在,但更离不开中姓进士甚至小姓进士的贡献。整体上看,中姓进士、小姓进士对进士巨县的贡献率分别为47.63%、24.27%,两者合计71.90%,对进士大县的贡献率分别为34.62%、37.46%,两者合计72.08%。换言之,进士中姓与进士小姓对进士巨县、进士大县的贡献率均超过了70%。具体到各县域:如果剔除大姓进士与巨姓进士,5个进士巨县中除南昌保持不变外,其余4县域均降格为进士大县。若剔除中姓进士与小姓进士,新建、南丰均剩43名进士,降格为进士大县,南昌、奉新将降格为进士中县,南城则仅剩余7名进士,降格为进士小县;如果剔除大姓进士与巨姓进士,12个进士大县中的德化、鄱阳、丰城、临川、金溪5县域保持不变,其余7县域均降格为进士中县。若剔除中姓进士与小姓进士,仅有新城剩余 50 名进士,仍为进士大县,安福、临川、新昌、高安分别剩余 18 名、17 名、15 名、15 名进士,均降格为进士中县,清江、宜黄、鄱阳、德化、庐陵、丰城 6 县域将降格为进士小县,全部由中姓进士与小姓进士构成的金溪,其进士数量将直接变为零。由此可见,进士中姓与进士小姓对县域类型等级的影响更大。

4. 中姓进士存在与否对进士中县的形成具有重要影响作用

如前所述,29 个进士中县中仅有都昌、吉水拥有大姓进士,其余 27 个进士中县均无大姓进士更无巨姓进士,那么中姓进士是否对进士中县与进士小县有着重要的区分作用? 整体上看,中姓进士对进士中县的贡献率为 34.88%,而对进士小县的贡献率仅有 12.87%,两者差别明显。29 个进士中县中,都昌、吉水分属 C 类县域、D 类县域,26 个属 B 类县域即进士全部由中姓进士和小姓进士构成,唯一的例外——上高,属 A 类县域,即全部由小姓进士构成的进士中县,13 名进士也是进士中县的下限。与之相反,由中姓进士与小姓进士构成的 34 个 B 类县域,除金溪以 54 名进士位列进士大县外,星子、南康、石城、莲花、大庾、德安、靖安等 7 县域为进士小县,其余 26 县域均为进士中县,若剔除中姓进士,这 26 个进士中县将有 17 个县域降格为进士小县,进士大县金溪也会降格为进士中县。因此,中姓进士的存在是影响县域能否成为进士中县的重要原因。

# 杨万里与谷村李氏交游考述

杨巴金　吉水县委宣传部副部长、吉水县文联主席

吉水谷村肇基于吴杨乾贞元年（927），至今有一千余年历史。据宣统元年（1909）编修的《谷村仰承集》，该村历代共有进士78名、举人127名、贡士96人；有著述者71人，著述150余部，至今尚存38部；被朝廷任以官职者287人，其中五品以上46人、三品以上16人；创办书院12所。足见该村先贤灿若繁星，文化底蕴深厚。南宋大诗人杨万里与谷村李氏家族多有交游，次子杨次公的媳妇李氏还是谷村人。下面，笔者就杨万里与谷村李氏的交游作简要介绍。

## 一、李天麟

李元瑞，字天麟，号松溪，谷村月冈人。宣统《仰承集·衣冠表》卷五载："元瑞，字天麟，宋乾道乙酉解试，辛卯再举，绍兴癸丑特奏名，授瑞州上高县尉。月冈用琳公曾孙。"

宋乾道二年（1166）夏秋之交，丁父忧期满仍在家"待次"的杨万里收到李天麟的来信，于是他以《答李天麟秀才书》回信给李氏。因宋代尚无"举人"之称呼，通过省一级解试后仍称作"秀才"，故诗题中为"李天麟秀才"。信的开头说："某辱书，甚慰。足下徒步走数千里诣太常，甚廑。以绝异之才而无遇于有司，甚屈。家贫，亲老、父子之心各何如也？报罢而归，甚戚。细读来书，求三者之气象无一焉。今之士，谁不急于仕哉？不惟今也，古亦不免。而足下悠然不急其所急，乃急其所宜缓，某之所不晓也。"

杨万里在信中对李天麟不远千里，徒步诣太常之举甚为感动，又为他未获得官员赏识而感到惋惜，并告诉他，自古至今哪位读书人不想报效国家呢！何况自己也与李天麟一样，因为家贫需要去做官而养家糊口，"而足下悠然不急其所急，乃急其所宜缓"，对其淡泊高雅的品行而表示由衷地钦佩。

那年秋天，杨万里又题写《和李天麟二首》，因为诗题中有"和"字，可见李天麟此前曾为杨氏赠诗。其一诗云："学诗须透脱，信手自孤高。衣钵无千古，丘山只一毛。句中池有草，子外目俱蒿。可口端何似？霜螯略带糟。"

品读此诗，可知作者是在谈论诗歌创新的相关看法。"透脱"是强调作诗要灵活而不拘于陈法。"丘山只一毛"是以佛门的衣钵传授来打比方，强调作诗不必死守章法，极力倡导创新精神。"蒿目"是主张作诗要关注社会现实，有思想深度和内在精神，但又不宜简单直接地表达。"霜螯"本是指秋天的螃蟹，作者以秋天饮酒吃蟹这种开心事来作类比，提出了他认为诗歌创作应达到的艺术标准。从写作手法来看，这2首诗是以禅寓诗、以禅论诗，且仍有"江西诗派"的旧痕。但它以"透脱"为出发点，以"信手"为准则，要求诗歌有时代特色，这确实是对"江西诗派"的一种扬弃。后来杨万里果然成为行稳致远的实践者，开创出别具一格的"诚斋体"。

宋乾道三年（1167）秋，杨万里又写了《和李天麟〈秋怀五绝句〉》，这是5首感秋的唱和诗。第二年夏天，杨万里再次收到李天麟的来信，于是他以《再答李天麟秀才》作为回信，信的开头说：

某之敬足下，如足下之好我也。情亲而不得亲，平陆之风涛实隔之尔。骑吏触热以书来，独犯吾所不敢，真勇者欤？敬审侍侧怡愉，尊候万福。

那时已是杨万里丁父忧期满的第三年，他仍在家"待次"，内心也是极为复杂矛盾，所以信中说："此吾所以踽踽者，门寒而资怯，立之惮而助之鲜，故其履地也若履冰焉。"信结尾处说："久不见，聊以奉恼足下之好怀也。须《论语解义·序》篇，不敢辞，然吾之三守又为足下破其一，岂非命哉！岂非命哉！"

依据杨万里信中"须《论语解义·序》篇，不敢辞"之句，可知1168年春夏之交杨氏撰有《习斋论语讲义序》，文中他提出了"读书必知味外之味，不知味外之味而曰'我能读书'者，否也"的读书之法，有很强的现实意义。

## 二、李如圭

李如圭（1167—？），字宝之，谷村鼓楼人，少年时有"神童"之称，于宋绍熙四年(1193)中进士,历官福州教授、桃源县主簿,累历馆职、保庆知府、福建安抚使等,著有《集释古礼》十七卷。李如圭与朱熹多有交游,朱氏有《答李如圭先生〈论注仪礼集释〉书》等。

宋乾道九年(1173)初,时年7岁的李如圭随父来到临安,参加童子科考试并高中。光绪《吉水县志》卷六十六载:"孝宗召见,诵《尚书·无逸》篇。上喜,赐宴。因父在,以珠帘隔之。宴罢,撤帘赐如圭。"据《谷村仰承集》载,少年李如圭的才华名震京城,宋孝宗得知消息后,与部分大臣在选德殿召见他,问:"小童子有何本事?"李如圭答:"我会诵书。"于是孝宗指定他从《尚书》中自选篇章背诵,李如圭则很流利地背诵了其中的《无逸》篇。孝宗听后大喜,并授予他迪功郎之职。

李如圭中童子科后,拜会了时任太常丞的杨万里。该年夏季某天,李如圭要回乡,杨万里写《送李童子西归》长诗相赠:"江西李家童子郎,腹载五车干玉皇。选德殿后春昼长,天子呼来傍御床。口角诵书如布谷,眼光骨法俱冰玉。紫绡轻衫发锦束,万人回头看不足。莫言幼慧长不奇,杨文公与晏临淄。老翁笞儿也太痴,欲鞭辕下追霜蹄。六岁取官曲肱似,春风昼锦归吾里。生子当如李童子,至如吾儿豚犬耳。"

杨万里在诗中充分肯定了李如圭的才学。"童子郎"是汉魏时对通晓儒经之年幼者的雅称,"腹载五车"则是比喻读书很多、学识极富,作者将这些称号送给李如圭,并将他与北宋"神童"杨亿、晏殊相类比,说他6岁被授官却犹如"曲肱"般容易,并祝愿世人"生儿当如李童子"。

李如圭回乡后,将宋孝宗赠送的珠帘视如宝物,小心珍藏。他致仕回乡后又建凌云楼作为居所,并辟有房间专门展示此珠帘。《江西通志》卷三十九载:"凌云楼,《名胜志》(在)吉水谷村,宋神童李如圭故居。如圭七岁中童子科……乃于居第起凌云楼,悬珠帘,以彰君贶。"

## 三、李概

李概(1133—1200),字仲承,宋绍兴三十二年(1162)通过解试,宋乾道四年(1168)再次参加解试并高中魁首,宋淳熙十四年(1187)为特奏名进士,任武冈县主簿、赣县主簿等职。《诚斋集》卷一百三十二有《赣县主簿李仲承墓志铭》,

该墓志是宋庆元六年（1200）七月下旬，杨万里应李概长子李仁之请而作。细读这篇墓志铭，可知李概的生平、仕履、功德和子孙后人的情况。文中先是交代了李仁来涨塘村求铭的缘由："先君主簿幼辱先生与之游，又辱与之姻，今且纳石壤下，微先生孰与特书其迹？有迪功郎蕲州黄梅主簿罗君惟一所书之状在，惟先生则哀之。"于是，杨万里依据吉水县主簿、黄梅人罗惟一所写的《行状》撰作了这篇墓志铭。

李概的曾祖父叫李兆，祖父叫李循，皆潜德未仕。其父名李次鱼，字直卿，任长沙酒正、桃源县丞、金溪县丞等职。李概童年时很聪颖，"见者敬之，称为秀子弟。力学自奋，为文抽轧气力"。宋绍兴三十二年通过解试，后三次赴京参加礼部会试，均落第而归。尽管如此，李概却是一位有真才实学的人，"酿郁六经，训释《论》《孟》，屡能发所未发"，与阜田镇燉下村罗价卿和罗宗卿、月桥村丁无竞、枫江镇花园村王才臣、黄桥镇螺陂村萧伯和等名士关系较好，与他们均有唱和诗，并被他们推称为"乡先生"。李概"持身谨，处家俭。教授乡里，以淑诸人"，入仕后赴任湖南武冈县主簿，不久因母亲刘氏去世而回乡丁忧，之后转任赣县任主簿。赣州知州黄艾、宪使俞徵等人都很敬重他，称呼他为"先生"，从不以下属小吏视之。李概致仕回乡后，吉水知县杨獬立即请他到县衙，教自己和别人的孩子读书，后经常向他咨询政务及得失。

李概生有三子：李仁、李伋、李侨，生有三女，长女"适承务郎、监衡州安仁县税杨次公"。关于其长女，涨塘村光绪《忠节杨氏总谱》载："次公，字仲甫，号梅皋……配李氏，系出谷平通直郎次鱼公孙女，赣州主簿仲承公女，慈孝温柔，翁姑称为佳妇。"这里有必要作一点分析。杨万里共有4个儿子和5个女儿。胡铨在为杨芾撰作的《杨君文卿墓志铭》中说："孙男三人，曰：寿仁、寿俊、寿佺。孙女二人，皆幼。"此外，《忠节杨氏总谱·与朱晦庵书》又载："昔某有第三男，年十九，喜读书，方能作举子文，一夕不疾而殒。卒于淳熙六年秋。"可见，杨寿佺出生于1161年，长女杨季繁应是排行第四。又因杨长孺出生于宋绍兴二十七年（1157），由此可推算杨次公出生时间应是1159年，而娶谷村李氏应是宋淳熙六年（1179）之后的事。关于杨万里与李概的父亲李次鱼的交游，因笔者曾撰作《杨万里佚文〈复斋记〉考辨》一文，这里就不再赘述。

## 四、李彦从

李篝,字彦良,赐号处静居士,北宋儒生、孝子,谷村书院下人,《宋史》有传。李篝二岁丧母,十岁丧父,后来与弟弟李衡改葬母亲于匡山(其他史料中亦有"玉山""杨山"之说),背土筑坟,于墓左建茅屋居住,并护墓多年,其孝行事迹后来收录于《宋史》。据史料记载,李母墓"庐所产木一本两干,高丈许复合于一,至其末乃分两干五枝,乡人以为'瑞'"。于是李氏画有《瑞木图》,庐陵县刘才邵曾为之题写《跋李彦良兄弟〈玉山母坟瑞木〉诗》。

李彦从是李篝的孙子。宋嘉泰四年(1204),杨万里应李彦从之邀撰有《跋李彦良瑞木》,跋云:"董生孝慈,瑞见犬鸡。韩子诗之,谓刺史不能荐,天子不闻名。叹其不上闻,所以愧其不能荐者也。彦良,平国之孝友,幽能致瑞于天,而明不能上名于朝,当有蒙其愧者。今彦良之孙彦从,能传大父之学,用心如止水,恤族如葛藟瑞木,其庄荣,李氏其有与? 嘉泰甲子孟陬晦,诚斋老人杨万里书。"

此外,《谷村仰承集》卷九录有杨万里长子杨长孺所作的《题〈孝顺木图〉,和诚斋公韵》二首诗,诗云:

孤根初作两枝荣,五朵终连独干明。看取松揪天瑞好,如何草木世人轻?春花秋叶垂千载,雁字鹅原了一生。孝友编中图画底,子孙忽自占清名。

仙李从来别有源,手提造化发生权。冰霜不到云间树,风日偏和雨外阡。四海几人传盛事,一家双美两臞仙。同生同死仍同纪,华萼犹应照九泉。

但是,笔者查阅《诚斋诗集》,并未找到与杨长孺所作诗题、韵脚相对应的诗,不排除这两首诗已经佚失。不久后,李彦从又在家乡谌溪村兴建孝友堂。宣统《谷村仰承集·卷首》载:"孝友堂,孝子处静公孙彦从作于谌溪,杨诚斋题额。后移上谷,罗念庵题额。"明嘉靖四十年(1561),谷村人李芳作《孝友堂记》说:

子文度公、文炳公善事其亲,孙汝弼、汝谐绍先烈,建堂于谐溪之上。其时,宰辅诚斋杨文节公以累世克孝,乃取"孝友"二字名之,为大书,且跋《瑞木图》,有云:"居士之孙,彦从能传大父之学,瑞木其再荣。"

可见,"孝友堂"之匾额是由杨万里题写,杨氏父子俩对李彦从祖孙几代的孝行事迹均是持赞扬态度。

## 五、其他人

杨万里与谷村李时、李献可等人也有交往。如《谷村仰承集·祥瑞》卷四载:"宋光宗朝,孝子时公母病,思橘,非其时。公诚求以进母,病遂愈,遗核榻下,生树成实。杨诚斋为记其事。"李氏族人后来还建瑞橘堂作为纪念。笔者认为,杨万里中年时就与李次鱼、李元瑞等人多有接触,后来又与李概结为儿女亲家,那么他与谷村李时、李献可以及其他李氏族人肯定也有不少交游,遗憾的是这些相关文献记载大多已经散佚。

# 杨万里佚文《复斋记》考辨

杨巴金　吉水县委宣传部副部长、吉水县文联主席

> **摘要**：吉水县盘谷镇谷村宣统版《谷村仰承集》中载有"诚斋杨万里"所作的一篇记文。本文从介绍谷村、《谷村仰承集》、李次鱼、复斋的相关背景入手，从作记时间、姻亲关系、作记可能、署名之疑、记文文风、假想推考6个方面予以辨析，分析该记文的真实性，并指出此记文的价值意义。
>
> **关键词**：杨万里；《复斋记》；真伪；价值意义

7月，笔者曾赴吉水县盘谷镇岭背自然村李淦生老先生家，翻阅清宣统元年（1909）李氏族人编修的《谷村仰承集》，发现卷九有一篇署名为"诚斋杨万里"的《复斋记》。笔者翻检《四库全书》本、《四库荟要》本、《四部丛刊》本和乾隆家刻板《诚斋集》，发现均未收录该文。再翻检四川大学古籍研究所2006年出版的《全宋文》，发现也未收录该文，且当今学界无人为之专门撰文，于是笔者通过挖掘地方文献资料，就《复斋记》的真伪予以考辨。

现将《谷村仰承集》卷九《复斋记》抄录并标点如下：

### 复 斋 记
诚斋杨万里

乡先生李直卿，讳次鱼，为酒正。于长沙之明年，遗余书：

"吾得一官老矣，林壑之弃而尘嚣之归，忽忽乎未知为官之乐也。吾即公馆之左右为斋房焉，旦则诣太府宪曹，公事已，则独骑一瘦马，从三四老兵以归。归则休于斋，扫地，焚香，盥手，取架上《周易》、《论语》、《中庸》、《大学》、濂溪、伊川等书，纵观之，欣然若有得焉。渺渺乎吾未知古人之远，因取《易》之'不远，复'，与夫子所以告颜子之说，铭吾斋曰'复'焉。子盖为吾记之，吾将持子记以见帅府张公，求赋诗焉，子其勿迟。"

余曰：心无放焉有复，复无说焉有记，抑吾尝观物有感矣。

客有吴于家而蜀于游者，盖其所见天下之奇观未尝有也。见天下未曾

有亦足乐矣,而有不乐焉,羁离焉,愁思焉,身在蜀也,心未始不吴也。何也? 居者思行,行者思居也。思故归,归故乐,士之于学有如吴之家者乎? 士之言曰:"人不可以孔颜也。"且夫见孺子之入井则恻然,强之为穿窬则艴然,士独无此心乎? 士无此心,则信不可以孔颜矣! 此心,吾之家也。家焉而不家其家,客焉而不归其归,又从而尤之曰:"家不可归。"惑矣哉! 归之,近者心必觉,其中充然,其外愉然。先生之学以复为主,先生其初不知为官之乐,今乃不知古人之远。先生之复其近乎? 其远乎? 吾将候其愉然,以贺其充然也。

四个月之后,由盘谷镇泥田村一位周姓老师牵线,笔者又找到清乾隆年初谷村李氏编修的《谷村记》。该书《艺文记》卷三《诸记并铭》中也录有《复斋记》。将这两种不同版本相比对,发现共有7处不同。一是乾隆版《复斋记》标题下方录有编者注语:"乾道戊子二月望日,长房",乾道戊子即乾道四年(1168)。此时间记载是否正确,下文再作考辨。二是宣统版第一段"讳次鱼"句中,乾隆版少了一个"鱼"字。笔者认为,这应是乾隆版编修者的笔误,李直卿原名应是李次鱼。三是宣统版"吾即公馆之左右为斋房焉"句中的"右"字,乾隆版则是"方"字。笔者认为,假若此处用"方"字,其位置则是交代得很具体;假若此处用"右"字,则是一种虚指,并不影响其文意的表达。四是宣统版"与夫子所以告颜子之说"句中"之说"二字的前面,乾隆版另有"克己"二字。"克己"是指克制和约束自己,这只是对"颜子之说"内容的具体化。五是宣统版"子其勿迟"句中,乾隆版少了一个"子"字。这里的"子"字是对人的尊称,相当于"您"。六是宣统版"盖其所见天下之奇观未尝有也"句中的"尝"字,乾隆版则是"曾"字。笔者认为,这只是遣词用字的不同,并不影响其意思的表达。七是宣统版"且夫见儒子之入井则恻然"句中的"儒"字,乾隆版中则是"孺"字。"孺子"是古代对小孩子的称谓,应是宣统版编修者之笔误。

依据该记文,可知求记人叫李次鱼,字直卿,吉水县盘谷镇谷村人,是作者杨万里第二个儿媳李氏的爷爷。尽管这两种版本存有7处不同,但整体内容是一致的,并不影响对《复斋记》真伪进行考辨。

## 一、相关背景

### (一)谷村李氏

谷村位于老同江河盘谷段回水湾的西北侧,全村纵深四五里,左右宽六七里,现又开辟出数个新村,有近4000户,1.5万人。就一姓同宗聚居而言,自然是江西第一大村。谷村有上街和下街之分,辖老屋、翰阳、太园、文园、大池、池东、池南、桂园、元度、榨下、东街和西街等20多个村(组),段段相连,中无间断。

纵览江西任何一古村的族谱,都有"先祖卜居""村阳基图"等方面的内容,且多附有风水堪舆之说。关于谷村肇基和得名的由来,宣统《谷村仰承集·居徙考》卷三载:

> 黄巢陷长安,国师杨筠松避乱过江南。舟至桐江,登陆,行至洋稠坳,见鸡笼山神龙踊跃奔驰,问其山名,人以实对。松曰:"笼破鸡飞,见谷即止。"祖龙自袁州分宜斗鸡岭而起,地仙亦有"鸡逢谷"之谶。至是吴杨溥乾贞元年丁亥三月,祖尧祖挟堪舆笼鸡载酒,审视山水。忽鸡自笼出,堪舆者鼓掌贺曰:"此正笼破鸡飞,逢谷即止,为公万年基业之庆。"因不惜重价,得村之旧宅里,遂自高村徙焉,时后唐明宗天成二年也。

细读上述文字可知,谷村肇基于五代十国时期,始迁祖叫李唐,字祖尧,因外出寻找新居址,走到谷村地段于此休憩,并以盘盛谷喂堪舆龙鸡,鸡食饱后即入笼,李唐等人认为这里是风水宝地,于是择此开基,此后共衍生为三派十六房,形成庞大的谷村李氏宗族的基本框架。明嘉靖年间状元、吉水盘谷人罗洪先曾说:"吉水同水贵族,以螺陂之萧、涪塘之杨、谷村之李、泥田之周为最盛。"[1]

### (二)《仰承集》

说到谷村的文化传承,自然离不开《谷村仰承集》这部村志。"仰承"之名,

---

[1] 《念庵文集》卷十一《螺陂萧氏文献集序》。

出自谷村开基祖的祠堂名,本义是冀望后裔"仰承先德,世守而勿替耳"①。早在元至正七年(1347),该村李尚文就开始着手编纂《谷村文献纪略》,至清宣统元年历经了 7 次重修。清乾隆初期,该书更名为"谷村记"。清嘉庆九年(1804),更名为"谷村文献"。清道光年间,李氏族人认为普通士庶人家,不应该称"文献",于是以开基祖祠堂名代替,更名为"仰承集"。清宣统元年,李荣钧、李淦、李浥涛等人又重新编修,并改名为"谷村仰承集"。该书分为世德源流、地舆地貌、家约家规、人物列传、艺文记诗、墓表墓志等 12 部分,共有 30 余万字,是江西省迄今发现的内容最全面、保存最完整的古村文献之一。

### (三) 李次鱼

光绪《吉水县志》卷三六《李次鱼传》载:

> 李次鱼,字直卿。绍兴庚申举于乡,癸未授为长沙酒正。博学力行,味乎古先圣贤意旨。名其馆曰"复斋",政余,斋中焚香漱盥,取《周易》《论语》《大学》《中庸》读之,充然有得,愉愉如也。杨万里取《易》"不远,复"之义记之。朱子赠以诗曰:"请看屏上初爻旨,便识名斋用意深。"张栻诗曰:"请君细看复斋记,直到羲爻未画前。"观二诗,其人概可知矣。

宣统《谷村仰承集》卷六也录有《复斋公传》,内容大同小异。从这 2 篇传记可知,李次鱼,字直卿,于宋绍兴十年(1140)通过解试,宋隆兴元年(1163)入仕,官长沙酒正,即掌管相关酒政令之长官;他是谷村元潭长房文园的支派祖,杨万里为其长沙寓馆作《复斋记》;他任长沙酒正秩满后,先是任湖南桃源县丞,后转任抚州金溪县丞,之后致仕还乡。

### (四) 复斋

关于"复斋"之名,古代很多文人曾用过,如北宋胡宏,两宋之交的胡寅,南宋周必大、陆游和欧阳守道等均应邀为他人作《复斋记》,朱熹的老师刘子翚也有《复斋铭》。其义则是来自《易经》六十四卦中的第二十四卦,即复卦。按照《易经》的说法,复卦外卦为坤,坤为阴为顺,内卦为震,震为阳为动,而内阳外

---

① 宣统《仰承集·李文澜李观敬序》。

阴,循序运动,往返无穷,所以称作为"复"。李次鱼任长沙酒正后,将其公馆的书室取名"复斋",表明他注重心性修养,闲暇时好读《周易》《论语》等经书,推崇博学力行。诚如《复斋记》中所说:"思故归,归故乐",因内心笃定"温故",进而追求"知新",这才是《易》"不远,复"①所要达到的目的。

宣统《谷村仰承集·别业》载:"复斋,文园直卿公作,朱晦庵有诗,杨诚斋有记。"可见李次鱼致仕回乡后,亦将书斋取名"复斋",并以它作为自己的号。

## 二、真伪考辨

### (一)作记时间

尽管该文结尾处未标明撰作时间,但开篇句"乡先生李直卿,讳次鱼,为酒正于长沙之明年,遗余书",即为读者交代了撰文时间、地点、人物和事情起由。那么,乾隆版《复斋记》标题下方"乾道戊子二月望日"之注语,为何宣统版《复斋记》中没有呢?缘由是谷村李氏族谱中录有李次鱼任长沙酒正的时间。再如宣统《谷村仰承集·衣冠表》卷五载,李次鱼是"癸未特奏,任长沙酒正"。癸未即宋隆兴元年,"于长沙之明年",由此可推算该文撰作时间应是1164年。

考察杨万里的仕履经历可知,宋绍兴二十九年(1159)除夕前夕,他携家眷启程赴零陵任县丞。任职第一年,曾三次拜会谪居永州的主战派领袖张浚,并被勉以"正心诚意"之学,于是他自名书室为"诚斋"。《复斋记》第二段末句"吾将持子记以见帅府张公,求赋诗焉",笔者认为,文中的张公应是指张浚(1097—1164),并非其长子张栻。那年三月,张浚因北伐失利被罢相,出判福州;而张栻年仅32岁,仅是幕僚,任严州知州是宋乾道五年(1169)后的事。因张浚于该年八月去世,李次鱼才改请张栻题写赠诗。第二年,杨万里曾请乡贤胡铨为他作《诚斋记》,并说"一日得二师"。第三年,他在零陵县自焚诗稿,焚废"江西诗体"诗1000余首。第四年初,他因零陵县丞秩满而回到吉水,同年八月又赴任临安府学教授。宋隆兴二年(1164)正月,杨万里因父亲杨芾患病而回家,八月父亲去世后在家丁忧。可见李次鱼写信给杨氏索记时,杨氏极有可能正在家乡照顾生病的父亲。因为按照惯例,官员开始丁忧后,是不宜写诗撰文的。

---

① 《周易注》卷三。

清宣统年间,谷村李氏编修《仰承集》时,考虑到李次鱼任长沙酒正,有具体的时间记载,而张浚已于1164年8月去世,张栻是1169年才出任知州等实际情况,与乾隆版《复斋记》标题下方标注的撰文时间相矛盾,所以特意将这段标注删除。

### (二) 姻亲关系

李次鱼有2个儿子,长子叫李概(1133—1200),字仲承,宋绍兴三十二年(1162)中解试,宋乾道四年(1168)再中解试魁首,宋淳熙十四年(1187)为特奏名进士,曾任武冈县主簿、赣县主簿等。《诚斋集》卷一百三十八录有《赣县主簿李仲承墓志铭》,文载:"予中男次公之妇翁李仲承主簿,奄岁有日,其子仁嬴然衰服来谒予,再拜,哭而请曰……女三人,长适承务郎、监衡州安仁县税杨次公。"该墓志详细介绍了李概的生平、仕履、德绩和子孙后人的情况,可见李概的长女是杨万里的第二个儿媳。李次鱼的次子叫李渠,字仲石,也是绍兴三十二年中解试,系谷村元潭长房书院下的支派祖。依据李次鱼中解试的时间以及长子李概的出生年份,可推算他的年龄应比杨万里大15岁左右。

作者的次子叫杨次公,乳名叫寿俊。涩塘村杨氏族谱载:"次公,行八三,字仲甫,号梅皋,官终宣教郎、潭州湘阴县宰。葬伍家塘福寿院上,配李氏,系出谷平通直郎次鱼公孙女,赣州主簿仲承公女,慈孝温柔,翁姑称为佳妇。"[①]这里有必要作一点分析:杨万里共有4个儿子和5个女儿。胡铨在为杨芾作的墓志铭中说:"孙男三人,曰寿仁、寿俊、寿佺;孙女二人,皆幼。"[②]此外,杨氏族谱又载:"寿佺,旧谱失载。按诚斋《与朱晦庵书》云:'昔某有第三男,年十九,喜读书,方能作举子文,一夕不疾而殒。'集中有悼亡诗。"[③]因杨氏《病中感秋,时初丧寿佺子》诗题写于宋淳熙六年(1179)秋,可见杨寿佺出生于1161年,长女杨季繁排行第四。又因杨长孺出生于宋绍兴二十七年(1157),由此可推算杨万里撰作《复斋记》时,杨次公仅有5岁,而娶谷村李氏应是淳熙六年之后的事。

### (三) 作记可能

笔者通过梳理《诚斋集》和《谷村仰承集》等文献资料得知,李次鱼虽然比

---

① 光绪《忠节杨氏总谱·涩塘延宗公派总图》。
② 光绪《忠节杨氏总谱·艺文·杨君文卿墓志铭》。
③ 光绪《忠节杨氏总谱·与朱晦庵书》。

杨万里年长 15 岁左右,但两人一直有较深的私人友谊。涊塘村距谷村仅 20 里,是作者赴新喻县并转道宜春、湖南的主选路径之一。不排除作者赴永州、奉新或去新喻县好友谢谔家的路途中,特意拐入李次鱼家做客或小坐。李次鱼喜爱读书,尤喜读《易经》,而杨万里也极喜爱《易经》,他后来还用 17 年时间写成《诚斋易传》。可见他俩既有共同的爱好,又有老乡之情;既有好友间的诗文唱和,又结成儿孙辈亲家。书斋名又称斋号,是书斋主人为其所起的名字,不少人是恭请名家题赠。李次鱼仅中解试,入仕年龄偏大,官职不高,想必是极仰慕杨万里的才华,所以写信请杨氏为其书斋作记,这也是情理中的事。杨万里应邀为这位老乡加兄长题写一篇记文,势必无法推脱,而且杨万里应邀作记在《诚斋集》中极为普遍。

也许会有人说,《复斋记》篇幅并不长,仅有 426 字,符合杨万里作记习惯吗?纵览《诚斋集》中的记文,篇幅普遍不长,且作者前期记文的篇幅更短,如《竹所记》仅有 284 字,《霁月楼记》仅为 286 字,500 字以下的记文有近 50 篇。于是笔者在此揣测:《复斋记》中李次鱼索记缘由的介绍部分有 178 字,杨万里撰文表达自己的意思仅有 248 字。也许杨氏当时并不是将其作为一篇记文来对待,只是对李氏索记信件作一点文字回复,简要地谈一下对"复卦"的理解以及命名"复斋"的意义,故未收入自己的《诚斋集》;而李次鱼十分仰慕杨氏的才华和名气,于是他略加整理后作为一篇记文传给子孙,既作为自己的一份荣耀,又是对后人的一种勉励。

### (四)署名之疑

关于记文标题下"诚斋杨万里"之署名,相信每位读者略加思考后都会想到,这应该是谷村李氏后人自行添加上去的。

《诚斋集》共收录杨万里记文 66 篇,分为 6 卷,每卷各 11 篇,如《四库荟要》本收录于卷七十一至七十六,《四库全书》本收录于卷七十二至七十七。这里需要补叙一下,乾隆家刻板《诚斋文集》总共才 42 卷,记文部分收录于卷二十五至二十七,才 3 卷,客观上造成部分记文未被收录,最后两篇《螺陂五一堂记》和《带经轩记》却是其他版本未收录之文。其中《螺陂五一堂记》录自黄桥镇《螺陂萧氏族谱》,当时编者标注了"补遗"二字,井冈山大学已故的萧东海教授曾于

1990年发表了《新发现杨万里佚文〈五一堂记〉述考》①一文。《带经轩记》当时编者标注"从《合璧事类》采补",被江西师大王琦珍老教授收录于《杨万里诗文集》卷一三三《补遗》部分。② 下面,我们再来作详细分析。

杨万里第一篇记文是《龙伯高祠堂记》,其文章结尾处既未标明作记时间,也未注明作者姓名或身份,依据记文内容,可知求记人是零陵县龙尧卿,由此可推论撰文时间应是宋绍兴三十二年(1162),类似无时间、无署名的记文共有2篇。作者第二篇记文是《玉立斋记》,文末处署名为"庐陵杨某记",撰作时间已作明确交代,即宋隆兴元年,类似如此署名的记文共有4篇。其第三篇记文是《景延楼记》,文末处也未交代撰作时间,但文中第二段有"隆兴甲申"4字,表明是1164年所发生的事,文末处署名仅有"杨某记"3字,类似如此署名的记文共有2篇。其第七篇记文是《水月亭记》,文末处仅标明"癸巳月日记",未提及作者姓氏或身份,如此署名的记文共有2篇。从其第八篇记文《严州聚山堂记》之后,多是标注"年月日记"或"是岁十月三日,某记",类似如此署名的记文共有10篇。卷七十三第四篇《通州重修学记》文末处,则是署名为"年月日具位某记",类似如此署名的记文共有7篇。但是,从《诚斋集》卷七十四第二篇《泉石膏肓记》开始,文末处都明确标明"杨万里记",类似如此署名的文章共有21篇,约占三分之一。

通过以上分析可知,杨万里前期的记文,不仅数量少,而且署名极为谦虚谨慎,基本上是不署名;但从绍熙三年(1192)九月作者辞官回乡后,时年已66岁的他才会直接署上"杨万里记"。此外,宋以后文人署名时,除给那些地位显赫、声望极高的高官显宦撰写墓志铭、神道碑铭、行状,或要上呈朝廷的重要奏件,会非常郑重地按官衔、姓名、里籍来署名外,其他文章的署名大都比较随意,不会那么刻板。在此,笔者不妨大胆揣测:《复斋记》撰作于隆兴二年,记文末尾处极有可能与第一篇记文《龙伯高祠堂记》一样,作者并未作任何署名;或者是参照他第三篇记文《景延楼记》的署名方式,只写上"杨某记"三字;但对谷村李氏而言,在《谷村仰承集》中如此署名没有任何实质意义,于是将"诚斋杨万里"五字标识于记文题目之下。

---

① 萧东海:《新发现杨万里佚文〈五一堂记〉述考》,《文献》,1990年第3期。
② 《杨万里诗文集》卷一百三十三《补遗》,江西人民出版社2006年版,第2209页。

### (五)记文文风

杨万里因诗成名,致使诗掩文名。其实,他作记时艺术想象丰富,表现手法灵活巧妙,语言风格鲜活多变。他尤其擅长思辨和议论,对世道和人心常会作一些精辟分析,归纳提炼的观点会让人觉得有"味外之味"①,这对读者而言是极有裨益的。《复斋记》不仅具有以上诸多特点,而且写作手法与其他记文有很多类似之处。

第一,在交代友人求记缘由时,杨万里《浩斋记》开篇说:"某所亲安福刘彦与以书来,曰……"《沙溪六一先生祠堂记》开篇说:"予门人永丰罗椿,移书抵予曰……"《复斋记》开篇则说:"乡先生李直卿,讳次鱼,为酒正,于长沙之明年,遗余书……"都是开门见山,直接以故人来信索记作为开篇语。

第二,在记文中融入哲理观点时,杨万里作《水月亭记》说:"自以为吾二人之乐,举天下之乐何以易此乐也!虽有语之以今昔离索之悲,肯信不肯信也?"《复斋记》中则说:"居者思行,行者思居也。思故归,归故乐,士之于学有如吴之家者乎?"字里行间常会流露出作者的一些哲学思考。

第三,在谈到矛盾的协调处理时,杨万里作《景延楼记》说:"山居水宅者厌高寒而病寂莫,欲脱去而不得也。彼贪,而此之廉也;彼与,而此之夺也,宜也。宜而否,何也?"《复斋记》中则说:"先生之学以复为主,先生其初不知为官之乐,今乃不知古人之远。先生之复其近乎?其远乎?"写作手法可谓很接近。

第四,在论述对《易经·复卦》的理解时,杨万里《诚斋易传》卷七载:"动而即复,不远而复也。动生于心,复亦生于心,复心一生,动心自寂,君子以此修身,吉之大也,何悔之有?"《复斋记》中则说:"心无放焉有复,复无说焉有记,抑吾尝观物有感矣……士无此心,则信不可以孔颜矣!此心,吾之家也。"

第五,说到杨万里记文的美中不足,笔者认为,《复斋记》与其他记文一样,议论性文字相对较多,略显繁冗,说教口吻颇浓,略欠艺术渲染力。此外,因该记文是应李次鱼之请而作,有着较为固定的行文格式,通篇读下来,觉得作者心静如水,无法产生像欧阳修《醉翁亭记》中的那种感情碰撞。其他类似之处,就不再一一列举。

---

① 《诚斋集》卷七十八《习斋论语讲义序》。

### (六) 假想推考

雍正《江西通志》卷七十六也录有《李次鱼传》,传文之后编纂者还写有一段按语:

> 李次鱼,字直卿,吉水人。绍兴乡举,为长沙酒正,博学力行,名其公馆曰"复斋"。退食则读书其中,朱晦菴赠以诗曰:"请看屏上初爻旨,便识名斋用意深。"张南轩诗曰:"请君细看复斋记,直到羲爻未画前。"观二公诗,其人可知矣。
>
> 按,朱子《复斋》绝句一首,初不言为李直卿作,张南轩诗中所云《复斋记》,亦不详为何人作,姑仍旧志存之。

朱熹的《复斋偶题》诗收录于《晦庵集》卷二,作者确实没有标明为谁所作。值得注意的是,其文集中也有一篇《复斋记》,结尾处载:"淳熙丙申冬十月戊寅,新安朱熹记"①,也未标注此记文为谁所作。而《谷村仰承集》中只说朱熹为李次鱼赠过诗,并未说他曾经撰作记文相赠,这样反而增加了《谷村仰承集》关于此记载的可信度。

张栻的"直到羲爻未画前"诗,却是以《题马氏草堂复斋听雪》为诗题,收录于《南轩集》卷六。《南轩集》卷五中又有"庐陵李直卿以复名其斋,求予诗,久未暇也。今日雪霁登楼,偶得此,遂书以赠。顾惟圣门,精微纲领,岂浅陋所能发,只增三叹"作为诗题,此诗题仅有两首,并非"三叹"。更可疑的是,元代诗人王沂《伊滨集》卷十二也录有"复斋诗,为李彦方作"三首,其诗前序则与张栻《南轩集》卷五所录诗题完全相同,其中第一首诗又与张栻《题马氏草堂复斋听雪》诗的文字完全不同。

鉴于以上这些可疑情况,雍正《江西通志》编纂者也无法确定这几首到底是为谁所作,只好暂时同意是为李次鱼所作,并附上一段按语加以说明。但笔者认为,既然李次鱼能请到杨万里为其作《复斋记》,而朱熹、张栻与杨万里的私交甚厚,不排除杨万里曾将此二人引见给李次鱼的可能性。后来李氏出任金溪县

---

① 《晦庵集》卷七十八。

丞,而张栻被诏任抚州知州,尚未上任就改为严州知州,于是他赴浙江任职,朱熹去福建武夷山都必须路经抚州,在抚河中乘船又要过金溪县,请他俩为自己的书斋题写赠诗那就不足为怪。至于"直到羲爻未画前"等 2 首诗,作者应是南宋张栻,元代王沂《伊滨集》中收录此诗应是其后人或门生的编辑之误。

## 三、结语

对广大农村留存下来的古文献进行研究,既要肯定它的积极作用,又要切实了解它的局限性。笔者从作记时间、姻亲关系、作记可能、署名之疑、记文文风、假想推考 6 个方面,对《复斋记》的真伪作了初步考辨。尽管它存在一些无法解释的疑问,但记文中很多内容与地方文献材料的记载是能相互印证的,因此它应是杨万里撰写的一篇珍贵佚文。这篇佚文的发现,可增补《杨万里文集》、吉安地方志之缺漏。今天我们所看到的《诚斋集》,尽管有 133 卷之多,但散失亡佚在所难免。《谷村仰承集》虽是一部村庄艺文志,但其文献价值和学术价值得再深入挖掘。笔者将《复斋记》的真伪予以考辨,不仅有助于考察杨万里与李次鱼的交游,而且对中国进士文化名村——谷村的研究也是很有裨益的。

# 挖掘进士文化资源,推动文旅融合
## ——谈推进谷村文旅建设的思路和举措

杨小军　北京艺术博物馆

**摘要**：在国家文化大发展大繁荣的宏观背景下,谷村依托固有的进士文化资源,大力推动文旅融合,适时推出"中国进士第一村"的文旅定位。这是对谷村在科举史上的地位、作用和建设使命的深刻认识和准确把握。在今后文旅融合过程中,谷村应善于发现自身的不足,在保护历史古迹,搜集相关文物资料,与高校、科研机构通力合作,汇集和培养一批研究和宣传人才,加大宣传力度,创新宣传模式,尤其利用好互联网、新媒体等传播媒介,持续提升谷村魅力。将谷村打造成一个环境优美、管理规范、服务优质,具有参观游览条件的旅游景点。

**关键词**：谷村；进士；文旅；文物

谷村是江西省吉安市吉水县盘谷镇管辖的自然村,距吉水县城约30公里。该村落毗邻枫江镇和阜田镇,通过吉新公路又与峡江县、新余市、吉安市等地连接起来,交通还算便利。近年来,随着国家对传统文化和农村建设的重视,谷村的发展达到了一个新的水平。2020年10月24日在盘谷镇成功举办了首届虾蟹文化旅游节暨"中国进士第一村"进士文化研讨会。谷村正以进士文化与地方美食相结合的模式,加快以文旅兴村的发展步伐,全力打造一处具有一定文化资源和品位、环境优美、管理规范、服务优质的旅游景点。盘谷镇作为中国进士之乡,谷村作为中国进士数量最多的村庄,拥有无与伦比的文化资源。加之此地是江西省第一大村落,共有3000多户,1.5万余人,规模宏大,改造得当,具备很好的参观游览条件。这里有省级文物保护遗址、优美的自然风光、万亩虾蟹基地,完全有条件建设一处集自然风景、名胜古迹、寺庙观堂、美食品尝为一体的文旅胜地。为此,本文将围绕谷村文旅建设的思路和举措等相关内容进行论述,以期抛砖引玉,有更多有识之士为谷村的文旅发展献智献力。

### 一、充分认识和把握谷村文旅的发展机遇

自从党的十七届六中全会通过《中共中央关于深化文化体制改革　推动社

会主义文化大发展大繁荣若干重大问题的决定》以来,明确提出了努力实现社会主义文化强国的目标。此后,全国自上而下在增强国家文化软实力、弘扬优秀传统文化诸多方面都达到了新的认识高度。各级政府和职能部门都出台了不少利好政策,大量扶持资金流向了文化领域。

在文化大发展大繁荣的宏观背景下,吉水县委、县政府积极响应国家文化战略,落实吉安市委、市政府的决策部署,几年来深入发掘庐陵地域文化,全力推进吉水县"红、古、绿"特色文旅体系发展,策应全市"全景吉安、全域旅游"的发展目标。在吉水境内启动了燕坊历史文化名村、赣江沿岸古城墙、杨万里公园、中国进士文化园、大东山、桃花岛、黄桥杨万里故里、金滩落虎岭、县城上下老街等十多个文旅重点项目,以实际行动明确了今后文旅建设的主要方向是必须强调文化。为此,吉水县委、县政府积极吸纳各方智库力量,与南昌大学等高校合作,举办了"纪念杨万里诞辰890周年国际学术研讨会""纪念解缙诞辰650周年学术交流会"等文化活动,产生了一定的学术热度和广泛的社会影响。在各层面、各部门自上而下重视文化、发展文旅的背景下,盘谷镇党委、镇政府依托谷村的优质资源,联合南昌大学谷霁光人文高等研究院适时举办首届虾蟹文化旅游节暨"中国进士第一村"进士文化研讨会来推动地方文旅发展,可以说是抓住了前所未有的大好机遇。

进士文化、名人文化、书院文化、古村文化是庐陵地区的宝贵历史资源,尤其以进士文化为最。庐陵曾以"三千进士冠华夏"闻名中外,吉水作为庐陵文化的核心区,历史上产生了近556名进士。进士是科举时代的社会精英、士人表率,一定程度上主宰着国家的命运和历史的走向。毫无疑问,吉水进士作为吉水地方精英,同样代表着吉水人的品格与气质,展现着吉水的地方文化精神,是吉水文旅发展的宝贵资源。从这个视角看,盘谷镇党委、镇政府举办"中国进士第一村"进士文化研讨会活动,抓住了谷村的核心文旅资源,有效地将乡村建设和文旅发展结合起来,给谷村带来了前所未有的发展机遇。

## 二、找准文旅定位,认识自身不足

谷村定位为"中国进士第一村",凸显了其厚重的进士文化,也体现了它在科举史上的地位,主题明确。目前在公开的宣传报道中见到以"进士第一村"或"进士第一镇""进士第一城"等命名的村镇并非孤例。宁波市江北区慈溪市慈城古镇推出"中国进士第一城",公布的进士数量为 519 名。宁波市鄞州区走马塘村推出"中国进士第一村",公布的进士数量是 76 名。从科举人物数量看,谷村以 78 名进士,127 名举人荣登全国村级进士数量榜首。且涌现出"一门三进士,百步两尚书,一家八尚书,十里九布政,九子十知州,父子进士,兄弟进士,祖孙进士,叔侄进士"等科举奇观。更有明代兵部尚书李邦华、吏部尚书李日宣、清代四部尚书李振裕等佼佼者。基于这些,谷村是有底气冠以"中国进士第一村"名号的,盘谷镇推出"中国科举文化第一镇"也是实至名归。

科举文化是谷村在长期历史发展过程中形成的不可替代的宝贵文化资源。谷村"中国进士第一村"的文旅定位显然找到了自身的核心竞争力,这种历史赋予的资源和品牌,对广大游客无疑是有着天然吸引力的。囿于谷村现有的经济、社会发展条件,其文旅现状明显落后于国内其他科举文化旅游景区。无论从科举资源开发、资金支持、展示方式、服务设施、参观人数等方面均存在很大差距。目前来看,基于科举文化资源开发比较成功的旅游景点有南京科举博物馆、苏州状元博物馆、北京科举匾额博物馆、徐州圣旨博物馆等文化场馆。相较之下,谷村依托进士广场、仰承苑开发的景点,明显存在进士文化内涵发掘不够、展示方式单一、接待服务不规范、缺乏专业讲解队伍、缺乏可信的文物资料等问题。

因此,在自上而下的文化战略中,尤其是当前吉水县实施文化强县,全力推动全域旅游的各项举措,让谷村迎来了前所未有的发展机遇。中国进士看庐陵,庐陵进士看吉水,吉水进士看谷村。谷村应该在自身丰富的科举文化资源基础上深入挖掘,加强保护,拓宽与外界同类科举文化旅游景点的交流,增强新思路、新观念、新技术的应用,以充分的文化自信自下而上地肩负责任,全面展示自身的资源优势和文物遗存,加强"人文吉水"的内容建设。

### 三、利用现有历史文化资源,提升谷村魅力

**(一)保护历史古迹**

据《谷村仰承集》,谷村共建有祠堂五十三座、楼七座、亭六座、阁三座、第八座、坊十九座、书院十一座、寺庙观堂十四座、会案九座、社四座、祭坛一座、勤王台一座。但历经时代沧桑变化,谷村历史古迹大多被严重损毁甚至消逝,只有极少

的一部分保留了下来。遗存的历史古迹主要有少量的祠堂、寺庙、古井、古树和历史水系,如南禅寺、福庆古庙、盘谷旧第、孝友堂、鹅井塘等,是千百年来留下的宝贵资源,建筑是砖石铸就的历史,更应珍视。南禅寺作为谷村重要的宗教建筑,不仅体现了谷村传统文化中追求国泰民安的思想观念,而且在南禅寺内还发生过重大历史事件。历史上有著名人物在此居住过,其中相关的重要史实还应该进行深入挖掘和深度研究,加大修缮腾退力度。南禅寺最初由宋代乡举李存之于北宋大观元年(1107)所建,初名福德院,后改名南禅寺。相关资料记载,明代谷村著名理学家李中、状元罗洪先都曾在南禅寺研学,宁王朱宸濠叛乱时,心学大家王阳明曾在此地请教李中平叛良策,可见南禅寺的价值尚需深入发掘并得到相应的保护。今南禅寺山门及主体建筑已倒塌,但仍有一间砖石房屋尚存,天井处所存明代麒麟纹饰红砂岩,图案雕刻生动、栩栩如生(图1),后院体量巨大的罗汉松虬枝峥嵘(图2),还有某佚名高僧的砖塔和一口荒废的古井,可寻绎当年此地的辉煌。

除了上述寺庙观堂急需保护外,村中祠堂、名人故居、书院也须格外重视。祠堂是乡村宗族的精神朝圣之地,承载着大量珍贵的历史信息。盘谷镇委镇政府出资建设了仰承苑、进士广场等与谷村村史密切相关的重要建筑。仰承苑是谷村开基祖祠堂之名,取名"仰承",寄寓了谷村先贤的期望,以警示后世子孙要恪守先德之意,具有重要地位。可以说,仰承苑是谷村具有标识特点的建筑,必将对谷村文旅融合起到重要的促进作用。作为大批科举精英的故乡,谷村历史上的名人故居众多,这些故居虽然在历史的长河中消逝了,但仍有些依据历史文献还能寻找其具体位置、规模和格局。今天虽然不提倡复建古建筑,但对历史上的这些名人故居进行相关研究仍有必要。新推几处具有深厚历史人文内涵、保护完好、环境整洁、设施完善的历史建筑很有必要,并在今后的建设项目中,还应继续贯彻这种挖掘历史文化的观念,以便全面展示谷村悠久辉煌的历史和厚重的文化。

此外,谷村今天保留下来原有的村落选址面貌,也是其独有的人文地理资源。谷村北面是武功山余脉万华山,村南是武功山另一余脉南岭,东面是赣江,谷村就位于万华山与南岭两道天然屏障之间的平原上。同江河在离村不远处自西往东奔向赣江,滋养着万顷良田和在这里生息的3000多户15000余谷村人,带来"江西省第一大单姓村"的人文奇观。明代金幼孜、罗汝敬、周启等士人对谷村的选址和风貌都有诗文记述。其独特的选址、规划、格局是历史遗存的宝贵资源。应充分利用现有村落格局，整合现存的历史建筑以及历史水系等，有计划地编制谷村传统建筑保护和文旅规划方案。

总之，当前应以国家重视历史遗迹保护和新农村建设为契机，加强反映谷村悠久历史、灿烂文化的遗迹保护，充分发挥历史遗迹在谷村文旅建设中的独特作用。

### (二) 搜集谷村相关文物资料

文物是真实反映历史、人物的信物。谷村科举人物众多，不仅在故乡留下大量文化遗产，在全国其他地域也都有文物分布，这些文物为将谷村建设成具有影响力的科举名村提供了丰富的展示、宣传素材，值得多方发掘和搜集。

《谷村仰承集》记载，谷村通过科举取得功名者308人，五品以上官职者46人，三品以上官职者16人。这些由学入仕的精英，大多为官多地，且交游广泛，在很多地方或多或少留下了一些诗文、书画、信札、匾额等实物。对此，我们首先得摸清"家底"，参以谷村现存的家谱志乘及馆藏图书、诗文，利用互联网搜索技术，全面调研谷村科举人物在全国的文物分布情况和数量，多方搜集谷村先贤及与谷村相关的文献、手迹、照片等文物资料。

与谷村进士相关的历史遗迹全国分布广泛，不胜枚举。北京府学胡同有并祀文天祥与李邦华的二忠祠；南京也有并祀杨邦乂、李邦华的二忠祠；安徽安庆有李振裕伯父李犹龙的祠堂（李公祠）。此外，国有收藏单位所藏谷村进士的文物更是数不胜数。仅以笔者过眼的谷村状元罗洪先藏品为例，其文物遗存散见于故宫博物院、中国国家博物馆、首都博物馆、中央党校、北京艺术博物馆、天津市文物公司、山西博物院、太原市晋祠博物馆、阳城县文物博物馆、阳城县档案馆、寿阳县文物管理局、辽宁省博物馆、江苏凤凰出版传媒集团有限公司、无锡博物院、苏州博物馆、浙江省博物馆、富阳区博物馆、宁波市天一阁博物馆、台州市黄岩区博物馆、临海市博物馆、安徽博物院、望江县博物馆、闽侯县博物馆、福建博物院、进贤县博物馆、会昌县博物馆、吉安市博物馆、吉安市庐陵民俗博物馆、峡江县博物馆、中国进士博物馆、济南市博物馆、烟台市博物馆、洛阳市文物交流中心、湖北省博物馆、武汉博物馆、湖南大学、广东省博物馆、广州艺术博物院、湛江市博物馆、重庆中国三峡博物馆、甘肃省博物馆等国有收藏单位。而谷村清代四部尚书李振裕的文物在上海图书馆、山东临朐山旺古生物化石博物馆、吉安中国进士博物馆等国有单位也都有分布。其中山东临朐山旺古生物化石博物馆所藏李振裕的致祭碑拓片①，记录了清康熙二十七年（1688），康熙皇帝遣时任内阁学士兼礼部侍郎李振裕代其祭祀东镇沂山之神。作为李振裕生平功业的重要物证，此碑自然十分重要。此外，还有大量谷村相关文物深藏民间，如吉安某藏家收藏的明罗洪先所撰《萧氏族谱序》、罗状元款墓砖，以及安徽安庆懒悟艺术馆②收藏的清李振裕诗文碑、北京保利国际拍卖有限公司2010年拍卖的《"笃志经学"及四十名臣诗册》等李振裕文物，不仅清楚地反映了罗洪先、李振裕的书法风格，也是他们生平功业重要实物遗存。在宣传谷村的过程中，我们尽可能地与上述单位取得了联系，搜集购买了部分文物复制品或高清文物照片。在政府资金充裕的情况下，也可以通过购买的方式征集一些重要的文物资料，为更好地展示宣传谷村历史文化积累一批珍贵素材。

除搜集谷村先贤的文物资料外，与谷村先贤交游的名人的文物资料也应加以重视。"一代之豪杰，即有一代之交游，往来投赠，非诗则序，非记则铭。"梳理相关文献不难发现，与谷村进士往来的名人历代都有。宋代有朱熹、张栻、欧阳修、杨万里、文天祥等；明代则有邹元标、罗洪先、解缙、曾棨、周述、曾同亨、梁寅、文震孟、刘同升、金幼孜、罗汝敬、杨嘉祚等；清代有李光地、陈廷敬、赵士麟等，均是闻名海内外的人物。《谷村仰承集》中就有关于杨嘉祚给李邦华题匾的记载。杨嘉祚书法在明代风行一时，作品见于不少国有收藏单位，今天完全有条件根据其书法风格复原此匾。随着文物市场价格飙升，文物的购藏费用往往惊人，我们可以采用复制品、文物照片来展示，将这种经费负担转化为文化财富，大大丰富当前谷村仰承苑内以科举人物为主题的展陈内容，推进谷村文化展示的改陈工作，打造几个陈列展览精品。

## 四、加大宣传力度，创新宣传模式

互联网在我国已经发展了近四十年，深刻影响了绝大多数人的生活方式，也创造了线下和线上两个社会维度。线上社会没有国界，极大延伸了信息传播的深度和广度。谷村的文旅发展目前仅仅依靠仰承苑展厅内背景板上的文字

---

① 赵卫东：《山东道教碑刻集·临朐卷》，齐鲁书社2011年版。
② 叶子瑜：《把酒酾江此心——安庆小南门李公祠钩沉》，《中国文物报》2020年5月26日第7版。

和少量图片的展示方式,传播范围和传播效果十分有限,需要更多利用互联网、新媒体等宣传方式。今后随着谷村科举文化资源的不断发掘,还得开发更多的传播平台,比如借助微信公众号、微博、小红书、抖音等新型媒体。也可以通过专栏形式邀约相关专家和研究者,以每周一品、每月一课、线上展览、线上讲座等方式进行宣传。在宣传的方式上做些探索,了解90后、00后等"后浪"们的游玩需求,采用他们乐于接受的漫画、动画形式创作谷村进士故事。在互联网世界中营建一处供人瞻仰先贤的场所和激励学子见贤思齐的教育圣地。吉水先贤彭教曾说,(吉水)多秀民,邑井里巷,弦诵相闻,为弟子员者,率尝讲习于家庭;父兄师友,往往业成乃在兹,选、岁贡科之举,接武连袂,类能自奋。吉水不仅有欧阳修母亲"画荻教子"的典故,也有"簸箕晒谷,教崽读书""山间茅屋书声琅,放下扁担考一场"等科考故事。还有谷村李邦华殉国、李振裕清正廉洁的故事,罗洪先充满传奇色彩的一生更是有大量崇文尚学的故事值得发掘。这些国家栋梁、庐陵士人的故事中体现的气节正是当前国家反复提倡的主题精神。另外谷村的地方特色鳌龙灯、盘谷的美食都可以和进士文化融为一体,将这些结合起来进行宣传,能更符合现代年轻人的需求。

宣传文字也可以通俗轻松一些,让读者在趣味阅读中掌握进士文化知识。读者是检验宣传效果的重要标准,如果线上宣传的阅读量不够理想,则反映出宣传的内容和形式需要优化和创新。以文博单位的宣传为例,突发的新冠疫情对公共文化服务行业冲击很大,对文博单位尤其是一种考验。在所有博物馆闭馆的状态下,成型的主题展览都转成线上完成的时候,各博物馆宣传工作效果如何立马能区分高下。

此外,可以充分利用"互联网+"的形式,建立与其他收藏机构的进士文物共享机制。谷村应该依托"名人之乡,进士故里"的优势,融合其他科研院的藏品、研究、人才资源,以展览主题来整合相关展品资源,与其他收藏单位联合举办线上展览。比如以罗洪先和李振裕的交游为主题,可以策划"罗洪先和他同时代的友人们""李振裕的朋友圈"等展览活动,只需要购买相关收藏单位的文物图片使用权,以极少的展览经费,为喜欢谷村进士文化、科举人物的观众提供高质量的文化产品。所以,谷村文旅的发展只要紧跟信息时代的步伐,完全可以弯道超车,在乡村也能做出一流的文化建设,整体提升谷村的文化魅力。

## 小结

综上可知,在自上而下各层面、各部门大力推动文旅融合的背景下,谷村依托固有的进士文化资源,审时度势,深度开展文旅融合,适时推出"中国进士第一村",可谓找准了自身的定位。这不仅有利于增强谷村人的文化自信,激发他们的文化自觉,也有利于社会大众对谷村在科举史上的地位、作用和建设使命的深刻认识和准确把握。在今后文旅发展中,谷村只要善于发现自身不足,保护历史古迹,搜集谷村相关文物资料,与高校、科研机构通力合作,汇集和培养一批研究、宣传人才,加大宣传力度,创新宣传模式,尤其利用好互联网、新媒体等传播媒介,形成合力,不断完善,定能持续提升谷村魅力,将谷村打造成一个环境优美、管理规范、服务优质、具有参观游览条件的旅游景点,使谷村成为游览者心中能够"看古村美景,吃地道土菜,品进士文化,染才子气息"的地方,逐渐焕发谷村进士文化的活力。

附录1 罗洪先文物分布

| 文物名称 | 馆藏地 |
| --- | --- |
| 明罗洪先书声承籍序稿册 | 故宫博物院 |
| 明罗洪先行书诗十首卷 | 故宫博物院 |
| 明罗洪先致卢峰札手札 | 故宫博物院 |
| 明罗洪先书轴 | 中国国家博物馆 |
| 明罗洪先悬瓮山诗拓片 | 中国国家博物馆 |
| 民国拓明罗洪先诗刻 | 首都博物馆 |
| 明罗洪先《万寿仙书》 | 中央党校 |
| 明罗洪先草书轴 | 北京艺术博物馆 |
| 明罗洪先书法手卷 | 天津市文物公司 |
| 明罗洪先书法轴 | 天津市文物公司 |
| 明罗洪先行书轴 | 天津市文物公司 |
| 明罗洪先悬笔题晋祠悬瓮山诗拓片 | 山西博物院 |

续表：

| 文物名称 | 馆藏地 |
| --- | --- |
| 民国拓罗洪先晋祠诗拓片 | 山西博物院 |
| 清拓傅山、罗洪先法帖 | 太原市晋祠博物馆 |
| 明罗洪先草书立轴 | 阳城县文物博物馆 |
| 民国杨兰阶藏《明罗洪先诗刻》拓片册 | 阳城县档案馆 |
| 民国刻明杨继盛、罗洪先书法雕板 | 寿阳县文物管理局 |
| 明罗洪先草书赞诗卷 | 辽宁省博物馆 |
| 明罗洪先草书临古帖轴 | 辽宁省博物馆 |
| 明罗洪先广舆图册 | 辽宁省博物馆 |
| 清刻罗洪先撰《念庵罗先生集》（十三卷） | 江苏凤凰出版传媒集团有限公司 |
| 明罗洪先草书轴 | 无锡博物院 |
| 明罗洪先行书轴 | 苏州博物馆 |
| 明罗洪先草书轴 | 苏州博物馆 |
| 明罗洪先撰黄姬水书瓯东先生墓表拓片 | 浙江省博物馆 |
| 清拓明罗洪先行书岳武穆游罗田山诗片 | 浙江省博物馆 |
| 民国拓罗洪先书法轴 | 富阳区博物馆 |
| 明罗洪先行书屏 | 宁波市天一阁博物馆 |
| 清仙溪朱性田珍藏罗洪先草书拓片 | 台州市黄岩区博物馆 |
| 清拓明罗洪先草书五言绝句诗片 | 临海市博物馆 |
| 明罗洪先行书条 | 安徽博物院 |
| 明罗洪先行书轴 | 安徽博物院 |
| 民国罗洪先碑拓 | 望江县博物馆 |
| 民国拓罗洪先草书中堂片 | 闽侯县博物馆 |
| 明罗洪先草书轴 | 福建博物院 |
| 明罗洪先书"尚友堂"匾 | 进贤县博物馆 |
| 明罗洪先题"庄溪草堂"匾 | 会昌县博物馆 |

续表：

| 文物名称 | 馆藏地 |
| --- | --- |
| 明罗洪先草书拓本卷 | 会昌县博物馆 |
| 明罗洪先游白鹿洞歌拓片轴 | 吉安市博物馆 |
| 明罗洪先题画彩绘官吏衣冠坐像 | 峡江县博物馆 |
| 明罗洪先草书轴 | 济南市博物馆 |
| 明罗洪先行书轴 | 烟台市博物馆 |
| 明罗洪先草书轴 | 洛阳市文物交流中心 |
| 明罗洪先行书王阳明语录中堂 | 湖北省博物馆 |
| 明罗洪先款字轴 | 武汉博物馆 |
| 明罗洪先题杨文旌表碑 | 湖南大学 |
| 明罗洪先草书轴 | 广东省博物馆 |
| 明罗洪先草书镜心 | 广州艺术博物院 |
| 清佚名仿罗洪先草书轴 | 广州艺术博物院 |
| 清乾隆仿罗洪先草书轴 | 湛江市博物馆 |
| 民国拓明罗洪先草书片 | 重庆中国三峡博物馆 |
| 明罗洪先悬笔诗碑拓 | 甘肃省博物馆 |

附录2　李振裕文物分布

| 文物名称 | 馆藏地 |
| --- | --- |
| 清李振裕致祭碑拓片 | 山东临朐山旺古生物化石博物馆 |
| 为毛梦石先生歌咏诗册 | 待查 |
| 李振裕藏元刻本《书集传辑录纂注》 | 上海图书馆古籍部 |
| 李振裕诗文碑 | 安徽安庆懒悟艺术馆 |
| 清刻李振裕撰《白石山房记》 | 吉安中国进士博物馆 |

图1 谷村南禅寺天井处明麒麟纹红砂岩

图2 谷村南禅寺后院罗汉松

图3　北京艺术博物馆藏明罗洪先草书轴

图4 中国进士博物馆藏明嘉靖版《罗念庵先生文集》

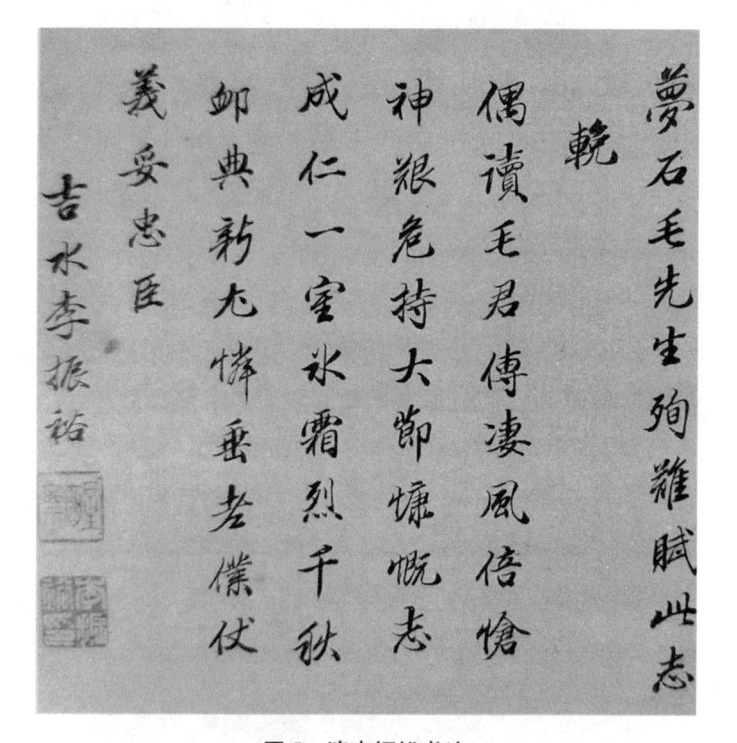

图5 清李振裕书法

# 浅议宋朝特奏名制度与谷村特奏名进士

周小鹏　吉水县作协主席

**摘要**：科举考试的特奏名制度，是宋朝特有的制度，这与宋朝开国君主抑武重文的基本国策密不可分。该制度起到了笼络天下士子、维护朝廷政权的作用。在这种制度下，谷村李氏也涌现了一批特奏名进士，他们的举荐资格、出官情况、政绩作为等都是值得后世学者加以研究的课题。

**关键词**：特奏名；宋朝国策；谷村；数量；作为；举荐资格

## 一、宋朝特奏名制度基本情况简介

宋代科举中的特奏名制度，是中国古代科举制度中的一项特殊制度，是对科举落第士子的一种优待制度，仅存在于两宋时期，成为宋代科举有别于其他朝代的一个显著特征。

什么是特奏名？关于特奏名，《宋史·选举志一》作了十分明确的论述："凡士贡于乡而屡绌于礼部，或廷试所不录者，积前后举数，参其年而差等之，遇亲策士则别籍其名以奏，径许附试，故曰特奏名。"显然，就是那些屡试不第的文人，在到了一定年龄后，可以通过"特奏名"考试，达成获取功名的愿望。这是宋代科举的创新，因为它是"特许奏名"，带有皇帝恩赐、恩准的意味，因此又称恩科、恩榜。由于获得特奏名的人皆为年龄较大之人，因而也有人称其为老榜。宋朝特奏名，从科目的性质来讲，有进士特奏名和诸科特奏名之分，后世将恩科进士统称为特奏名进士。

两宋时期，特奏名进士是士大夫队伍中一个广泛存在的阶层，人数可以与正奏名进士相匹敌。这个群体虽然在中央政权没有多少发言权，但在乡村社会里却十分活跃，他们参与地方诸多方面事务，有着不小的影响力。一个普通的读书人甚至工商、农家子弟，一旦成为特奏名进士以后，即使不能出官，也足以使自己成为地方"乡贤"，参与地方管理，成为地方掌握民间权力的成员之一，并为子孙后代的应举入仕创造一定条件。

## 二、宋朝特奏名制度的史料辑考

### (一)制度设立及存在的原因

有关史料记载,这项制度的出现与存在,是宋朝国策决定的。设立并保持特奏名制度的原因大致有以下几个方面:

首先,开国之初确定了相关国策。从朝廷而言,北宋初年,宋太祖、宋太宗兄弟就制定了重文抑武、优待士大夫的基本国策。鉴于隋唐以来的历史教训和自己夺权称帝的现实事例,宋太祖赵匡胤为防备武官起兵夺权,所以极力压制武功,重用文人,即使是军队,也多由文官掌权,或设置文官监军。特奏名制度,实际上是为了把民间志士都引向从文的方向,避免他们习武而造成民间武力过盛,威胁朝廷政权。纵使特奏名制度后来暴露了它的弊端,但赵氏后继者们都不想甚至不敢贸然取消特奏名制度,以免落下轻废祖规旧制、数典忘祖、轻视文人的话柄。

其次,当朝士人有需求。一是宋朝科举制度中,乡试举人没有入仕资格,只有参加进士考试的资格,一旦没有考取进士,其资格就丧失,下次考进士得重新来过。二是还有升迁的可能。特奏名相比于举人来说,可以做官,即使只是没有实职的虚衔,也强于举人(资格失效等于童生);而且对于年龄较小的特奏名来说,还有通过参加由国子监举行的选拔进士的锁厅试,考取正奏名进士而重新登第的希望,比如高宗朝的董德元就是最典型的例子。三是政治上有待遇。特奏名所授官职虽然很小,甚至终身不能获得实职,但在经济上和政治上可以享受到一般士人所不能享受的优待,出官者可以领到少量俸禄,不出官者也可以获得免除差役、赋税、厘金等优待。在地方上,特奏名的地位高过乡贡进士(其实就是举人,或者由地方推荐到贡院读过书的秀才,也叫贡生),能够取得比一般民众更多的发言权。孝宗朝的大臣王之望说:"特奏名之人,举数有多少,年龄有老壮,若并权住罢,则举多者受屈而年老者无聊矣。"给毕其一生应举的年老士子一个小小的官职,让他们安度余生,还能彰显朝廷的恩德。

再次,符合国家利益。通过特奏名制度,朝廷可以牢固笼络士人,防止本国人才被周边敌对政权所利用,从而保持国家安定。远有黄巢为例,黄巢在唐末落第而领导起义,这始终是赵宋统治者的一面镜子。近有张元、吴昊为鉴,仁宗朝时,张元、吴昊因殿试落榜而远走西夏,被西夏国主李元昊"倚为谋主,以抗朝廷,连兵十余年,西方至为疲弊",给赵宋西北边境造成巨大威胁,教训惨痛。因此,赵宋统治者认识到可以利用特奏名制度笼络士人,对于国家政权的稳固有着潜在的作用。两宋之交人士蔡绦在《铁围山丛谈》中说:"国朝科制,恩榜号特奏名,本录潦倒于场屋,以一命之服而收天下士心尔。"

又次,社会管理需要。一个国家的总人口中,处于高低两端的人口比例很小,绝大部分处于中间阶层,宋朝时称之为"中人"。王安石提出,在治理天下时,要以"中人"为标准,以他们的要求去因势利导,只要"中人"都能遵守朝廷的法令和要求,皇帝的意志就会行于天下,传之后世。当时劝学文及谕俗文的风气已扩散到整个社会,勉学勤学气氛高涨,应举人数急剧增加,落第人数也随之大涨。这些落第者大都属于"中人",在应举不第的情况下,是继续做学问还是放弃,总会犹豫不决。他们的行为与其说是受主观意志的支配,还不如说更受外部客观条件的影响。因此,当外部客观条件不利时则废学,多次应试不第就会陷入窘境,从而产生无数"中人"毁行冒法以求取官职或干其他非法之事。鉴于此,朝廷将他们纳入人数众多的特奏名行列,使其继续专心致志地去做学问,可以为社会稳定作出贡献。反之,如果没有能够阻止他们毁行冒法的制度,他们就会丢弃儒教素养,恣意妄为。鼓励"中人"和预防他们落第而引起各种危险,特奏名制度作为优待中下层士人的制度就有存续的依据和理由。再加上特奏名大多位于社会底层的上端,对于朝廷维护地方秩序、保证社会稳定有着不可估量的作用,因此这项制度不仅有着设立的必要而且有着不可废除的依据。

**(二)制度的起源**

该制度起源于宋太祖,名称定于宋真宗。宋太祖开宝三年(970)科举,在录取礼部奏名进士张拱等8人以后,又恩准额外录取进士、诸科考取过举人15次以上但没有进士及第的士人司马浦等106人。当时,宋太祖已举行科举考试,恩准试外取士是首例,虽然尚未形成制度,却成为宋朝科举特奏名制度的源头。此后,这一恩准的试外取士方式就成为朝廷定式沿袭下来。到宋真宗景德二年(1005)李迪榜的时候,就正式出现了特奏名这一名称,于是特奏名就在宋朝以后历任帝王时代存在。

### (三)特奏名的条件

宋景德二年以后,科举考试中录取特奏名的情况越来越多,到宋真宗中后期就逐渐形成了制度。宋大中祥符八年(1015)二月,真宗下诏:"礼部贡院,进士六举、诸科九举以上,虽不合格,并许奏名。"这是特奏名制度形成的标志。不过,在不同帝王时期,甚至相同帝王的不同年代、不同举次,特奏名获得资格的条件也随着形势的不同而不同。宋仁宗之前,只有举数的不同规定,没有年龄的规定。但从仁宗朝起,加上了年龄的限制,获得特奏名资格的条件变得苛刻起来。宋仁宗天圣五年(1027)下诏规定:"进士五举年五十,诸科七举及六举终场年六十,淳化以前尝应举及经先朝御试者,不以举数,令贡院别具名以闻。"宋景祐元年(1034)又规定:"南省就试……进士五举年五十,诸科六举年六十;尝经殿试,进士三举,诸科五举。及尝预先朝御试,虽试文不合格,毋辄黜,皆以名闻。"南宋孝宗乾道二年(1166),其条件又改为:"诸路进士八举,年四十以上;五举,年五十以上;并初举甲子绍兴十四年得解,十五年到省下之人,即不曾经展过省、殿试年,自合依旧制,自解到省试下,实及三十年,并许赴特奏名殿试。"各时期不同,但归纳起来,特奏名制度的条件是:多次取得过举人身份,但均未考取进士,而年龄又达到一定层次的士子,可由各州或贡院具名推荐为特奏名。

### (四)特奏名的考试方式

北宋前期,凡获得特奏名的士子,不必再经殿试,即可授予官职。后来随着特奏名人数不断增加,为分出成绩优劣以作为区别授予官职高低的依据,又设置了特奏名殿试的最高考试环节,这个环节于宋真宗大中祥符八年始设。特奏名由礼部贡院具名推荐后,必须参加殿试,时间一般定在正奏名进士殿试的次日。不过,特奏名殿试比正奏名殿试简单些。宋仁宗景祐四年(1037)三月十八日下诏:"命知贡举、翰林学士、礼部侍郎章得象等就南省编排特奏名进士诸科人等,分为三等闻奏。"次日又诏:"南省特奏名进士,只试论一首、诗一首;诸科对义五道。内年老者特与免试。"熙宁变法后,特奏名殿试与正奏名殿试一样,改试策一道,策题也较正奏名容易得多。

### (五)特奏名录取情况

特奏名每榜所取人数都不相同,少的数十名,多则上千名。两宋时期,所录取的特奏名人数共有多少,由于史书记载时有缺失,未能得出一个准确的数字。据有关学者初步统计,两宋科举共录取进士11万人左右,其中正奏名进士和诸科约为6万人,特奏名进士和诸科约为5万人,特奏名占了全部登第人数的45%。特奏名人数之多,确实出乎一般人的意料。

### (六)特奏名授官情况

一般来说,特奏名授官都很低,部分特奏名甚至只有虚衔,不予实职。具体而言:特奏名第一等上、中、下,一般只能授予判、司、簿、尉(从九品选人)乃至试衔官;第二等上、中、下,一般只能授予试衔京师助教。他们虽然允许出官,但两等总人数限23人。第三、四等所授官职就更低,也很难出官,总人数限制为80人。绝大部分特奏名进士则只能授予终身都不能出官的下州助教之类的试衔小官。至于特奏名诸科,授官就更低。南宋初年,受战乱影响,应举之人减少,朝廷对特奏名的授官恩例一度有所提高,如特奏名第一人赐进士及第,又"特诏入五等者并调官"。但是,随着政局的稳定,特奏名人数的大量增加,对特奏名的恩例再次裁减。宋孝宗淳熙六年(1179)九月,诏应臣僚奏请"特奏名人每三名取一名,置在第四甲以前,第五等人止许纳敕再试一次",特奏名第一人改赐进士出身,第五等人数定为总数的三分之二,并形成定制。换言之,占人数三分之二的特奏名,基本上没有出官的可能,只允许他们在下一次科举考试中免除发解试(即乡试),直接参加省试(即礼部试)。另外,即使授予实职的特奏名,最多只能做选人(低级文官),而特奏名选人要想成为京官,从而踏上可以正常升迁的道路,难上加难。所以对于绝大多数特奏名出身者而言,能够成为选人已是幸事,此后的仕途前程则基本无望。当然,也有例外,少数特奏名进士出官之后,在任上显示出了自己不同一般的能力,取得了令人信服的政绩,还是存在升迁提拔可能的,这在谷村李氏的特奏名当中就有体现。

### 三、谷村特奏名进士考

谷村李氏,在宋明两朝出现科举盛况,人文鼎盛,远近驰名。两宋时期,该村在正奏名进士外,考取了不少特奏名进士,他们与正奏名进士一起,为谷村李氏赢得了荣誉,共同为谷村李氏的人文鼎盛作出了贡献,创造了辉煌。

**（一）谷村特奏名进士的数量**

两宋时期,谷村考取了多少特奏名进士,并无确切统计数据,笔者曾在2015年的资料调阅中发现为10人。然而,近来两次翻阅并对应《谷村李氏族谱》(翻印版)和《谷村仰承集》发现,其特奏名进士应该是12人。具体名单是:李存之、李棫、李次鱼、李骥、李元瑞、李逊、李必登、李公行、李胜之、李梦应、李遇龙、李郭。

李存之,《谷村仰承集》记载:字处仁,宋元丰辛酉解试,官石城主簿。《谷村李氏族谱》(翻印版)载:处仁,三七,号渐斋。宋元丰辛酉乡举,政和壬辰以恩授特奏名,授象州武仙县尉,迁横州司户。宣和己亥,授虔州石城县主簿。

李棫,李存之次子,《谷村仰承集》记载:字巨用,宋绍圣丙子解试,大观庚寅再举,宣和甲辰特奏名,授湘阴县簿。《谷村李氏族谱》(翻印版)载:棫,巨用,十九。宋绍圣丙子乡举,大观庚寅再举,宣和甲辰特奏名,授湘阴县簿。

李次鱼,《谷村仰承集》记载:字直卿,宋绍兴庚申解试,癸未特奏,任长沙酒正,迁金溪县丞。《谷村李氏族谱》(翻印版)载:次鱼,直乡,念三,号复斋。绍兴庚申乡举,隆兴癸未特奏,任长沙酒正,迁金谷(应为溪)县丞,授通直郎,赐绯衣致仕。

李骥,《谷村仰承集》记载:字德称,宋绍兴壬午解试,乾道乙酉连举,绍熙癸丑陈亮榜登第,授迪功郎、南安军上猷县主簿。《谷村李氏族谱》(翻印版)载:骥,德称,七。宋绍兴壬午乡举,乾道乙酉再举,绍熙癸丑陈亮榜特奏名,授迪功郎、南安军上猷县主簿。

李元瑞,《谷村仰承集》记载:字天麟,宋乾道乙酉解试,辛卯再举,绍兴(应为绍熙)癸丑特奏名,授瑞州上高县尉。《谷村李氏族谱》(翻印版)载:恭子元瑞,宋乾道乙酉乡举,辛卯再举,绍熙癸丑特奏名,授瑞州上高县尉。

李逊,《谷村仰承集》记载:字敏修,宋淳熙丁酉解试,癸卯再举。《谷村李氏族谱》(翻印版)载:逊,敏修,十九,号环堵。宋淳熙丁酉乡举,癸卯再举,以恩特奏名,初授潭州学教谕,终大理评事。

李必登,李逊次子,《谷村仰承集》记载:字仲周,宋乾道乙酉解试,戊子特奏名,授大理架阁。《谷村李氏族谱》(翻印版)载:必登,仲周,八。乾道乙酉乡举,戊子特奏名,授大理架阁。

李公行,《谷村仰承集》记载:字德达,宋乾道辛卯解试,庆元己未特奏,授隆兴分宁县主簿。《谷村李氏族谱》(翻印版)载:公行,德达,六六。宋乾道辛卯乡举,庆元己未特奏,授隆兴分宁县主簿。

李胜之,《谷村仰承集》:字定甫,宋嘉定丙辰特奏,官潭州醴陵县尉。元潭长房。《谷村李氏族谱》(翻印版)载:胜之,定甫,千四,号毅斋,生淳熙丙午,以嘉定庚辰补入太学,丙辰特奏,授潭州醴陵县尉。

李梦应,《谷村仰承集》记载:字昭甫,宋嘉定时特奏,任静江法司(应为司法),元潭长房居文园。《谷村李氏族谱》(翻印版)载:梦应,昭甫,六二。宋嘉定庚辰补入太学,丁未特授隆兴分宁县尉,转利州司户,终静江府司法。

李遇龙,《谷村仰承集》记载:字云伯,由贡士中宋端平甲午解试,丙午特奏,授静江灵川簿尉。《谷村李氏族谱》(翻印版)载:遇龙,云伯,元一。端平甲午乡举,乙未补入太学,丙辰特奏,授静江灵川簿尉。

李郭,《谷村仰承集》记载:字伯度,宋嘉熙戊戌隆兴合试科解试,开庆己未特奏名进士,授戈(应为弋)阳县丞。《谷村李氏族谱》(翻印版)载:郭,伯度,届三,号稽古老人。宋嘉熙戊戌补入太学,淳祐癸卯由学举,开庆己未特奏名,授弋阳县丞。

这12人中,有2位被记载在《谷村仰承集·衣冠表·进士》名录中,为李骥、李郭;有8位被记载在《谷村仰承集·衣冠表·乡举》名录中,为李存之、李棫、李次鱼、李元瑞、李逊、李必登、李公行、李遇龙;有2位被记载在《谷村仰承集·衣冠表·仕籍》名录中,为李胜之、李梦应。其中,李骥、李元瑞、李逊在《谷村李氏族谱》(翻印版)中记载为"特奏名",《谷村仰承集》未作记载。

### (二)谷村特奏名进士的文献资料

历史上,由于特奏名进士的地位相比于正奏名进士低了很多,而且他们出仕为官都是比较低的职位,甚至没有实职,因而难以见到关于他们生平事迹的文献记载。相比而言,谷村李氏特奏名进士中,就有生平事迹比较突出的。不过,也只是集中在李存之、李次鱼两人身上,《谷村仰承集》中有他们完整的人物记传。

《谷村仰承集·人物记列传》中《鼓楼派祖(十三世)》篇,是专门记载李存之生平事迹的,全文如下:

公讳存之，字处仁，渐斋其号也。宋元丰辛酉解试，授象州武仙县尉。象州去朝廷远，风讹俗垢。公恪勤厥职，未期年而农劝盗戢，迁横州司户。横州宁浦县交广，复冈重苇，封圻险远。公穷涉蛮溪，视原隰高下而均其田赋，万口和附。迁黄浦民曹，黄当邕管戍道，百须办理，借公之力为多。宣和元年秋，授虔州石城县簿，二年终于官舍。公平生行无愧怍，斫削锋芒，有古君子之风。自熙宁以来，入仕者往往多高年晚景，渔猎小民黩货无厌。惟公清廉守俭，自拔于流俗，终老不变。人有一毫涴己，则怫然怒，恨唾去之不速。三仕皆鬻产之官，丧车还自石城，败箧中旧书数帙而已。所生五子，四乡荐，一进士，与兄迁之皆举于乡，人称"一门七贵"云。

《谷村仰承集·循良传》中还有一篇记载李存之事迹的传记《渐斋公传》，内容与上文主体相同，仅些许用词略有不同。原文如下：

公讳存之，字处仁，号渐斋。宋治平甲辰乡举，政和辛卯以恩特奏名。集英殿授象州武仙县县尉。象去朝廷远，风讹俗垢。公至，不以敛版辞劳，恪勤厥职，未期年而农劝盗辑。沿仓司橄方田，横州宁浦县交广，复冈黄苇，封圻险远，公穷涉蛮溪，视原隰高下而均之，万民和附。迁黄浦民曹。横当邕管戍道，百须办集，借公之力居多。庚子秋，授虔州石城簿。二年，终于官舍。公平生行己无愧惭，斫削锋铓，有古君子之风。自熙宁以来，恩免者复入仕，往往多高年，渔猎小民黩货无厌。惟公清廉自饬，拔于流俗，终老不变。人有一毫涴己，则怫然怒，恨唾去不速，以故三仕皆鬻产之官，丧车还自石城，败箧中故书数帙而已。

至于李次鱼，《谷村仰承集》中收集的资料更多一些，不仅有他的个人传记，还有杨万里写的《复斋记》、朱熹写的《复斋诗》、张栻写的《题复斋》，共四篇文献。

《谷村仰承集·理学传》中的《复斋公传（文园祖）》是记载他的生平事迹的文章。原文如下：

公讳次鱼,字直卿,号复斋。登宋绍兴十年解试,三十四年授长沙酒正。博学力行,有味乎古先圣贤意旨,名其馆曰"复斋"。每政余,焚香盥漱,取《周易》濂溪、伊川等书纵观之,欣然有得。初不知为官之乐,亦不知古人之远。同乡前辈杨文节公诚斋为取"易不远复"之义,以为之记。朱晦赠以诗,有曰:"请看屏上初爻旨,便识名斋用意深。"又张南轩诗,有曰:"请君细看复斋记,直到羲爻未画前。"观此,则公培养心性概可想矣。仕至金溪丞。

《谷村仰承集》第九卷《艺文记诸记》中,收录了杨万里的《复斋记》。原文如下:

乡先生李直卿,讳次鱼,为酒正。于长沙之明年,遗余书:"吾得一官,老矣,林壑之弃而尘嚣之归。忽忽乎,未知为官之乐也。吾即公馆之左右,为斋房焉。旦则诣太府宪曹;公事已,则独骑一瘦马,从三四老兵以归。归则休于斋,扫地、焚香、盥手,取架上《周易》、《论语》、《中庸》、《大学》、濂溪、伊川等书纵观之,欣然若有得焉。渺渺乎,吾未知古人之远。因取'易之不远复',与夫子所以告颜子之说铭吾斋,曰'复'焉。子盖为吾记之,吾将持子记,发见帅府张公求赋诗焉,子其勿迟。"余曰:心无放焉,有复;复无说焉,有记。抑吾尝观物有感矣。客有吴于家而蜀于游者,盖其所见天下之奇观,未尝有也。见天下未曾有,亦足乐矣。而不乐焉,霸离焉,愁思焉,身在蜀也,心未始不吴也。何也?居者思行,行者思居也。思故归,归故乐。士之于学,有如吴之家者乎?士之言曰"人不可以孔颜也"。且夫见孺子之入井,则恻然;强之为穿窬,则艳然。士独无此心乎?士无此心,则信不可以孔颜矣。此心,吾之家也。家焉而不家其家,客焉而不归其归。又从而尤之,曰:"家不可归惑矣哉。"归之,近者必觉其中充然,其外愉然。先生之学,以复为主。先生其初,不知为官之乐,今乃不知古人之远。先生之复,其近乎?其远乎?吾将候其愉然,以贺其充然也。

下面且看朱熹、张栻为李次鱼写的诗。朱熹《复斋诗》，又作《复斋偶题》：

出入无时是此心,岂知鸡犬易追寻。
请看屏上初爻旨,便识名斋用意深。

张栻《题复斋》：

庐陵李直卿以复名其斋,求余诗,久未暇也。今日雪斋登楼偶得此,遂书以赠,顾惟圣门,精微纲领,岂浅陋所能发？只增三叹：
李侯索我复斋诗,此理难明信者稀。
要识圣人端的意,须于动处见天机。

万化根源天地心,几人于此费追寻。
端倪不远君看取,妙用何曾间古今。

今古茫茫浪着鞭,谁知圣学有真传？
请君细看复斋记,直到羲爻未画前。

### (三)谷村特奏名进士的作为

特奏名进士,由于次于正奏名进士,而且为官职级偏低、年龄偏大,多数为虚衔,无法有所作为就已到人生末路,即使少数任实职,也难以在职位上展现才能。仅有极少数比较年轻就考取了特奏名进士的还能体现出作为,但年湮代远,且因作为不突出,留下来的史料不多。如何看出他们的作为？笔者以为可以从三个方面去探寻：一是地方史志文献留存,二是职务变迁,三是族谱文献资料记载。

地方史志文献留存估计不多,各地县志受历史原因、时代变迁、战乱灾祸等影响,能够保存到今天的并不多,且特奏名进士由于职务偏低,难有作为,很少能够被载入其任职地史志,因而这方面史料难以查找。

关于特奏名进士的职务变迁,多见于族谱记载,偶尔有一些官方史料流传至今,如董德元。而在族谱资料记载中,往往缺少他们的生平事迹,仅有生、殁、葬、配、传等记载,生平事迹多为简单记载某时某事的概要,缺少详细叙述。但我们可以从这仅有的概要性记载中对他们任职期间的作为作个简要分析。特奏名进士出仕期间的作为,多半体现在由原职改任新职这个过程。如李逊,他"初授潭州学教谕",终任大理寺评事(相当于后世的秘书、参谋、顾问)。能够由地方小官被提拔为京官,可见他在潭州学教谕的岗位上成就不小;提拔到京城任职,品级虽然不高,但位置很重要,是给大理寺卿(相当于最高人民法院院长)出主意、提建议、摇笔杆子的,没有两把刷子是提不出建设性意见的。还有李梦应,"授隆兴分宁县尉,转利州司户,终静江府司法",历经三地,历任三职,若不是在原岗位作出了贡献,朝廷不可能将他放到三个地方的三个不同岗位上去。三地三职,证明他的能力不小,能够在多个岗位上建功立业。

谷村特奏名进士中,有文字记载了生平事迹和历史业绩的,主要有两个人:一个是李存之,一个是李次鱼。《谷村仰承集》和《谷村李氏族谱》记载,他们两人的生平事迹体现的方向不同:李存之的业绩体现在为官勤政上,李次鱼则体现在理学研究上。

《谷村仰承集·人物记列传》中《鼓楼派祖(十三世)》记载了李存之的勤政业绩。李存之的官职不大,最后官职也仅相当于现在的县级政府办公室主任,但他在岗位上展现了自己的才干与能力,"恪勤阙职",脚踏实地、亲力亲为地为民办事,"穷涉蛮溪,视原隰高下而均其田赋",品格刚直,锋芒毕露,"清廉守俭,自拔于流俗",令人敬仰。尽管文中太多褒奖之词,但其能力、才干、品德等均见之于字里行间,是个有作为的特奏名进士,受敬于当时。

李次鱼的生平事迹,记载在《谷村仰承集·循良传》的《渐斋公传》中。这篇传记没有突出他的政绩,而是突出他在理学研究方面的成就。这就从侧面证明,李次鱼的学养深厚、学问渊博,在当时很有名望。虽然科举考试不顺利,但不耽误他在学界的影响力,连杨万里、朱熹、张栻等都与他交好,而且极力称赞他在《易经》研究上的成就。杨万里在《易经》研究上是颇有成就的一位大家,属于《易经》研究史上"六小宗"之一,他对李次鱼的《易经》研究都颇为推崇,亲自为他撰写《复斋记》,评价他在《易经》研究上的成就。如此深厚的学问,正好让他在"长沙酒正"的岗位上充分发挥作用,他一定在这个职务上作出了突出贡献,所以才被朝廷提升到抚州金溪县担任县丞职务。尽管传记中仅一句"仕至金溪丞",但前文中"力行"一词表明,他是个知行合一的人,因此从其职务变迁可以看出,他在行政上的作为不小,而且这个作为是与他的学问水平分不开的。

### (四)谷村特奏名进士的推荐资格

从谷村族谱记载中可以看出,谷村12位特奏名进士多数仅参加过两次乡试就被推荐为特奏名进士,大异于宋朝特奏名进士的推荐条件与资格。前文已述,有宋以来,参加举人考试"五举""六举"乃至"九举"等才能获得特奏名进士提名资格,何以谷村的特奏名进士"再举"即可参加特奏名殿试并得以成为特奏名进士?笔者以为,这说明两点:第一,这恰是谷村特奏名进士的突出之处,说明他们确有真才实学,不是那种皓首穷经却不得要领之辈,只是在正奏名科举考试中因为运气不佳或心态紧张而落榜。第二,说明他们虽然只经过了两次乡试,但第二次乡试后一定进入了礼部贡院举行的考试,并被列入正奏名殿试名单,只是没有在殿试中过关而没能成为正奏名进士,于是转而被推荐为特奏名进士。而这种情况,也是宋朝特奏名进士考试中比较常见的推荐资格,"淳化以前尝应举及经先朝御试者,不以举数,令贡院别具名以闻"(天圣五年规定),"尝预先朝御试,虽试文不合格,毋辄黜,皆以名闻"(景祐元年规定),"初举甲子绍兴十四年得解,十五年到省下之人,即不曾经展过省、殿试年,自合依旧制,自解到省试下,实及三十年,并许赴特奏名殿试"(乾道二年规定)。据此可证,谷村特奏名进士虽然只参加了两次乡试,但因具备真才实学,又符合当时特奏名推荐资格,因此不须具备乡试五六次才许推荐的条件。

# 试论《谷村仰承集》的文献价值

邹锦良　南昌大学谷霁光人文高等研究院副院长、历史系教授

**摘要**：《谷村仰承集》是江西一部保存完好的村史，始修于元，明清两朝曾六次重修。今所见清宣统元年(1909)重修的《谷村仰承集》内容丰富翔实，不仅可以深入了解谷村悠久厚重的历史文化，而且还具有补充正史、文集记载所不足，以及保护、传承古代村族组织管理，乡村文化习俗和地方历史遗迹的重要文献价值。

**关键词**：《谷村仰承集》；村史；文献

谷村位于赣中腹地，有着千余年的建村历史，开基祖为后唐时期李唐，"公讳唐，字祖尧，后唐时人。生而岐嶷有大志，年甫冠即欲光诏先烈，建功天垠。值吴杨溥割据，四方乱离，世事不可为，遂遁迹林泉，积善以贻后人。晚知高村形势非久大规格，乃卜度山水得谷村之地，乾贞元年迁而居之，即今旧宅也"[①]。谷村还是江西最大的一个"一姓同宗、聚族而居"的古村落[②]，全村姓李，村中现有住户近 2000 户，一万余人口。清乾隆二十年(1755)族人所撰《谷村记》载："谷村，在吉水县西，离城六十里，乡属同水，都列六一，山环水抱，中间十余里，聚址而居，千数百烟，中间一虚，分为上下二节……自七世祖祖尧公卜居斯地以来，子孙众多，分属各地，十里之遥，一本之亲，比屋相连。"[③]同时，谷村在千余年的历史传承变迁中一直以文风鼎盛、人才辈出而知名。据村史，谷村自宋元祐年间李彦成开始中第入仕，历经元、明、清，共有进士 48 名、举人 115 人，有贡士 95 人、荐辟 46 人、仕籍 66 人。此外，谷村自南宋高宗朝开始建书院，至清乾隆朝，共有 11 所书院。应该说，一村一姓能取得如此突出成就，着实让人敬仰。更为难得的是，谷村先贤非常注重保护和传承村落历史文化，《谷村仰承集》即是该村相沿至今并保存完好的一部村史，被誉为"谷村之魂"。翻读这部清宣统元年重修的《谷村仰承集》，不仅可以深入了解谷村悠久厚重的历史文化，而且

---

[①] 李荣钧等：《谷村仰承集》卷六，清宣统元年刻本，江西省吉安市博物馆藏。杨溥，南吴君主，920—937 年在位。

[②] 汪泰荣：《江西谷村李氏家族》，《寻根》，2004 年第 2 期。

[③] 《谷村仰承集》卷首。

还具有弥补正史、文集记载所不足,以及起到保护、传承诸多有关传统村族组织管理,乡村文化习俗和地方历史文化遗迹的重要文献价值。

## 一、《谷村仰承集》基本情况

### (一)《谷村仰承集》的版本源流

清宣统元年《重修谷村〈仰承集〉序》记载,《谷村仰承集》最早由族人李绚编撰于元至正七年(1347),"吾族自承事祖开基而后,忠孝节义、事业文章,代有传人。其文而传之者,非出于族贤之歌颂,即得自亲友之赠遗,阅时既久,所积遂多。元至正七年,鼓楼尚文公始举所传,汇而辑之,并附以《谷村名胜遗迹》,用授后人"。明朝洪武、永乐、正统年间,族人又几次予以重修,至清乾隆二十年,谷村三十世孙康斋公李先蕃"寻坠绪绪茫茫,独旁搜而远览,汇成一佚,名曰'谷村记'"。道光二十年(1840),谷村三十六世孙李文澜"辞馆家居,遍告远近同族诸公,悉蒙许可,乃遵先祖原书,分门别类,八十年来,往迹遗行,名章佳句,应增者增之,应补者补之,付之刊刻",并正式定名为"仰承集"。谷村村史取名《仰承集》与开基祖李晟有关,并希望族人能继承先德,"仰承者,吾谷村基祖祠堂名也。在当日名堂之意,无非期后之子孙,仰承先德,世守而勿替耳"。宣统元年,在族人李荣钧等人的主持下,《仰承集》进行了第六次重修,"遍假各家藏书,可为征文考献之资者,旁搜博取,仍用活字板刷行,并取康斋祖孙改易名称之意,而名之曰'谷村仰承集'"。今天我们所见到的便是这部六修后的《谷村仰承集》,现藏于江西省吉安市博物馆。

### (二)《谷村仰承集》的内容介绍

《谷村仰承集》共有30余万字,全书包括序、卷首在内,共十二卷十部,内容翔实丰富。卷首记载了谷村的碑记、祠宇祀典、茔禁、创建、寺观庙社、陂桥洲渡、世德源流等内容,其中碑记包括先祖的神道碑文,"创建"包括村中历代所建的祠堂、楼阁以及书院等建筑,世德源流则梳理了开基祖李晟之前的历代先祖之序。卷一记录了谷村地舆地貌以及水利农田等情况;卷二记述了谷村后裔迁徙各地的情况;卷三记载了谷村所特有的家规、家约内容,这是谷村长期保持社会和谐以及文风鼎盛的重要基础;卷四记录了谷村流传下来的相关历史古迹遗物等内容,如宋代神童李献可的翰墨池,宋度宗御赐给崇政殿说书李应革的御书诗翰、金带牙笏等宝物;卷五和卷六为谷村"人物"篇,记录了谷村历代进士、贡举、荐辟、仕籍、封赠、荫袭情况以及文学、隐逸、理学、神童、忠臣、孝行、义士、节妇、烈女等特殊人物,还包括开基先祖以及在各领域表现突出的人物所撰写的传记内容;卷七、卷八、卷九、卷十和卷十一是《谷村仰承集》为谷村"艺文"篇,分奏疏、表、书启、公呈、文序、诗赋、告文、祭文、行状、墓志铭等内容,其中既有谷村历代显宦名士所撰的文章,又有与谷村相关的历代知名文人士大夫所撰的文章,具有非常重要的文献价值。

## 二、《谷村仰承集》的文献价值

作为一部始修于元代的村史,《谷村仰承集》历经六百余年而不坠,从文献保护和传承这个角度来看实属不易。更为可贵的是,谷村自后唐开基一直文风鼎盛、名士辈出,为后人留下了诸多珍贵文献,它们既有补史之缺的文献价值,又有存史致用的现实价值。

### (二)《谷村仰承集》补史之缺的文献价值

#### 1. 可补正史之缺

谷村显宦名士众多,有不少在当时政坛还产生了重要影响。比如明代中晚期出自谷村的"两部尚书"李邦华便是当时政坛颇有影响力的士人。《明史》记载:"李邦华,字孟暗,吉水人。受业同里邹元标,与父廷谏同举万历三十一年乡试。父子自相镞砺,布衣徒步赴公车。明年,邦华成进士,授泾县知县,有异政。"天启年间,迁光禄少卿。崇祯年间,起南京兵部尚书,明崇祯十七年(1644)二月,李自成陷山西,邦华请帝固守京师。赠太保、吏部尚书,谥忠文。[①] 李邦华和当时著名的士大夫邹元标关系密切,《谷村仰承集》中保留的一篇李邦华的奏疏便和邹元标有关,而且可以补充《明史·邹元标传》记载之不足。邹元标因属东林党派,晚年在朝受到魏忠贤等人的打压,《明史》本传称:"给事中朱童蒙、郭允厚、郭兴治虑明年京察不利己,潜谋驱逐。会元标与冯从吾建首善书院,集同志讲学,童蒙首请禁之。元标疏辨求去,帝已慰留,允厚复疏劾,语尤妄诞。而魏忠贤方窃柄,传旨谓宋室之亡由于讲学,将加严谴。"好在当时首辅叶向高求

---

① [清]张廷玉等撰:《明史》,中华书局1974年版,第6841—6842页。

情,明熹宗"乃得温旨",不仅答应邹元标的请辞,而且诏加太子少保。明天启四年(1624),邹元标在家去世,仍受到魏忠贤等人的攻击,"御史张讷请毁天下讲坛,力诋元标,忠贤遂矫旨削夺"。《明史》随后交代了崇祯皇帝并未采纳魏忠贤等人的意见,而是"赠(邹元标)太子太保、吏部尚书,谥忠介"①。《谷村仰承集》卷七保留了一封李邦华上书给崇祯皇帝的《为邹元标请恤疏》,这封奏疏可以补充《明史》本传记载的一些不足。一是当时首先站出来协助魏忠贤极力攻击邹元标的是魏广微。魏广微与魏忠贤同乡同姓,故与其交结,陷害东林党人,他充当了打击邹元标的急先锋。李邦华称:"当是时,魏广微以父魏允贞为元标旧交,诡来纳款,元标洞其凶邪,每厌而薄之。广微切齿不解,嗾郭允厚等以讲学相消让,而元标遂勇退乞休矣。"可见,魏广微与邹元标交恶后,教唆郭允厚打击邹元标,好在"熹宗皇帝温谕再三,知不可夺,加太子少保,驰驿致仕归"。《明史》只交代了郭允厚等人攻击邹元标之事,未提及魏广微在此事中的作用。二是崇祯皇帝"赠(邹元标)太子太保、吏部尚书,谥忠介"与李邦华的极力上疏关系甚密,可惜《明史》未交代此过程。李邦华称,邹元标死后不久,"广微执政,竟施辣手,削元标生前官诰,毁其书院"。李邦华对此痛心疾首,便上疏崇祯帝:"梵梵弱子,即朝夕莫必其命,即臣等亦因是骈罹逆纲,吞声莫控。幸皇上采科道公评,褒忠旌直,予恤予谥,屡旨已明,而该部尚未即覆……今其子燧孤弱,不能万里陈情,臣等谨采大节,冒渎圣聪。伏乞皇上,将元标赐名,速命阁拟仍敕下吏礼二部,将元标身后应得葬祭,赠荫全典,加优具覆。庶四朝剑履一字,衰崇史馆,宜付可补实录矣。"正是李邦华的极力上谏,邹元标死后方能受到公正待遇。

李邦华侄子李日宣,"字晦伯,吉水人,万历四十一年进士,授中书舍人,擢御史"②,在明代晚期政坛也有一定影响。《谷村仰承集》卷七保留了一封李日宣给崇祯皇帝的《请谥先贤疏略》,此疏是李日宣请求为吉水先贤解缙上谥号的奏疏,也可补充《明史·解缙传》记载之不足。解缙是明初著名政治家、文学家和学者,《明史》载其于"正统十四年六月卒,年八十三,谥文简"③。如此看来,

---

① 《明史》,第6306页。
② 《明史》,第6566页。
③ 《明史》,第4124页。

解缙似乎是死后即被朝廷赐以"文简"谥号。其实不然,据陈冬根考证,解缙"文毅"之谥号是南明弘光朝追赠的,也就是说解缙死后并未获得谥号。① 从李日宣给崇祯皇帝的《请谥先贤疏略》也可以看出,至少在崇祯时期解缙并未获得朝廷所赐谥号。故李日宣称:"夫缙非异人,即高皇帝所为宠之异之,恩犹父子者也。其遭祸之酷,则以'护持仁宗好皇孙'一语,微合成祖睿,算阴诤默卫,为权者所忌,郁郁狱死。异时仁宗非不还其第宅,录其苗裔而封功旌德。时如有待,今二百五十余年。开阁元臣,冷落荒邱,圣明能无悯念乎?"此外,《谷村仰承集》还保留了不少知名于当世的士大夫所撰的奏疏、记文等,对于补充正史记载具有重要的作用,值得挖掘整理。

2. 可补文集之缺

谷村名士辈出,著录在史册者如宋代神童李如圭,文天祥的同年李应革,明代"忠肃公"李邦华,崇祯时期吏部尚书李日宣,清代康熙时期"四部尚书"李振裕(历任户、礼、刑、工四部),李振裕母亲、著名女诗人朱中楣等等,《谷村仰承集》亦收录了他们的一些诗文作品。同时,与谷村士人交往唱和的历代名士显宦也非常之多,《谷村仰承集》中留有诸多历代名士的诗文,从宋代的欧阳修、杨邦乂、朱熹、杨万里、罗大经、刘辰翁、文天祥、周密,到元代的虞集、柳贯、易景升、赵孟頫、揭傒斯、梁寅,再到明代的金幼孜、何淑、解缙、罗汝敬、李时勉、邹元标、钱习礼、周述、王艮、曾棨、周孟简、陈循、罗洪先、钱谦益,以及清代的戴名世、魏礼、施闰章、吴祚昌、查慎行,等等。这些诗文有不少可以在士人文集中找到,且无太大出入,其中有一些则是士人文集中没有收录的。如《谷村仰承集》收录文天祥诗文有五篇,即《与肯堂先生书》《跋李景春绍兴万言书稿》《李氏谱序》《赠深斋》《与深斋书》,前四篇诗文在《文天祥全集》中均能找到,且内容大致相同,《与深斋书》一文则未被《文天祥全集》收录。据黄桃红、刘宗彬考证,《与深斋书》一文从写作时间和写作内容来看,应该是文天祥在宋咸淳八年(1272)退居文山休养时所作。②

---

① 陈冬根:《解缙谥号的赠授时间考证》,《井冈山大学学报(社会科学版)》,2011 年第 5 期。
② 黄桃红、刘宗彬:《〈谷村仰承集〉中的文天祥佚文》,《兰台世界》,2007 年第 24 期。

## (二)《谷村仰承集》存史致用的文献价值

### 1. 保存了有关村族组织管理的文献

谷村作为一个"一姓同宗、聚族而居"的大型村落,在延续千年的过程中,族人能保持紧密的人际关系,村落能保持稳定和谐的发展,在村族组织管理中必定有值得称道之处。幸运的是,《谷村仰承集》为我们保留了谷村相关的家族制度与规范,有些迄今仍在发挥着重要作用。[①]

应该说,在传统中国基层社会管理中,家训、家规是落实道德观念的主要方式,是民间社会实现自我管理的基本依托[②],甚至被誉为中国的"民间法"[③]。谷村先贤很早就注重制定家约族规来管理村族,史载"往者定有家约,奉行惟谨。故礼让渐摩,彬彬雅驯之风,历世不替"。明末,李邦华在旧有家约基础上主持制定了《忠肃公家约》。《家约》首先交代了订立缘起,由于谷村人口增多,村中不时出现各种越规逾矩的不良现象:"照得本家族大丁多,益以僮仆,食指之繁,遂逾千数。所有励志青霄者,攻诵读之业;殚力务本者,纯黍稷之艺;黾勉贸易者,遂什一之息。生事虽劳,经营各出,教可不肃而成,无须约也乃就中。亦间有卑逾遵少犯长,上不畏官法,下不顾名义,借羊羹而起衅,恣鲸吸以嚼物。甚则绿林豪客,结为肠心而横行于间闾;白眼赤棍,假托衣冠而哄吓乎乡愚。使被害者敢怒而不敢言。"于是李邦华希望族人和后裔能谨守家约,抛却上述不良恶风陋习,从而达到"上以为朝廷明法守,称盛世之醇民;下以为祖宗绵世泽,存故家之良规。使人知吾李,不大以科名之盛,族类之广,而大以人无跃冶之行,户有可封之俗"。

《忠肃公家约》设立了"约长"制度,"约长"依照家约族规行使权力,一方面有责任和义务管理好本约内的成员,另一方面有权对违反者进行处理。"约长"要重点做好以下几件事关村族和谐稳定的事务:一是催缴钱粮,"约长"要督促各家按时按量缴纳国家钱粮,并及时公布进展。如有过限不缴且"恃顽者",可

---

[①] 啸鹏:《谷村沧桑》,三联书店 2014 年版,第 183—215 页。
[②] 窦竹君、赵晓华:《家训家规的社会管理价值》,《石家庄铁道大学学报(社会科学版)》,2014 年第 1 期。
[③] 蒋传光:《中国古代的家法族规及其社会功能——"民间法"视角下的历史考察》,《东方法学》,2008 年第 1 期。

扭送至官府，以免拖累"合族以欠粮之名"。二是平盗息窃，"约长"应严谕各家，不可出现盗窃现象，若有此子弟，应教其省改，否则登记在案，并报官究治。另外，村中有不少鱼塘，严令偷盗鱼类，违者登簿报官缉拿。三是维护秩序，如每年秋后，外地会有唱船打卦、舞猴弄蛇、铺毡卖药、抄化僧尼等杂人到村中来，这些人长期留住村内，将会"混扰地方"，故"约长"要严谕各家不许接待此类人等，"违者登簿报官究治，敢有容隐，定行连坐"。另外，村内每年举行迎神赛会，由于人多，常常发生矛盾乃至格斗，大则立致人命，小亦破头兴讼。因此"约长"要严加管理，对犯事者应立即报官究治。四是稳定市场，规定约内不得出现欺行霸市的情况，"凶狠子弟，豪悍奴仆，假借声势，欺压小民，或半价买货，或行使假银，一言触忤，瞋目发难，毁衣帽、捐什物、索酒食"，如一人犯至三次以上，登簿送官严究。另外，要尽力稳定物价，如"屠行肉价，不公不平，最为小民所苦。约内每月定一常价，粘于大祠门首，不服者罚以惩之"。同时，确保村中关乎百姓日常生活之需的贸易不能"夯买夯卖"，如"本村村心，排列店肆，中宽十余丈，清晨开市，柴米油盐、鸡肉鱼鸭，无物不具，远近姓名皆来贸易。族中定规，毋许夯买夯卖，至巳刻，交易而退，各得其所"。

2. 保存了有关乡村文化习俗的文献

《谷村仰承集》为我们保留了当地非常有特色并行之长久的文化习俗，包括祭祀文化、义仓文化、庆寿文化和教育文化，有些文化习俗甚至延续至今。

祭祀是中华传统文化的重要内容，所谓"礼有五经，莫重于祭"。谷村百姓历来重视祭祀先贤，在祭祀时间、祭祀费用、祭祀流程等方面形成了特色，并能代代相承。在祭祀时间上，谷村有春祭和冬祭，春祭又分为两次，正月初二祭开基祖祖尧公李唐，正月初五祭谷村始祖忠武王李晟。与之相同，冬祭也分为两次，冬至日祭祖尧公李唐，冬至之第三日祭忠武王李晟。祭祀费用方面，祭始祖忠武王由全族共同出资，并由族内四位士绅掌管此费用；祭开基祖祖尧公李唐则由各房轮流出资并主持。祭祀流程也非常有意思，"临祭之先晚，通村鸣锣三阵，诸绅士主祭，分献赴祠用习仪饭，点烛上席共十席，看过命祝告文等项，错写即令更改，次早不得说话。五鼓以后又鸣锣三阵，主祭分献房长及各房绅士，齐集来祠，向上三揖，左右向先到者交拜一揖，各立两廊，低言细语，毋许喧哗，并不许上堂，俟绅士齐后，首士方请上堂，点礼生十六人，着公服照科分，尽新不尽旧，其余俱以次序两廊跪拜，黎明行礼祭毕，各归本家。至午后仍鸣锣三阵，催集破胙酒二十席，中排四席，主祭分献房长序坐。两廊十六席，绅士分宾主排行论齿，五人一席，或四人一席，多则尽下，少则尽上。惟进士则独列一席，饮毕照本梓分胙出门，一揖而别。始祖祠则无习仪饭，无宾主，其余仪礼尽同"①。

　　义仓最早是隋唐时期出现的一种为备荒而设置的粮仓制度。宋以后民间义仓盛行，成为地方赈济和家族发展的重要方式，如范仲淹在苏州设义庄，朱熹在多地设义仓。时至清代，江西"地方家族和士人积极倡导创建乡族义仓，已成为颇为盛行的社会时尚"②。谷村也形成了自身的义仓文化。比如义仓的费用来源，一方面是"各房各支各人的捐助"，另一方面是族内"田亩生息"以及卖田缴归仰承堂众管。义仓扶持的对象，一是族人参加科考者，如参加乡试者，每人助路费钱二吊；参加院、府、县三试，每人助卷钱二百文。谷村义仓的大力资助使青年才俊努力向学，从而在科举中大放异彩。二是族人中的贫弱者，如贫不能葬者，助钱二吊。族人间形成稳定的扶困济弱机制，无疑能够使谷村长久地保持和谐稳定。十分可贵的是，谷村人能将这种传统文化代代相传下去。

　　庆寿礼仪文化作为民间习俗的重要内容，与百姓生活密切相关。《谷村仰承集》中记载了当地的寿庆习俗。譬如在谷村要想得到全族人的寿庆道贺，需要具备一定的条件，即"己身顶戴或子孙有顶戴者"。众所周知，"顶戴"乃清代官员的官帽，也就是说，在谷村必须是自己或子孙中有人担任一定的官职，举行寿庆时才可以得到全族人的庆贺，这个条件说明入仕为官在地方社会中的重要地位，这或许也是鼓励族人努力上进、获取功名的重要举措。此类寿庆将以全族的名义来操办，如由"众首士预备寿联、寿烛、寿饼、寿面"，到贺寿那天早上，"俟绅士齐集祠内，鼓乐锣伞，送至寿星之家，行称觞礼，连跪进三觞，子孙代领代谢，然后请寿星拜寿，辞复，转向伊家子孙贺寿，即留早饭，别后一揖，另发请帖，晚间正席，后日再谢"。

　　传统社会中，地方家族的发展与教育的兴办往往是成正比的，尤其唐宋以

---

① 《谷村仰承集》卷三。
② 袁海燕：《清代江西的家族、乡绅与义仓——新城县广仁庄研究》，《国社会经济史研究》，2002年第4期。

后,书院盛行,地方家族在创办书院方面热情高涨,江西在这方面也走在前列。[①]谷村在科举上硕果累累,得益于村中不断兴办的书院。《谷村仰承集》记载,自南宋高宗开始,至清乾隆时期,谷村共出现过 11 所书院,具体为经训书院、义方书院、桂林书院、东湖书院、依仁书院、有斐书院、三益书院、复礼书院、六行书院、文蔚书院、树人书院。谷村一代又一代的莘莘学子在书院刻苦攻读,从而获取科名,成为谷村的荣耀。至清代,谷村的书院教育还形成了一定的特色,史载"我族原有'文蔚书院',近又元潭长房其与公之妻曾氏捐建'树人书院',每年正月聚众童会课。文蔚书院定以正月初六日,树人书院定期正月初九日。先期首事出具传单,遍贴各门,先夜鸣锣三阵,各生黎明赴祠,当堂命题,大展珠玑,请族中科分高者一人阅卷定等第,分别奖赏"。在一年之始,以村族的名义"聚众童会课",并延请族内科名高者来辅导并考核众孩童,体现了谷村对教育的重视,这种优良传统传承不断,难能可贵。

3. 保存了有关地方历史遗迹的文献

谷村历史悠长,名士众多,由此成为赣中知名古村,在长期发展变迁过程中,留下了大量的名胜古迹。《谷村仰承集》中记载谷村"创建"有堂、别业、楼、亭、阁、第、坊、书院、寺、观、庙、社、戏台等,到清宣统年间,谷村有各类祠堂 51 处、各种牌坊 19 处、各种楼阁亭第 24 处、寺观庙宇 5 处、庙坛 18 处。[②] 现今保留下来且影响力较大的有谷村祖祠——仰承堂、开基祖祖尧公墓、护吉大庙、盘龙古寺、金瓯堂、古戏台、上谷坊、文园、千年铁树等处。仰承堂为李氏祖祠,建于明正统年间,由李克勉倡建;弘治年间兵部侍郎李贡增修廊庑;正德年间,都侍御史李中第一次重修祖祠;清顺治年间,少司马李元鼎捐建门楼;康熙年间,四部尚书李振裕第二次重修祖祠;乾隆年间,谷村族人合建前楹。仰承堂为山墙式门楼建筑,大门为坊式门楼,中设天井,祠内开间宽大明亮,写有"仰承堂"的匾额横悬于神台之上。如今谷村族众每年春冬皆来祭祀祖祠。祖尧公墓建于唐后唐,宋初,族人将墓修葺成现在的规模。墓地占地 200 余平方米,四周有 1 米余高的封土墙,前低后高,墓地隆起,正中书"谷村李氏祖墓"大字,两侧书

---

[①] 邹锦良、崔丽君:《宋代江西民间办学与地方社会新论——以地方知识阶层的参与为视角》,《江西师范大学学报(哲学社会科学版)》,2009 年第 2 期。

[②] 《江西谷村李氏家族》。

对联"祖训绵先泽,尧兴裕后昆"。墓前松柏挺立,四周古建筑围绕。护吉大庙,现为谷村最大的古建筑,长 50 余米,宽 30 余米,前后两栋,前栋为大戏台,后栋为祭祀神庙。护吉大庙为谷村祭祀和集会的重要场所,建于明崇祯年间,由兵部尚书李邦华和吏部尚书李日宣倡议修建,门额书"盘谷福地"。

  村落文化不仅是村落族人共同的记忆,更是地方历史文化传承的重要内容。乡村传统文化记录最普遍的方式是家谱文献的修撰,谷村先贤亦十分重视编撰家谱:"《谷村李氏族谱》始修于宋庆历三年(1043),距始迁时间仅 116 年,可以说非常及时了。以后宋绍兴间、宝间、德间、元泰定间、天历间、元统间、至正间,明洪武间、永乐间、正统间、崇祯间,清康熙间、乾隆间、道光间、宣统间先后 15 次重修,从初修至十六修平均每 54 年重修一次,这样的修纂频率是极为少见的。"[①]除此之外,谷村族人还编撰了一部内容丰富翔实的村史——《谷村仰承集》。翻阅这部保存完好的珍贵村史,不仅可以深入了解谷村悠久厚重的历史文化,而且还具有弥补正史、文集记载所不足,以及保护、传承诸多传统村落组织管理、乡村文化习俗和地方历史文化遗迹的重要文献价值。

---

① 《江西谷村李氏家族》。

## 下篇 "中国进士第一村"进士文化学术研讨会学术对谈录

江西吉水被誉为"文章节义之邦",历史上名人辈出,涌现了杨万里、解缙、罗洪先、邹元标等闻名中外的文章节义之士。位于吉水县西北的盘谷镇,不仅是人口大镇,而且文风鼎盛、人杰地灵,在这块土地上留存了科举文化的辉煌历史,如一门三进士、百步两尚书、十里九布政、九子十知州,等等。盘谷镇下辖的谷村则是江西省第一大单姓村落,李氏家族一姓同宗、聚族而居,清修《谷村仰承集》记载,自宋至清,谷村共有78名进士、115名举人、95名贡士,甚至出现了"父子兄弟进士""父子进士""兄弟进士""祖孙进士""一门同榜进士"等科举盛况。如今谷村中还保留了古屋、古庙、古塘、古树、古井、古牌坊等名胜古迹百余处。

为深入探讨谷村进士文化,提升庐陵文化研究水平,加强学术文化交流,吉水县盘谷镇人民政府联合南昌大学谷霁光人文高等研究院于2020年10月24日在江西省吉安市吉水县盘谷镇举办了"中国进士第一村"进士文化研讨会,并邀请了国内外高校学者及地方文史研究工作者莅会。各位学者踊跃发言,畅所欲言,提出了很多真知灼见。我们希望借助各位专家的力量,将地方文化的学术会议办成南昌大学谷霁光人文高等研究院的常规学术活动和品牌项目。现将本次会议的学术对话摘录于下。

## 论坛开幕式

10月24日下午,"中国进士第一村"进士文化研讨会在盘谷镇人民政府举办了简短的开幕式,开幕式由南昌大学谷霁光人文高等研究院副院长邹锦良教授主持。

**邹锦良**:尊敬的吕县长、各位学者、各位同仁,大家下午好!非常高兴在今天这样一个秋高气爽、瓜果飘香的美好季节,我们相聚"中国进士第一村"——千年古村谷村,一起来探讨进士文化、庐陵文化、科举文化。首先,我要表达的是感谢,感谢盘谷镇党委、镇政府对这次活动的高度重视,尤其是要感谢吴卓书记,为这次活动倾尽了全力,应该说在一个镇里面能组织这样的活动,我认为是非常不容易的。第二个要感谢的是南昌大学谷霁光人文高等研究院黄志繁院长。黄志繁院长是赣南人,因为我的缘故,这几年他来吉水的机会非常多,经常来吉水支持文化事业的发展。当然他说是为我站台,我认为黄院长是对吉水有了感情,为吉水站台,为吉水文化作了大贡献。

第二,我要介绍一下这次会议的缘起。疫情期间,有一天晚上很晚的时候,我接到吴卓书记的电话,他问我谷村可以不可以打"中国进士第一村"的牌子,并且说要在谷村建一个进士文化展示馆,然后还要筹办进士文化研讨会。我接到电话后进行了一些思考。思考以后,我就向黄志繁院长进行了汇报。黄志繁院长非常高兴地同意了举办这次学术研讨会。

应该说,我真正接触谷村是在2013年,当时我为吉水县委中心组学习作了"庐陵视野中的吉水文化"的报告以后,我的初中老师杨巴金部长带着我第一次走进谷村,我当时的感受就是谷村确实大。2014年,周小鹏部长送了一本《谷村沧桑》给我,我拜读了以后,感触很深,写了一篇很短的书评,发表在《井冈山报》上。同年,吉安市博物馆李希朗馆长正在点校《谷村仰承集》,他让我帮着看了一下,所以我更深入地了解了谷村。2017年,香港中文大学科大卫教授和贺喜教授第二次到访谷村,当时黄志繁院长和我陪同他们到吉水,我们的车直接进了谷村,当时吴卓书记是盘谷镇镇长,他全程陪同,周小鹏部长和杨巴金部长也是全程陪同。科大卫教授和贺喜教授在谷村考察了两天,他们对谷村非常感兴趣。2018年暑假,我又带着四个研究生到谷村考察了两天。今年,我跟吴卓书记进行了比较多关于进士文化展示馆、进士文化学术研讨会的交流。所以,谷村是我这几年到过的古村落里面频率最高的一个。

第三,我要跟大家介绍一下这次会议的情况。这次会议有来自高校的学者,有来自文博部门的专业人员以及省市县媒体的记者,还有很多研究地方文化的学者和谷村李氏的后裔。所以非常感谢大家的支持,感谢大家的到来。我希望大家继续关注谷村,关注吉水,关注庐陵文化。南昌大学谷霁光人文高等研究院这几年一直在做地方文化的学术活动,我们去年举办的"庐陵文化"高峰论坛是地方学术文化活动的一个尝试,今天的这个会议也是我们的一个努力探索。所以,我希望各位学者、各位专家,今天下午就围绕中国进士第一村,围绕吉水文化、庐陵文化积极探讨。

下午的会议主要有这么几项议程。第一介绍出席论坛的嘉宾,第二南昌大学研究生院常务副院长、谷霁光人文高等研究院院长黄志繁教授代表主办方致辞,第三吉水县政府副县长吕建安讲话,第四各位学者探讨交流,最后井冈山大学历史系主任、谷村西平李氏元潭派第 48 代李伏明副教授对学术会议作一个总结。

现在就开始第一项,由我介绍一下前排在座的领导嘉宾,吉水县人民政府副县长、公安局局长吕建安,南昌大学研究生院常务副院长、谷霁光人文高等研究院院长黄志繁教授,首都师范大学历史学院施诚教授,江西省博物馆党委书记徐长青研究员,中共盘谷镇党委书记吴卓,井冈山大学人文学院副院长邓声国教授。

第二项议程,南昌大学研究生院常务副院长、谷霁光人文高等研究院院长黄志繁教授致辞,大家欢迎!

**黄志繁**:非常荣幸能够代表主办方在这里说两句话,实际上我们真正的方案是以盘谷镇吴卓书记为首的镇党委、镇政府提出的,我们也很愿意跟地方政府合作做一些这样的文化活动。首先要感谢各地来这里开会的学者,因为你们都是很忙的,在这个忙忙碌碌的时代,看手机微信都看不完的时代,能够抽出一天半时间来到这个地方,来这个村子里头,跟我们一起讲文化,我想也是我们的荣幸,所以非常感谢你们。同时,我想这也是一个特别有意义的会,我们开过很多学术会议,但是在镇政府开学术会议我是第一次,这个意义非常重大。我们有各地的学者,有考古学家。

事实上,我到谷村应该是第三次了,第一次来是吴卓书记当镇长的时候。这个地方其实是很有意义的,谷村有 78 个进士,我想应该是全国第一多进士的村子。所以我们在这里可以感受到很浓厚的文化气息,而且今天还是一个虾蟹文化旅游节,那么还有一个美食,还有各种各样产业的参观,安排得非常丰富,特别感谢。

我想这些活动是特别有意义的,如果说这种模式能够继续下去的话,进士文化的传承就很有希望。因为文化有时候需要不断地去说,要有人不断去传承,否则文化就死在这里了,就凝固在这里。要鲜活起来的话,就需要我们能去做一些活动,去说它,去讲它,聚在一起去写书,聚点人气,这样文化才会传承下去。吉水的文化非常深厚,这里有一个中国进士文化园,大家有兴趣明天可以去看一下。

在此,我想介绍一下南昌大学谷霁光人文高等研究院,我们做的是两个层次的东西,一个是比较高的,我们做"霁光讲坛",做一些小型的论坛。"霁光讲坛"的学者,我们是精挑细选的,要有一定的身份,要有一定的学术威望,才有资格在那里做讲座,我们现在已经做到第二十八讲了。还有一个活动就是跟地方文化的融合,我们与地方政府一起把地方文化发扬光大。我们计划做地方文化,去年的庐陵文化论坛是第一次,因为锦良是庐陵人,所以我们第一次做庐陵文化论坛,接着可能还有各种地方文化论坛。这是我们的一个使命,也是我们的职责。今天各种缘分让我们聚到这个地方来谈进士文化,确实是一件非常有意义的文化盛事,我们已经感受到进士文化扑面而来的气息了。我想等会儿的学术讨论,应该会有更多的闪光点。我刚才在看这本《文章节义话解缙》,就感觉解缙这个人的身上有很多我们忽略的精神气质,他实际上也是个书生,但是他给我们留下了非常宝贵的文化遗产和人格魅力。我想在庐陵地区随便拎一个,解缙、杨万里、罗洪先,等等,我们都可以学到很多东西,这是非常有意义的事情。越到基层我们越能感受到这种文化的力量,其实我在谷村那些老房子里走过,在祠堂里看过他们的东西,我感到非常敬畏。我想这次研讨会虽然简短,但是肯定会很成功,本次研讨会也将会很有收获,非常感谢各位学者,更要感谢吴卓书记,名字很好,卓越的领导力和卓越的组织能力,给我们带来这么一个盛会,感谢!

**邹锦良**:非常感谢黄志繁院长简短但很实在的讲话,我作为吉水人感受到了他对吉水、对庐陵的温情和敬意。下面有请吉水县人民政府副县长、公安局局长吕建安讲话。

**吕建安**:非常荣幸能和这么多专家学者在一起,但也很忐忑,为什么很忐忑呢?首先,今天是各位学者研讨进士文化,可能在座的没有多少人跟我一样,我的文化程度是比较低的,没有读过高中,我1983年考的师范,读的是中专。其次,我的身份是公安局局长兼副县长,主要是负责社会稳定工作。第三,按说应该是分管文化的县领导来联系来支持来参与这次会议。但是我责无旁贷,因为我挂点盘谷,谷村我也去了很多次。我向各位报告一下,我读师范的时候,唯一考满分的就是历史,所以历史我还是比较感兴趣的,我的老师是从江西师范大学历史系毕业的,所以对历史我是非常喜欢。

今天我们在这里隆重举行"中国进士第一村"进士文化学术研讨会,以实际行动贯彻落实习近平新时代中国特色社会主义思想，深挖吉水进士文化遗产，展现庐陵文化精髓，以文促旅，以旅彰文，不断提升吉水文化旅游的知名度和影响力。在此，我谨代表中共吉水县委、吉水县人民政府，向会议的召开表示热烈的祝贺，向专程前来参加活动的各位领导、各位专家学者表示热烈的欢迎和衷心的感谢。党的十八大以来，以习近平同志为核心的党中央高度重视文化和旅游发展，把文化建设纳入"五位一体"总体布局，把文化自信作为"四个自信"的重要内容，对推动文化和旅游融合发展作出了全面部署。吉水县积极策应吉安市委、市政府全域旅游发展战略，迈出"文旅强县"的铿锵步伐，用最强烈的历史担当，将优良的庐陵文化代代相传，绘就新时代的文章节义、吉山秀水美好画卷。盘谷镇近年来不断挖掘进士文化，通过近三年的规划和建设，谷村文化园和仰承苑开馆是深度推进文旅融合的具体行动。盘谷镇共有进士近两百名，被誉为"状元故里""进士之乡"。在盘谷镇这方美丽又神奇的土地上留下了科举文化的辉煌历史，"一门三进士"的科举盛况在谷村历史上曾出现过六次，"一门同榜进士"曾出现过七次，"十里九布政"占了五位，"百步两尚书""九子十知州"，等等。这里孕育出了明朝嘉靖年间状元、地理学家罗洪先，工、刑、户、礼四部尚书李振裕，吏、兵部尚书周延，吏部尚书李如宣，两任兵部尚书李邦华，工、吏部尚书曾同亨，宋朝神童同榜李如圭、李献可，宋朝笔记小说家罗大经等。

　　谷村因人才辈出，被誉为"中国进士文化第一村"，为三千进士冠华夏的庐陵文化打底着色。谷村以厚重的历史、辈出的人才、兴盛的教育、众多的书院、众多的著作，被誉为"庐陵文化第一村"。在此，我恳请各位领导、各位专家、学者和乡贤一如既往关心支持吉水的发展，多宣传吉水，多推荐吉水，让更多的人走进吉水，了解吉水的进士文化。最后衷心祝愿各位领导、各位学者、专家身体健康、阖家幸福、万事如意！我更需要的是聆听大家对于进士文化的研究，包括对我们盘谷、谷村建设发展的建言献策，为我们的传统文化发扬光大，为源远流长的谷村作出我们的努力，今天研讨会作出的就是这样一个贡献，谢谢大家！

　　**邹锦良**：谢谢吕县长的致辞，他对这次研讨会提出了希望，我们确实要多探讨谷村文化、吉水文化、庐陵文化，然后把谷村进士第一村——中国进士第一村，把我们的庐陵文化推广出去。再次感谢吕县长在百忙之中莅临研讨会指导并致辞。

## 上半场学术研讨会

**邹锦良**：下面开始进入学术研讨会的学者代表发言环节。由吉安市文广新旅局党委委员、吉安市博物馆李希朗馆长第一个发言。应该说，李希朗馆长对谷村是非常熟悉、非常了解的。李希朗馆长最早是在吉水博物馆工作，他对吉水文化尤其是谷村文化，非常熟悉。2015年出版的《谷村仰承集》点校本，是他花了十年的功夫对《谷村仰承集》进行点校的。下面我们就有请李希朗馆长发言。

**李希朗**：谢谢锦良教授。我先做一个发言，属于抛砖引玉。我讲三句话，六个字。第一个是感谢，首先要感谢吉水县委、县政府对传统文化的重视，最近国庆节期间，吉安中国进士文化园刚刚开放。那么紧接着盘谷镇党委、镇政府组织这么一个会，要感谢盘谷镇党委、镇政府，感谢吴卓书记的盛情邀请。还要感谢今天在座的各位领导专家来到我祖先居住的地方，元代的时候，我的祖先从谷村迁到湖南，做了湖南的观察使，然后定居在湖南湘乡。

第二句话是缘分。我是湖南人，5岁从湖南到江西，然后1987年从事我的工作，在吉水县博物馆工作，到了博物馆以后，偶然地发现了谷村，我最早来到谷村调查是1988年。我第一次来谷村时，我不知道我的祖先是这里的，只是凭着工作的兴趣，对这个村庄非常感兴趣，看到它的文物古迹。今天你们可能好多东西都没有看到，古戏台呀，还有那个宗祠，好多都倒掉了，非常遗憾。这个是一种缘分，工作的缘分。然后我在1988年、1989年陪着《江西画报》社的同志到这里拍了一张照片，然后《江西画报》的封面上那张照片，就是"小小盘谷乡，大大盘谷村"。它当时叫盘谷村，也没有说叫出来，当然都是叫谷村，外界没有想到它就是谷村，当时就这个题目宣传写了一篇文章，《江西画报》社的记者写的。后来这张照片也引起过很大的讨论。

后来因为工作的关系，我经常来谷村，我不知道来谷村多少次了，但是到了谷村我最终还是走不出去。像刚才锦良讲到的科大卫老师，实际上他不是2017年第一次来谷村，1998年我就陪他来了，当时我跟江西师范大学梁洪生老师，还有赣州博物馆的馆长韩振飞，我们三个人陪他在谷村，那个时候他（感到）震撼。2000年，剑桥大学的何安娜博士，我陪她走遍了庐陵的古村，我给她推荐了谷村，所以这是一个缘分。然后随着工作的深入，我发现了这里有大量的人文历史。2005年，我回到湖南探亲，我去查我的先祖在哪里，我到家乡一看，我家里的谱就跟谷村完全一样，就对上了。而且我是四十二世子孙，谷村三派：元潭、月洲、鼓楼，我是月洲派第四十二代子孙。湖南的谱和这里的谱全部对得上，我拿着湖南的谱到这里一对，我说我怎么会又回到我的移民地，六七百年以后我又回到了谷村，我又回到了我的祖籍地，这就是缘分吧。然后我从事文物的保护工作，这又是一种缘分。我说必须为这个村庄做工作，投入我大量的心血。

刚才锦良介绍我，我最值得欣慰的是为谷村做了这件事，就是我在1989年就知道这里有一部志书。这部志书我一开始以为它是一部家谱，后来我发现它不是宣统元年的，《谷村仰承集》原来叫《谷村记》，明代清代乾隆版叫《谷村记》，后来改成叫《仰承集》。之后他们补充做了一项工作，出版了一本红色的、没有标点符号的、还是竖排整理的《仰承集》，看不懂，好像还有一些错误在里面。我说如果这样去宣传，那不行。我觉得要怎么来做，要点校一下，老百姓要看懂这部志书。我翻《仰承集》，它是非常完整的一部村史，这在我们中国的古村落里面来说是最完整的一部村史，我觉得要给它整理（出来）。

2003年非典的时候，我哪里都没去，我就把这部书拿到家里，就在家里开始校。2006年，我去吉水县旅游局当局长，没时间。2013年我回到文博战线，到吉安市博物馆当馆长，我又把它捡起来重新接续这项工作，给它点校。2015年出版，花了我将近10年的时间。尽管还有很多错误，因为学习得也不够，但是它可以看懂了，这对于谷村的宣传还是有一定作用的。

此外，在李梦星先生的影响下，《庐陵文化报》当年做了一个专刊，他不是专版，就这一张报纸全部介绍谷村，从文物到历史的。另外，我对这里的文物保护也做了一点点工作，护吉大庙我给他公布为江西省重点文物保护单位，然后在2015年的时候给了一百多万（元）进行维修，这个也算我对祖先的一份贡献。

第三句话，建议。刚才锦良讲了，吕县长要我们在座的献计献策，我现在说的也不是计策，就是我的一些体会。要加强对文物古迹的保护，谷村有大量的文物古迹，当年我陪周銮书先生到这里来看的时候，我们对谷村怎么进行定位，包括哪些进士。当年我是确定谷村只有68个进士，现在就说78个，我今天看一下增加了10个这个准不准确，我想这个数据一定要准确，如果不是的，就不能随便去宣传。今天来这么多学者,希望引起大家的重视,就是我们的学术讨论要有准确性。还要加强文物的保护,比方这个古戏台,希望能重建,以后要发展村庄旅游。要对文物古迹进行保护,谷村还有一个非常重要的地方——南禅寺,这个寺庙要对它进行维修,这是非常重要的一个文物古迹,而且维修以后要公布,这个完全可以公布为省保单位的。南禅寺修建时间非常久了,南禅寺是宋代大观年间修建的,当年叫福德院。还有对文物古迹进行保护,李邦华后裔留下的那些青铜花瓶、青铜烛台,还有康熙皇帝的对联,这些一定要加以保护,这些都是国家一级文物。第二个,要加强红色文化保护,这里出了开国将军李景瑞。大家都看到了,这个值得挖掘。第三个建议就是加强非物质文化遗产的保护,这里的鳌鱼灯,是当年由朝廷送给李邦华,由李邦华带回来的,这个值得去挖掘。要保护也要宣传,要将它发扬光大。实际上村史里面有很多东西,太平军攻打谷村打了6个月,还是打了几年,毁了很多东西,这些东西都要去挖掘出来。

第三个,今天讲的一个最重要的一个建议。不一定对,不一定准确,如果财力允许的话,可以去试试。我想要加强文旅融合,那么文旅融合我们怎么来做?今天参观的这些基地,这些已经在做旅游的东西,还是要打文化牌,二者要结合起来。那么由头是什么?我觉得这里有一个非常新颖的东西我们要去抓住他,那就是刚才讲到的南禅寺这个地方,它是我们盘谷镇的一个风水宝地,大家有机会到那里去看看,把这个地方给它打造挖掘出来。当年这个寺庙是一个什么概念?《仰承集》里面有明确的记载,王阳明当年平叛,到了丰城以后,发生了叛乱,然后他从丰城返回,就在这个地方上岸,在同江上岸,然后到李谷平的家里。谷村的李谷平和王阳明关系非常好的,他当年在广东做官。然后他马上邀请了李谷平回到吉安平叛。他们就在这个寺庙,夜宿南禅寺,密谋怎么样来平定叛乱。我想,目前这是在吉安能够找到王阳明的有确切记载活动的地方,当然其他活动还有,但是没有确切的记载,而且有名有姓的,有人物,有地点的,就只有这个南禅寺。我认为现在王阳明是很热点的人物,全国都在研究,国外也在研究。我觉得可以抓住这么一个机会,在这个地方建一个王阳明平叛纪念馆。他(王阳明)后来说在这里和李谷平密谋以后,回到吉安府组织军队,然后进行平叛。所以平定叛乱是在这个地方决定的,在谷村决定的,在南禅寺决定的。而且这个是有确切的记载,然后这个纪念馆只有一段简短的记载,即使是几句话的记载,都有很大的信息含量。很多地方没有东西都要建一个纪念馆,我们有这么清晰记载的一个地方,当然可以挖掘一下,这如果建起来的话,是一大特色。南昌也在建王阳明纪念馆,现在已经在运作。王阳明有非常活灵活现的事迹,怎么样攻打南昌城,怎么样平定朱宸濠之乱,这场平叛中的战士多数是吉安人,这些故事都可以在这里体现出来。这个很难,要花很多钱,所以也不要做大了,就到这个南禅寺旁边,就在这里建一个纪念馆,这就可以促进我们盘谷镇的文旅融合,抓住全国这样的一个热点。这在吉安应当是一个创举吧,一个新的东西着手了就得解决,谢谢大家。

**邹锦良**:李馆长是作为一个文物专家、地方文化学者,更重要还是作为谷村月洲派第42代后裔分享了他对谷村的深厚感情,谈了自己对于谷村的认识,尤其是他从1988年就开始探访谷村,有很深厚的感情,更重要的是对谷村的后续发展提出了三点很好的建议,谢谢! 下面我们有请首都师范大学施诚教授发言。

**施诚**:我说一下,因为我是吉水人今天上午揭牌的夏彬彬主任(吉水县人大常委会副主任),我们当年是同班同学,我昨天一看会议名单,感觉有点像回家开班会。

我今天外行说两句,刚才黄志繁院长也说了,作为一个自然村,不管是68个还是78个进士。我觉得叫"中国进士第一村"应该是没有问题的,即使不叫"第一村",也至少是叫"第一流村",因为中国很多地、市,它在历史上也没考出过78个进士。所以就有人问我:"进士相当于什么? 院士?"我说不是。"清华北大?"我说也不是。我这个外行,我大致看了一点点,了解了回来发言要谈一下。科举考试三年才考一次,对吧? 最多的时候好像是南宋,也就是几百个人。我说我知道了,就是说北大清华如果每三年招一届博士,而且是文科的,即使包括理工科的录取的人数,也比当年考进士的人数多。所以你不要说博士、硕士,我说如果你硬说的话就是这样,我当年考北大博士的时候,文科的大约就三百来个人,包括清华就七八百个人。我说就是这么一个概念,(进士)既不是院士,也不是北大清华的博士,这没法比。

第二个我是学欧洲史的,我至少可以从欧洲历史可以证明,英国的文官制度就是学的中国科举制度。刚才希朗馆长说的何安娜，我也蛮熟悉的，她主要研究宋元时期吉安的文人。至少是在1840年，如果不到1840年的话，那也至少是到乾隆年间，中国的文化比欧洲发达得多，这是毫无疑问的。我为什么这么说？因为我最初学的是欧洲中世纪的历史，十五六世纪之前欧洲的国王，签字都没法签，就做一个戒指，上面有个记号，按一下就代表国王签了字。刚才说《仰承集》，《仰承集》能够传承下来，值得带一个博士，所以我刚才和吴卓书记说，咱们村里应该出一个历史的本科、硕士，然后硕士、博士跟黄志繁院长研究谷村，我觉得黄院长应该帮谷村解决一些问题。

我想中国文化是没的说的，但是欧洲一直是"老子天下第一"的思想。其实我上个礼拜还用中英文批评了欧洲中心论。欧洲中心论是什么？就是到1900年义和团的时代，欧洲觉得这个世界全是我的，亚非拉我全分了。你们看一下非洲的地图，国界划分跟豆腐块一样。这一看就知道不是自然边界，是人为划分的产物，所以就成了全世界最怪的地图——非洲地图。全世界我所知道的，没有哪个国家的历史能够有二十四史。

我觉得这种情况下，谷村作为中国进士第一村一点问题也没有。因为一个自然村落能考70多个进士，很了不起。今天看了一下进士录取名单，姓李的那么多，我觉得很了不起。后来我注意到罗洪先，我有点紧张，李伏明应该是专家，我对罗洪先感兴趣。为什么有兴趣，因为罗洪先那个制图技术在世界制图的历史地位也很高的。所以前几年我在河北大学开会，河北大学有一幅比利时的传教士南怀仁画的中国地图，用防弹玻璃双层隔起来，然后我问："我能拍照吗？"陪同人员说拍照也看不清，他说："这样，我们马上出版书，里面照片都有，我给你一套。"然后他把我叫去。当时他们觉得我是研究罗洪先的制图术，我说："你们这是高抬我了。你知道为什么我知道罗洪先吗？罗洪先是我从小听的故事之一，我就是听着罗洪先故事长大的。后来我才知道他是我们吉水人，现在我的兴趣还是关注罗洪先制图技术在世界历史上的地位。"他对后来欧洲的传教士包括利玛窦他们这些人，来中国画中国地图，到底有多大的启发，或者说他们到底借鉴了多少我们罗洪先状元的东西？我就这么说，我就是抛砖，下面玉该出来了，谢谢大家。

**邹锦良**：非常感谢施诚教授。因为9月29日吉安·中国进士文化园开幕的时候,施诚教授专程回来了一趟。现在从北京回来一趟不容易,因为现在是非常时期。但20天后施老师又回来。他跟我讲,回去之后要隔离半个月,还要做核酸检测,所以这确实是一种情怀。他是学欧洲史的,他从另外一个侧面给我们介绍和比较了谷村文化跟世界文化的情况,也从另外一个侧面肯定了谷村"中国进士第一村"的地位。谢谢施诚老师。下面有请江西省博物馆党委书记徐长青研究员发言。

**徐长青**:各位专家,各位乡贤,下午好。我本来是不发言的,但是刚刚施诚教授讲得这么诙谐,所以我不讲不行了。在大家面前,在家乡父老面前,在各位乡亲面前讲个笑话,我们同学里面大多数是研究中国史的,施诚教授研究的是世界史,我研究的地下文物。所以,我们同学里面研究中国史的,研究世界史的,研究地下文物的,齐全了。在会上讲文物考古不大切题,但是作为吉水人,我要从我的研究领域考古学来讲讲。前年我和刘后滨教授(中国人民大学历史学院教授)、刘后魁主任(吉安市方志办主任)几个人去调查在吉水乌江发现的古代遗址,至少是5000年以前的比较高等级的文化遗址。当时是新华社播的,很多媒体都全文转载了,现在列在重大项目里面去了。所以我想,在整个庐陵文化区域、在整个吉泰盆地里面,考古工作其实是大有可为的。整个庐陵区域早期的文明有它自身发展的一个很扎实的基础,一部分造成了庐陵文化区域独特的非常发达的文化面貌,这个是非常重要的。

今天我还要感谢黄志繁院长和南昌大学谷霁光人文高等研究院的同志们,鼎力支持这个会议,还有吉水县盘谷镇政府对这个工作的支持。这是我第一次跟学者专家在一起开这样一个会议。因为我平时做的是地下文物的考古研究工作,跟大家交流得会比较少一点,我讲的东西可能对大家来说在交流上会有困难。但是党的十八大以来,习近平总书记多次对文化文物工作批示,对我们江西也有重要批示。对文化遗产的保护利用工作其实是当前非常重要的一方面,已提升到当地政府非常重要的一个工作层面。尤其是9月28日之后,习近平总书记对考古工作文物工作作出了批示,9月30日,江西省委书记刘奇又作了批示。所以这个时期以来,对文物保护工作和遗产保护工作都有一些重要的举措。

我讲这个就是说无论是谷村、吉水,还是江西,中国的文物考古工作的春天到了。在政治局学习会议上学习考古工作,这在中国历史上是第一次,是以前不可想象的,在未来的一段时期里面,我们的文化遗产保护工作面临着一个很大的机遇,我们每个学者,每个地方政府都可以找到契机。作为吉水人,我地下工作做得多,地上的工作就少了一点。但我知道我们是号称"三千进士冠华夏"的,这对整个吉水的文化工作是一个很大的机遇。关于谷村,基本上我们看到的就是说李景瑞将军,包括整个博物馆展示、非遗展示和进士文化展示这一大块,它能够带动整个谷村的一些文化遗产的研究保护展示,这些都是我们未来工作的一个方面。

进士文化的一些梳理工作,能够为我们提供很多的帮助。展示方面,我们江西人在展示方面是比较内秀的。江西人太内秀了,这内秀就是我们不大愿意展示自己的能力。但是在这个基础上,我们专家要帮助把这个工作进行梳理。我想江子作家,他写那么多那么好的文章,怎么展示我们江西传统文化的一些历史、一些优势、一些特色,其实都是很有意思的。不过从展示角度来说,非遗、谷村,包括我们吉水比较有特色的文化资源,刚刚前面专家讲得比较深的,都是很有意义的。我想经过专家们的研讨之后,对吉水、对谷村的工作开展应该会有帮助。我就讲这么多,谢谢大家。

**邹锦良:** 徐长青研究员是我省著名考古学家,我省很多考古重大项目都是在他手上完成的,希望徐书记继续为谷村、吉水文化添砖加瓦。我再插一句,我们这个研讨会,邀请了30多位学者,目前已经收到了6篇学术论文。我的想法是等学术研讨会完成后向在座的各位专家约稿,到时候出版学术论文集,论文集前半部分我们要有十几篇论文,后半部分是研讨会的实录。我们用录音笔对研讨会做了全程的录音,回去之后会组织力量对录音进行整理。因为去年"庐陵文化"高峰论坛,我们采取的形式就是前面有大家提交的十六七篇论文,后面就是当时"庐陵文化"高峰论坛上午和下午的讨论内容。我们在南昌请了速记员,整理了4万多字的文稿放在后半部分,所以这次会议我也想采用这种形式。待会儿大家发言,可以按照你们预先提交的论文进行一些发言讨论,也可以就进士文化、谷村文化谈谈自己的一些理解和看法。下面有请吉安市文化局原副局长、庐陵文化专家刘宗彬老师发言。

**刘宗彬:** 今天来这里参加这个活动,诚惶诚恐。我谈一点平时的学习体会,我认为庐陵文化最大的特征就是文章节义，就是会读书，出的进士多。大家都知道三千进士，这些是在历史的长河里面，全国考取的进士人数，是比较多的。讲到进士，很多人就会讲庐陵人会读书、聪明，讲到书院办得好等等。后来我在翻阅一些资料的时候，就感觉到除了这些情况以外，吉安的家学条件非常好，这是一个良性的循环，因为古代人做了官以后，最后要告老还乡，回来以后他就在周边开馆授徒，形成一个良性的循环。更重要的是他传承了中国的这种学术渊源，发扬了师承好的风气。看到资料以后，我就感觉到庐陵地区从北宋的时候起就有这个良好的家学渊源。有一次我到渼陂古村，渼陂古村是在两宋之际开基的，没有出进士，只出了几个举人。但是他有一个私塾，这个私塾的门上面，匾额"家学渊源"四个字。后来我翻他的族谱，他这一支就是以治《诗经》出名，他治《诗经》的时间是从南宋一直到明朝中期，他的家族就是传承下来。

后来我再大量翻阅我们吉安的族谱，发现凡是读书读得比较好的家族，都有一门绝学，就是它的家学。我在翻看邹守益的族谱时（因为早两年做了一下邹守益资料的整理工作），因为战乱，邹守益的老祖宗邹峰跟随文天祥逃离永丰，就跑到安福去开基，那是南宋末期。到了安福以后，第四代就是他的父亲邹贤，他开始向安福的赤西大家族刘姓家族学习，就是刘求的这一支家族。刘求这一支家族是专门治《春秋》的，家族里面出了几个进士、好多举人。邹贤就是跟刘求家族学治《春秋》，学了以后一直治《春秋》，并将其传到邹氏家族，一直传到明末清初，五代六代还保持着这个习惯。后来我又看到了胡铨，胡铨也是治《春秋》。泰和和庐陵交界的地方，出了一个萧楚。萧楚自己没有考到进士，他是北宋末期的人，是个大学者，他治《春秋》很有名气。胡铨跟他的叔伯兄弟一起到萧楚那边学治《春秋》，结果他们两个人都是因为治《春秋》考上举人的，而泰和这一支治《春秋》的学术就传到了姓胡的家族里面。从这些故事可以看到，任何一个大家族读书读得比较好的，他们都有一个绝学，都是以治什么出名，也包括解缙的家族，解缙的家族是治《易经》。从解缙祖父开始，他祖父以上的情况不太清楚，一直到他后面几代100多年，整个解氏家族都是以治《易经》出名。然后就是欧阳修，但是他的情况我就不太清楚了，因为他在外面，但是在他的学术生涯中，《易经》和《诗经》是做得很好的。

那么我在这里就谈这个学习体会，吉安古代在科举时代，从宋代一直到清代,这种家族治学风气非常好。请大家批评指正,谢谢大家。

**邹锦良:** 谢谢刘宗彬老师!现在请吉安一中原副校长、庐陵文化研究专家汪泰荣老师发言。

**汪泰荣:** 我这个算不上什么学术研究,我退休以后在刘后魁主任的方志办公室工作了一段时间。因为编地方志,我对谷村特别感兴趣。2003年,我就和几个人一起到谷村做了一些考察。所以我了解谷村的一些基本情况,算上不上研究。谷村确实像我们在很多场合下做宣传的那样,是一个很了不起的、古文化很浓厚的村子。所以人大、市政协还有有关的一些部门开会要求我们去参加报那个文化古村、传统村落这些报告的时候,我就发现谷村不在报告里面,我就在几个会上说:"谷村这么有名的一个文化古村,怎么老是没有报上去,这是怎么回事?"他们有些人了解情况就回答说,谷村确实有相关的文献记载,但是古迹保存很少,很多都遭到了破坏。我到这里看的时候也是这样。我看《谷村仰承集》里面记载了一些宗祠牌坊等,我说去看一下,当时那个老村长就说好多东西没有了,就带我们到村里面转,说这个原来是什么,这个都搞掉了,所以市里面报文化古村落和传统村落的时候都没有谷村,原因就是古迹破坏太严重了,很多都没有保存下来,这是很遗憾的事情。

从地方志特别是《谷村仰承集》里面所记载的来看,我们这个谷村自建成以来就对家族的管理非常严格,还有后来李邦华在原家规的基础上所制定的家规。从这些家规、家学看得出来,这个村子对于各个家族的管理深入到各个方面,从小孩子读书到这个家族文献的修纂,还有村里面的祭祀活动和家族的经济管理等方面(这些东西都在《谷村仰承集》里面都有)都规定得非常严格,而且非常周全。因为有这样严格的家族管理,所以教育很兴盛,人才辈出。从李唐迁移到这里开始,谷村就非常重视子孙的教育,首先创办了湛阳书院,后来又陆续建起了文蔚书院、依仁书院、树人书院、湛阳书院、东湖书院、神童书院、三益书院、复礼书院、六行书院,一直到宣统年间,还有12所,这是很了不起的。由于书院教育发达,谷村的后代子孙受到很严格的教育。我们去好多村子看了,有的有2座书院、1座书院,最多的也就3座书院,而我们这里有13座书院,说明村子在教育方面是非常重视的。村民从小就在书院里面读书,受到了良好的教育,然后从书院里走出来去参加科举考试,谷村确实也成为一个很有名的举人很多、进士很多的地方。

进士的人数前面几位都谈到了,现在我们一般的宣传资料里面讲有78个,特别提了一下,其中特奏名进士10个。实际上《谷村仰承集》里面说是68个,那么是不是"全国进士第一村"?我记得10年前浙江有位叫孙作晴的老人,大概十多年前他60多岁,他骑个自行车,全国各地跑,就跑到我们这里来了。我就跟他交谈,我说:"你这样走来走去,这个结果怎么样?"他说:"我把'全国进士第一村'找到了。"我问是哪里,他说是浙江瑞安的曹村,然后就把他的笔记拿给我看,一个一个地点。那个村子按照其家谱记载有82名进士,但是他后来又把这个写在一本书里面,认为"全国进士第一村"就是浙江瑞安的曹村。我后来跟他查证,曹村的特奏名进士是21个。宋代的特奏名进士是在正规的正奏名进士之外,皇帝特恩赐于那些年纪很大、参加过多次科举考试的,或者参加会试而没有取得正奏名进士名分的,比较突出的士子以功名,这个特奏名进士实际上不是正规的进士。还有太学里面的释褐进士,宋代太学分为三舍,就是外舍、内舍和上舍,上舍生是一层一层考过来的,上舍生通过了最后一次考试是可以直接任命做官的,这样的一批人叫作释褐进士,这也不能算正规的进士。而曹村有释褐进士3个,还有乡贡进士9个。乡贡进士就是考取了举人的去参加考试,这种叫乡贡进士,也有叫朝贡进士的,朝贡考试跟乡试不一样,参加朝贡考试的人叫作朝贡进士。曹村的乡贡进士、朝贡进士就有25个,这样就总共有33个,这都不能算正规的进士,所以他实际上的进士应该是33个。可能在网上也查得到"全国进士第一村"——曹村,上面讲的进士有82个,实际上就是33个。还有一个也叫"全国进士第一村",浙江宁波的走马塘村,说有76个进士,但是实际上减去特奏名进士、乡贡进士、释褐进士、朝贡进士,实际上只有38个。

按照《谷村仰承集》的记载,谷村进士人数是68个,我们现在的宣传里面,有几个乡镇资料中写78个,其实是加了12个特奏名进士。另外一种就是外省、外县的,因为谷村建成以后,有人陆陆续续地迁出去,迁到广东、湖南、湖北,还有安徽等地,这些进士里面就包括外省、外县的,吉安的、永丰的、泰和的、安福的,等等,外县的进士是11个,把这些人除掉,那么实际上是46人。曹村33个,走马塘村38个,我们46个,所以我们这里讲"全国进士第一村"是名副其实的。我在一篇文章中写,当时不敢讲全国第一,讲我们是江西省第一,这是毫无由于读书人多,谷村村民成为举人、进士的人多,所以入仕的人也很多,《仰承集》里面就记载了有287个有官职的,但是这里面包含了87个没有入流的,就是没有品阶的,实际上九品以上的只有200个。根据《仰承集》的记载,五品以上的有47个,三品以上的有14个,一个村子能出这么多在高位的官员,这是很了不起的。

另外,这个村子人文鼎盛,还有一个方面就是学者文人很多。据我考察,谷村有著述的有71个人,著书150多部,被收入《四库全书》的有2部31卷,列入《四库全书存目》的有4部37卷,一个村子里面有这么多人有著述,而且还有被《四库全书》收录的,这也是很少有的。元朝的侯宾于在《李氏文献序》称:"西平王子十又五人,支分派析于天下,惟江右之族为盛,江右之族惟吉安为盛。"所以我按照他的这个意思再往下推,应该说"吉安之盛应该以吉水为盛,吉水之盛又以谷村为盛",这实际上也是侯宾于的意思,就是说谷村确实是一个了不起的村子。刚才李希朗馆长希望我们加强古迹、古文物的修复保护工作,这是非常重要的。这样一个有名的村子,确实应该被列入文化古村,或者传统古村落这个项目里面去。所以我希望今后要加强这方面的工作,能够争取把谷村列入古村落里面去。我讲完了,谢谢。

**邹锦良**:谢谢汪校长做了这么细致的考证,论证谷村"中国进士第一村"的这个地位。我搜了一下学术界发表的关于谷村的学术论文有三篇,汪泰荣校长2004年发表在《寻根》杂志上的《江西谷村李氏家族》,还有一篇就是刘宗彬局长2007年发表在《兰台世界》的《〈谷村仰承集〉所见文天祥佚文》,还有就是我自己去年发表在《图书馆杂志》的《试论〈谷村仰承集〉的文献价值》。因此,我们还需要更多有关谷村的学术研究成果。下面有请江西省作协副主席、秘书长,著名作家,吉水人江子老师发言。

**江子**:刚刚停电,我心里一阵窃喜,我们开这个历史文化的会议,通过这样的一个停电的模式,像是"回"到了古代。但是后面又来电了,我有点小小的失落。我们跟古代人进行对话,开古代文化的这种会,在一个没有电的环境下,我觉得在某种程度上会更有意思。我今天来这里参会,我是推掉了其他的会议的。因为疫情,很多会议都在十月份同时召开,我都推掉了,我要回到我的故乡。今天在这个会场上，我的身份可能跟大家稍稍有点不同，我是一个写作的人，今年我申报了一个写作的主题，就是"赣江以西"，我要写赣江以西，这里就是赣江以西的腹地。

之前，我曾经带着我的领导，江西省文联原主席刘华来过谷村，在这个地方我梳理了我跟这个地方发生的关系。而在更早的时候，我作为谷村隔壁的一个乡——枫江乡的人，我家里有很多亲属在枫江乡。我来这里之前还去过一个地方，一个在宋代叫罗大经的村庄，我去看了我的姑姑，然后才赶回来吃饭。我小时候经常会骑自行车路过谷村，我们从小就被教育说："你骑自行车要捏紧刹车，不然的话，如果压死了一只小鸡，你等一下要赔一个养鸡场。"所以我们都把刹车捏得紧紧的。我这么说就是想表达这个地方有一种野蛮的力量，正是我们中国乡村非常有生命力的一个象征。

在我小时候，我跟着父亲做爆米花生意，我十多岁的时候在谷村跟着我爸爸打爆米花，以此来赚取我的学费，不然的话我就会成为一个失学儿童。然后有一天，我爸爸打爆米花的那个机器的吸盖坏掉了，因为少了零件我们无法做生意。我百无聊赖，就跑出去在谷村的一个供销社买了一本书。这是"败家"的事，但是我的文学创作就是在那一刻开始的，它构筑了我对文学的信仰。我买了一本现在看起来根本没有任何文学性可言的书，但是那本书是我文学的开始。这样的一个地方，对我来说意义非凡。所以即使发生天大的事，我也要来开这个会。

我重新梳理了一下这个地方对我个人来说的文化意义。我刚刚跟刘宗彬局长说我们年轻的时候，会认为自己是个现代的人，永远向着未来，然后到了一定年龄，才悟出来一个道理——其实我们都是从历史中来，最后回到历史中去，在某种程度上说这是我们的必然结果。为什么我会去申报"赣江以西"这样的一个选题？我写了一篇文章叫《临渊记》，起笔就是"谷村，一个18岁的少年失踪"，然后继续往前走，就写到了我们赣江以西的白石镇。白石镇有一个人叫邓汉黻，很早的时候，他因为当官离开了故乡，从此再没回来。但后来，他的子孙回到了家乡白石村，他们对着祖坟磕头，这样的血脉传承改变了他们家乡的政治文化生态。他们回来后投资了大概有几千万的资金，他们的乡愁隔了将近一千年，却如此浓烈。这是我对"赣江以西"的思考。

我是一个从事写作的人，一个爱阅读的人必须回到的地方就是盘谷。我也去过其他地方，盘谷这么小的一块地方，出了那么多的进士，这是文化承载密度非常大的一个村庄。它的文化非常丰富，有朝廷重臣，有理学家、烈士、学者，有思想家。你要读中国文学史，你肯定绕不开罗大经，罗洪先在理学上也是非常重要的人。哪怕我们的城市化进程不断加快，乡村面貌也发生了很大的变化，但是宗祠、书院、匾额、族谱、乡规、民约、民俗这些东西在盘谷得到了很好的保存。

从另外一个角度来说，盘谷进士文化其实是与庐陵文化一脉相承的，我甚至认为它是庐陵文化非常重要的组成部分。庐陵文化是什么？我个人认为庐陵文化的核心，就是圣贤文化。比如说它的核心是理学，欧阳修、杨万里，其实他们都是理学的践行者，他们最后的目的都是为了做圣贤之人。杨邦乂、杨万里、文天祥、刘辰翁，等等，他们都是圣贤的代表。盘谷罗大经著书立说，李邦华在某种程度上是被文天祥"灵魂附体"。他在李自成打进来的时候，跑到文天祥的祠堂里宿了一夜，然后写了一首诗："堂堂丈夫兮圣贤为徒，忠孝大节兮誓死靡渝，临危受命兮吾无愧吾。"最后投缳而死。这首诗我觉得是他以文天祥为样本而写的，我甚至觉得是同一个人写出来的。跨越了几百年的时空，他与文天祥的精神完美对接。

我觉得罗洪先非常有意思，他是学霸，是官员，是隐士，他留下了很多很好玩的东西。儒家讲究要有功夫在身，天文地理、骑马射箭，他都会，但是他就是不用。当时吉水的官员请他去帮忙做了一个事，他把这个事做得非常好。这是一个非常会做事的人，但是他不去做。他在山中把一只虎赶走了，他赶走的虎不仅仅是一个外在的虎，在某种程度上，他一直跟内心的虎进行对抗。他内心是躁动的，但是他想修，他想把自己修得像仙鹤一样。

这就是我们盘谷的进士文化精神，这个进士文化精神在今天有什么作用？我们是与古人对话，主要是为了看他的气血在哪里。哪些人、哪些东西还"活"着，这是需要我们进行盘点的，也是我们需要共同面对的问题。我觉得这样的一个研讨会非常有意义，我非常希望这不是第一届，我希望后面有很多届。同时，我希望有更多的学者加入我们这样的一个研讨会中。

我觉得庐陵文化、盘谷文化，甚至包括整个江西，或者更大的一个范围都是有东西可挖的,是很多历史学家也好,学者也好,从事文化挖掘非常重要的一个方向。我作为一个写作者,我想写的下一本书是关于明代吉水人的,我想让别人看一下我家乡的那些明代的人物是有多厉害。我觉得盘谷就是一个非常重要的、我要展示的地方。我非常想知道罗洪先退休以后跟这个地方发生了什么样的日常关系。我还想知道李振裕、李邦华、李日宣,还有邹元标这几个先贤之间的关系和他们的日常。我希望通过大家的历史研究,看到鲜活的他们。作为一个写作者,我希望从中得到这方面的一些营养。我觉得这样一个地方,相当程度上还是处女地,人才密度这么大,是历史研究者非常重要的一个战场。如果大家在这方面有很好的研究的话,绝对可以一举成名。我愿意参加以后第二届、第三届、第四届的研讨会,即使以后不邀请我,我也愿意做一个旁听者,谢谢大家。

**邹锦良**:谢谢江子老师,希望以后把你的笔端更多地投入谷村,投到赣江以西,希望你的《赣江以西》早日成为宣传吉水文化的符号。下面有请江西科技师范大学教育学院副院长吴根洲教授发言。

**吴根洲**:原来锦良教授安排的任务是让我来参加座谈会,后来吴卓书记打了电话,我觉得就是要认真准备。今天我从另外一个角度来讲一下吉水,讲一下谷村的进士。实际上在科举研究当中,近 20 年有一个热点就是科举家族。那么在科举家族的研究中,有两个导向,一个是有血缘关系的家族,另外一个就是按照居住地来判断,那么这个"中国进士第一村"应该说更重要的是聚集在一块的。当然我们的家谱资料,从各地来的又能够续上来,那又有渲染的色彩。在江西,在吉安,包括在吉水,其实一直就有个谜,研究历史的人都知道,就是江西进士集中在宋明两代,到清代就衰落了,整个吉水如此,整个吉安如此,整个江西也如此,那么到底是什么原因?我个人猜测,其中一个原因就是家族变迁。等会儿我会提到,这个猜测是我想解决这个问题做的第一步工作。

第一步工作是什么称之为"家族"。从原来那个进士名录看,一般情况下首先是一个县的,其次是同一个姓的才有可能是一个家族。这个基础之上再看迁出去的、迁进来的,有一个基本框架,所以我就以江西为例、以清代为主做了一个简单的工作。我们看一下地域分布,清代江西在科举废止之前有 79 个县域,很巧的就是每个县都有进士,一共有 1887 个进士分布在这 79 个县域。进士人数最多的是南昌县,最少的三个县都各有一个,这是江西进士大概的一个分布情况。左边这 10 个县的进士的数量是最多的,右边就是 1 个到 10 个的进士县域和进士的数量。那么我做的研究是把进士数量作了一个县域分析,将其分成了四类,分别为进士巨县、大县、中县、小县,大县就是人比较多一点,如南昌、新建、南丰、奉新,吉水在清代就是中县,22 个进士。

第二个问题就是姓氏,这 1887 个进士一共涉及 183 个姓,最多的就是李姓,有 100 个进士,有 45 个姓就各只有一个进士。这个是不同的姓氏在清代进士的数量,姓氏分布很不均衡。这是根据姓氏和进士的数量作了一个聚类分析,为进士巨姓、大姓、中姓、小姓。那么李姓毫无疑问是最多的,是巨姓。

第三个就是不同姓氏的进士在不同县的分布情况,这是一个总表,简单来讲,就是这个县一共有多少进士,涉及多少个姓氏。我们第二列的最下面那一行就是吉水,有 25 个进士,涉及 14 个姓。这是我研究的一个关键性的问题,如果前面讲的巨姓、大姓,是指这不同的姓的进士在江西省的具体情况,那在这个问题上,就是说不同姓的进士在各个县的具体情况。这上面小姓进士、大姓进士,也就是说某个姓的进士,在这个县里面,如果达到 7 名,就是进士大姓,达到 14 名,就是进士巨姓,李姓恰好就是进士巨姓。我们看这六个县,虽然进士人数最多,但是他们的家族构成还是略有区别。比如说第四个,巨姓进士就一家,第二个、第三个和最后一个巨姓进士占的比重就很大,这是 10 个大姓的具体情况。你看我们李姓,在临川有 17 个、德化有 8 个、吉水有 7 个,也就是说李姓不仅在江西有很明显的集聚,在吉水也有明显的聚集现象。那么大姓进士和巨姓进士这个县分布表,就是有些姓在江西有很多,他不是聚集在某个县;有的姓在江西很少,但是集聚在某个县,这是这个表所体现的内容。

这个表是把不同的县的进士按照分别是由什么构成,一共分了六类县、四类进士,理论上有很多不同的组合,但实际上就六类,江西的 79 个县只有一个县属于进士中县,就是吉水,这是我最后研究论文的摘要。

谷村有 78 个进士,宋明有很多,二三十个,清代只有 7 个。那么实际上吉水李姓就 7 个,这个村子就有 5 个,另外两个不是我们村的,还有两个是迁到外地的。明代村子里的进士跟清代略微不同,数量上不同。而且谷村的元潭派,下面是长房,还是七房,还是这个四房。明代的最多,清代的这 5 个有 3 个是四房的。这就是我提出的这个假想,就是说一个地区进士的数量在很大的意义上也体现了这个家族的变化,体现了家族在科举考试当中呈现的变化。其实这个村是"中国进士第一村"的说法能不能站得住脚,我个人觉得,首先就是要有明晰的标准。谷村为什么占据这样一个地位?我觉得很大的一个优势就是谷村从建成以后能一直延续到今天。你看在江浙一带的村里的进士,他们主要是集中在明代中期以后,我们是从宋代就有那么多进士。实际上再往前推,有文献记载北方许多大的家族的进士有上百个,但是现在这个村没了,找不到了。然后你说找个材料,那都是信息不全的资料,所以说这个任务还是很严峻的。

**邹锦良:**谢谢吴根洲教授的精彩发言,我们上半场的论坛发言先到此。休息一下,一刻钟后我们再进行下半场的讨论。

## 下半场学术研讨会

**邹锦良:**下半场学术讨论开始,下面有请吉州区文化研究会会长、庐陵文化研究专家李梦星老师发言。

**李梦星:**今天很高兴参加这个盛会,我和谷村的关系也很密切。李伏明博士是西平第48代,我是第39代。这个村子很大,跟谷村是兄弟关系,在第4代的时候分开来了。李唐在这里开基,我们的先祖在我们那地方开基,前三代是一样的。我这么多年来跟谷村交往很多,经常来这里。我和谷村文人国杰老师还经常有来往。我在2003年的时候主编《庐陵文化报》,当时和李希朗馆长合作了一期,四版全部都是关于谷村的文章,那是我第一次对谷村有了比较全面的了解。后来我也参加了很多宗族活动,这里的先祖是西平王,不是皇室。谷村西平李晟的谥号是"忠武",所以我认为谷村的进士文化精神应该凸显这两个字,"忠"有很多意思,忠于国家、忠于爱情,还有敢担当,有奋斗精神。突出谷村进士文化的精神,我的建议是在进士文化园凸显出来,用大字把它彰显出来。

现在进行地方文化研究的,有两个层面,一个是政府的,一个是家族的、民间的。我现在谈的更多的是家族的文化研究。西平王李氏后裔在8年前就组建了一个西平王文化研究会,把西平王这一支后代组织起来专门研究家风。地方文化研究,我认为就民间活动来说,要看政府怎么引导,如果引导得好,会潜力无穷。因为政府很多行为都受了限制,民间的可能更好开展。比如我们现在提倡乡贤文化,习近平总书记说了多次,现在各个地方全都在搞乡贤馆。我参加了吉州区五六个乡贤馆的筹建和资料收集工作,从吉水谷村迁出去的人才不知道有多少。听说广东化州一个地方就有三四万从谷村迁县去的人。现在谷村缺少一个联络机构,有人来这里寻根问祖找族谱,都是找国杰老师,就没有组织把他们联合起来。如果组建以谷村为中心的联络组织,聚集上万人的力量做这个事,不管是对经济发展,还是对我们文化事业的发展,都有极大好处。因为寻根之人对先祖的居住地特别有感情,我也陪过很多姓李的人来谷村寻根。我想如果有可能的话,可以以政府为主导,以个人的名义,在明年组建一个这样的机构。

第二个就是对外宣传的问题,也分两个层次。刚才邹博士说,研究谷村的文章极少,只有三篇,跟谷村深厚的文化底蕴不相匹配。动员从谷村考出去的博士、硕士,或是从吉水迁出去的人才,包括李伏明博士等去研究谷村,这个是可以做的。我们动员一部分人去研究谷村,研究家乡的历史。这样的话,就一定能把文化成果丰富起来。

第三个就是普及,谷村有 78 个进士,这么多文化资源,仅仅我们在这里做一点就可以了。我们可以搞若干系列书籍,或者资料、故事集、民间传说,等等,发给和谷村有联系的人和爱好者,这个工程量不是很大。除了研究性的那些史集,普及性的东西还是可以搞得成的。把研究与普及结合起来,才能把我们谷村的进士文化,还有传统文化推向民间,推向更广的范围。这样的话,我们来谷村就有看头。

谷村里的护吉大庙,虽然被破坏得很厉害,但还是有一点,所以刚才李馆长讲抢救这个很重要。我们还有专家深入民间,深入祠堂,深入基层,就可以了解更多的信息。江子老师要写《赣江以西》,谷村肯定是重要的地方。张卫红教授写了一本 45 万字的《罗洪先评传》,里面好多罗洪先的生活琐事。谢谢各位。

**邹锦良**:谢谢李会长!下面有请井冈山大学人文学院副院长邓声国教授发言。

**邓声国**:各位专家学者,各位乡贤,说句实在话,我是要感谢南昌大学谷霁光人文高等研究院,感谢盘谷镇政府。我的主要精力不在搞地方文化,但我跟吉水盘谷有一种不解之缘。这种不解之缘,可以追溯到大概 2001 年,当时我在山东读书，研究理学。盘谷就出了一个在理学界很有名气、很有影响力的一个人物，就是李如圭。我是2006年到井冈山大学工作的，到了吉安以后，我问了好多人，他们都不知道李如圭这个人，我问李伏明教授，他当时都不知道这个人，所以我当时感到很奇怪。这个人物在宋代历史上的影响力是非常大的，在理学界，他跟朱熹并驾齐驱，甚至朱熹曾说过自己的理学成就不如李如圭。但是在吉安，在吉水，好像这个人物没有得到应有的重视。后来我展开这个研究，发了3篇文章。我指导郑州大学的一个博士写的博士论文，就选择了这个主题。

再往后，就是我到井冈山大学工作以后，接触了很多跟地方文化有关的东西。我是古委会成员，古委会策划过《江西旅游文献》丛书，当时要确定选题，一个地区大概就两项，我确定了两个东西，一个是青原山。因为李如圭在理学史上的地位是非常高的，所以我来谷村有一种朝圣的感觉。当时我就找了一下，发现了这个谷村，而且我们图书馆有一本《谷村仰承集》，我就觉得要点校《谷村仰承集》。所以就因为这样的两件事，我不经意地和谷村产生了一定的渊源。

刚才锦良院长说我是专家，我很惭愧，我仅仅是了解谷村的一点皮毛。今天来这里开会，原以为不需要发言，所以我也没写发言稿，我大概写了几条意见。现在的地方文化研究，比如搞庐陵文化研究，本地从市委、市政府到下面各个县，可以说搞得热热闹闹的，但是这个命题，就是跳不出江西，我觉得是有问题的。我是搞儒家文化研究的，大家都知道，儒家文化从汉代以来始终是我国社会管理的主旋律，儒家文化倡导的一点就是经世致用。我觉得无论是非物质文化遗产，还是物质文化遗产，不管它属于哪一类，这种文化研究一定要秉承一个原则——经世致用。刚才宗彬局长也说到了要政府方面和民间的、家族的方面去推动，这点我是有共同认识的。我认为不管是地方政府也好，还是家族势力也好，在推动的时候有两件事情要做。

第一个，搞这种地方文化建设，地方政府或者地方家族其实做的更多的是文化传承工作。我举个例子，我们研究谷村的李氏家族，打的是进士文化招牌，《谷村仰承集》里面包含的文化内涵非常丰富，我们把工作聚焦在进士文化这一块，我个人认为这样其实就只抓了一点皮毛，精髓的东西没抓住，而文化是要抓它实质性的、精髓的东西。进士文化精神里面蕴含了什么东西，我觉得我们今天的讨论更大程度上就是大家要达成一种共识。实际上还有一点就是文化旅游节,这个问题就在于如何将文化和旅游结合起来"唱戏",光谈文化,有时候很难唱出来的。还有一个学术研究,我们今天会议交的论文是很少的,我个人认为是我们还没有达成一个共识。我是搞经学研究的,我知道汪校长有本《庐陵古文献考略》,我根据他那本书统计过,吉安籍的学者研究庐陵文化的著作有一两千部。这么大量的研究成果在我们吉安,我所知道的是好像没有人提过这个问题。刚才宗彬局长说到好多家族都有他们的传承。

当时封建社会的主旋律,儒家文化的主旋律,在这里基本上被忽视了。我认为这跟吉安这种文化地位是不相称的,主旋律的东西都视而不见,我觉得不合适。还有比方说像我们李伏明教授是搞阳明心学的,我当时也关注了一点程朱理学的东西。程朱理学的东西我没有接触过,我没有任何话语权,但程朱理学的东西好像也没有人做。李伏明教授就跟我讲他们家族势力的影响,这也是我关注了很长一段时间的礼教文化,但是这个东西在吉安地区好像很少有人关注。我个人认为这是很值得研究的一个东西。

我了解到谷村竟然有那么多个书院,但是好像都没有人提。所以我觉得实际上谷村文化、李氏家族,可讨论的话题相当多。如果说今后可能的话,无论是地方政府,还是旅游,都可以选择一到两个主题召开全国性的研讨会。如果这样开会不走出地方,这个影响力你是传不出去的。今后我们开会,可以在代表的邀请上有意识地扩展一下,这样的话,对于这种地方文化的传承、传播,推动研究的深入也是很有意义的。第三就是这种研究,一定要做好两点,一个是普及型的,一个是研究型的,这两个要并驾齐驱。学者可以做研究型的,地方乡贤可以做好普及型的,这是很有意义的一件事情。有不周到之处,请批评指正,谢谢。

**邹锦良**:谢谢邓院长!下面有请井冈山大学中文系主任陈冬根副教授发言。

**陈冬根**:谢谢吴书记,谢谢盘谷镇,谢谢锦良教授。盘谷,对我来说是充满了吸引力的,我读高中的时候就知道有这么一个地方,而且听说是中国最大的村子。我是青原区富滩的,也有一个村子,村民都姓郭,据说是郭子仪的后代,他们村子也特别大。后来我到吉水读书之后,盘谷的同学告诉我,他们村有7

个村委会,吓我一跳。但是我从来没有来过盘谷,刚刚邓声国院长也批评了,我们作为地方文化研究者,居然没来过这里。我是市政协庐陵文化研究会会员、井冈山大学庐陵文化研究中心研究员,我现在负责井冈山大学重点非物质文化研究基地的一部分。我今天看到了谷村有鳌鱼灯非物质文化遗产,所以盘谷这个地方对我来说确实是充满了神秘感。

我是做文学研究的,古典文学里面有一个盘古开天地,我当时刚看到"盘谷"这两个字,吓一跳,心想盘古怎么会在吉水活动,和这个盘谷是不是有关联呢?后来我考证过这个名字,古代南方的始祖叫"盘湖",古代"古"与"湖"音近。但是盘古的时候吉水肯定是人烟都没有。后来我读唐代文学,读到韩愈,知道还有一篇重要的文章《送李愿归盘谷序》,又是姓李,又是盘谷,我又猜想是不是我们这边的人,后来查证,李愿跟我们这里没关系,觉得有点失落。

最近我在做明代文化研究,明代庐陵的一些名人,做得比较多的是解缙,这些年出了几本书,这一年多是做聂豹,聂豹跟罗洪先关系特别好,罗洪先又是这里的人,所以之前锦良跟我说了之后,我就说提交一篇论文,等会后我会把这篇论文发到我们的讨论群里面,这里就不占用太多时间。我从我的论文里面截了一小部分内容,把它扩充了一下发到了《井冈山报》,后来被"学习强国"推出来了,刚才我发到群里去了,大家有兴趣可以看一下。我这篇论文的内容就是今天讲的庐陵文化。到现在为止,研究得最多的其实还是名人文化,包括今天讲的进士文化。今天参观的那些地方的广告词和宣传片里边,基本上也还是介绍这些名人和进士。刚刚有几位学者提到了,我们的研究还有待深入,的确是这样,不能只限于名人这个层次,应该要上升到思想和制度层面。

从罗洪先这个视角去看庐陵的名人文化,我觉得非常有意思。罗洪先的一言一行,都是在向庐陵的那些先辈学习,他以先贤为榜样,不断地学习他们身上体现出来的道义担当精神和忠义节烈品格。对他影响比较直接的有欧阳修、文天祥、解缙这些庐陵大地上非常著名的人物。罗洪先人生观的形成,与这些庐陵先贤的品格以及事迹有关,罗洪先自己也活成了庐陵精神的代表。我曾经几次在会议上发表了一个观点,就是"只知有是非,不知有利害",这是我借用了江万里的话,如果你问我庐陵文化的精髓到底是什么,我以前找不准一个词,现在我觉得用这句话来概括,相对来说适合绝大部分人。罗洪先自己活成了这样一个君子,并且成为后来仰慕的典范。我就讲到这里,谢谢大家。

**邹锦良**:非常感谢陈冬根主任。下面有请南昌大学外国语学院赖祎华教授发言。

**赖祎华**:我非常感谢志繁院长和锦良教授组织了这么一个学术活动,让我有一个学习的机会,也非常感谢吴卓书记组织得这么好。我是半个谷村人,我妈妈就是土生土长的谷村人,我有谷村的血统。我小时候就很觉得奇怪,我爸爸性格很温和,文质彬彬的,我妈妈性格就很强势,有的时候在家里说一不二的。我就一直在思考,这个性格是什么样的水土养成的?我小时候对谷村的印象是民风很剽悍,好多"老座","老座"惹不得。就像刚才江子老师讲的,说你骑自行车得抓紧刹车,如果压到一只小鸡的话,可能你要赔一个鸡场,这个很形象。我还听到一个老师说太平天国打仗的时候,在这儿打了几个月,这也是盘谷民风剽悍的表现。所以我能够理解我妈妈的这种性格。

但是从另外一个角度来讲,我对我母亲充满崇敬,为什么?我妈妈是1935年出生的,她没读过书,还是童养媳,后来她是以乡政府的妇女主任(正科级干部)的身份退休的。从一个文盲成长为一个国家干部,一个党的干部,是多么不容易啊。我妈就是有拼搏进取的精神。

我刚才讲的这些好像都跟文化不相关。实际上,我刚才听周小鹏部长讲,古时候的文化人也有练武功的。为什么?那个年代要走出去,身上没点功夫,会被别人欺负。所以这里有两种性格,一种虎的性格,一种鹤的性格。我是一个学外语的,对历史也不是很熟悉,但是自从接触了我们志繁院长和锦良教授,我就有很多机会参加吉水的文化活动,然后作为一个吉水人去了解一些家乡的文化。

有好几位老师讲到了如何去界定进士文化。邓声国老师从考古的角度讲进士文化,从历史的角度去考证它。进士文化的精髓是什么?这个文化怎么来理解?江子老师也提到一个点,就是说进士文化的精神对今天有什么样的作用?

进士文化就是科举制度一个非常重要的内容,科举制度从隋朝到清末有长达1300多年的历史,这是一种文化。我们对这种文化的研究是在研究一种书生气?也不像。所以说我在思考一个这样的问题,就是如何来体现这种进士文化。进士的"进"字在这里像什么,像是给地方朝廷进贡才子。进士在博取自己功名的同时为国家作出贡献,可以从这里体现出来了。那么进士文化是一种什么样的文化?是不是积极进取、奋进、拼搏的精神?我们现在没有科举制度,但这种精神还是有的。我今天参观进士博物馆二楼的乡贤馆,我看见了村里面的一些企业家,这些乡贤对现在的高考的孩子们进行奖励,考到本科奖多少钱,考到硕士奖多少钱,考到博士奖多少钱。这也是一种进士文化,鼓励大家积极上进。后面我们又参观了企业家的虾蟹基地,谷村的企业家们都在积极奉献,从经济的角度去为谷村做事。

谷村有78位进士,有那么多举人,如何去提炼长期以来延续下来的那种精神,如何用这种精神去激励我们现在的人?我觉得可以在这方面进一步挖掘。讲文化这个概念,我想起了余秋雨老师,他有一个这样的概念:文化是一种成为习惯的精神价值和生活方式,它的最终成果是集体人格。吉水人、庐陵人、盘谷人、谷村人引以为豪的进士文化是什么,其最终成果是什么?是我们的精神价值、我们的生活方式。当然这是源于我们的人文的历史所积累下来而形成的一种习惯。从这个方面去进一步探讨这种精神价值对当代年轻人、对未来我们在民族复兴的道路上作出庐陵文化的贡献有何意义。文化是相通的,我们可以将其挖掘出来并进行弘扬,像刚才有学者讲的,我们不只是在盘谷谈进士文化,不只是在吉水谈进士文化,我们要在全国甚至全世界都发出自己的声音。

**邹锦良**:非常感谢拥有纯正谷村血统的赖教授,赖老师跟我同一个镇,又在同一个大学工作,而且办公室就只隔了一栋楼,所以经常在一起,这些年我们也经常回家乡做一些文化活动。他长期从事中国文化走出去的工作,2017年外交部蓝厅向世界推介江西文化的英文翻译工作,就是赖教授主导的。我希望赖教授能够把文化推出去,尤其是把家乡的文化推出去,为家乡作出更大的贡献。下面有请北京艺术博物馆杨小军副研究员发言。

**杨小军**:刚才听了前面专家学者的发言,很受启发,因为我也没做什么准备,对进士文化没有太多的关注。因为吉水筹建中国进士文化园的时候,我参与了一部分工作,觉得很有意思,所以就关注了吉水文化。我现在谈点上午参观以后的感想和建议吧。首先我觉得从宏观、中观、微观三个层面来说,盘谷镇做这个活动确实是难能可贵的,可以说是审时度势抓住了机遇。因为从国家层面来看，近几年高层领导和决策层对优秀传统文化高度重视并且出台了一系列的利好政策。刚才徐长青书记也谈到这一点，有很多的资金流向文化领域。现在我们局里也非常重视这一块，结合现在的国际国内形势，其实就是要大家有文化自信。盘谷镇搞这个活动，就是让我们增强文化自信的一个活动。

从中观背景来看，吉水县政府也在积极响应国家号召，在深入发掘庐陵文化上做了很多工作。在志繁院长、锦良教授的支持下，这几年南昌大学搞了杨万里、解缙的纪念学术活动，产生了广泛的社会影响。加上不久前在县城打造了高规格的中国进士文化园，这一系列的举措推动了吉水全域的文化旅游。盘谷在丰厚的科举资源的基础上，建设谷村进士文化园、进士广场、谷村仰承苑等进士文化景观，举办进士文化研讨会，这些可以说是推动吉水全域文化旅游的又一项重要举措，同时也夯实了文化旅游的基石。

通过上午的参观，我觉得政府确实下了一番功夫，将这里建设得很有特点，凸显了谷村厚重的进士文化，主题定位十分明确，也有高度。目前来看，以科举文化资源为基础，做文旅融合比较成功的，有南京的中国科举博物馆、苏州的状元文化博物馆、北京的科举匾额博物馆、徐州的圣旨博物馆，这些文化场馆的人流量是很大的。浙江宁波慈溪市的"中国进士第一镇"，他们公布的进士数量是519个；宁波鄞州区推出的"中国进士第一村"——走马塘村，进士数量是76个；（汪）校长提到的浙江瑞安曹村有82个进士，但经过汪校长的考证，还是谷村以78名进士、115名举人在数量上称"中国进士第一村"更有底气。盘谷镇推出"中国进士文化第一镇"，也是有底气的。

我觉得将来通过"中国进士文化第一村"的名称，是能够吸引不少游客的，因为这是历史赋予的品牌资源，这种历史文化资源对游客是有吸引力的。另外，盘谷镇通过进士广场、仰承苑的建设，雅观楼以及进士通道雕塑景观的塑造，传递了进士文化内容，弘扬了进士文化精神。孔子说"见贤思齐"，这对于提升游客来访、改善村风民风都会起到很好的作用。上午参观时我才知道"一门三进士""百步两尚书""一家八尚书""十里九布政"原来都是指谷村，我觉得这就是文化自信。

在我的工作当中，经常有学生问我研究文物的意义在哪，好像跟现实生活没什么直接的关系。实际上，这对我们个人来讲可能没多大意义，但是对于国家来讲是非常有意义的。如果说一个国家不了解自己的历史,那这个国家是很没有自信的。就像我们平时也会说自己的宅子里边祖上住过哪个名人,或者说我们祖上出过哪些进士,说的时候这种神态非常的得意,这种得意就体现了一种文化自信。

最后我想从一个文物工作者的角度补充几点建议。我们在文化遗产的收集、大众传播和基础设施建设上,还是有很大的提升和优化的空间。从文化遗产收集来讲,首先要摸清家底,要搞清楚与谷村这 78 个进士有关的文物在全国的分布情况。这些进士在当时来说是有举足轻重的地位的,在中国历史舞台上也扮演了非常重要的角色,他们到过很多地方,在全国各个地方留有大量的书籍、书信、匾额这些实物,我们即便是没有资金去购买这些实物,但是也可以通过购买这些东西的复制品或者拍摄高清照片的形式积累一些展览的素材,抓住几个有影响力、知名度高的进士做一些专题展览。比如说李邦华、李振裕这样的国家栋梁,他们身上体现出的古代进士、庐陵士人的那种气节,正是当下我们国家提倡的精神。还有罗洪先这样的传奇人物,他们这种人怎么宣传都不为过,我们单位就有罗洪先的书法作品。我看《中国文物报道》5 月 27 日登载了一篇文章,专门介绍了安徽安庆艺术馆收藏的李振裕的碑,那是李振裕的真迹。那里还有李振裕的伯父李如龙的祠堂,中国进士博物馆里面也有李振裕《白石山房集》这些清代的本子。谷村还有杨家祚给李邦华的匾额,这都是谷村非常宝贵的文化遗产。杨家祚这个人非常了不起,是泰和杨士奇的后代,他的书法在明代绝对是一流的,故宫和我们单位都有他的书法作品,全部是国家一级文物。我们可以复原他给李邦华的匾额。所以说谷村进士文化遗存在全国各地的情况和数量我们都应该去查一查,再借助吉安 3000 多位进士、吉水 600 多位进士这张金名片,盘谷的科举文化一定会搞得越来越好。

第二条建议,我觉得要创新一下传播形式,完善文化展览的手段,我们发掘了这么多进士文化资源,但基本上都是以文字形式在背景板上进行展示,这种展示的形式就是你说什么那是你自己说,别人不一定信。考古学从历史学里边独立出来之后,有一个问题就是搞历史的重视文献,考古的重视实物,但我觉得还是应该放一些实物的东西上去。另外,我们还要开发一下传播的平台,比如说在微信、微博、小红书、抖音这些新媒体上开辟一些专栏,搞一些线上展览讲座。在宣传方式上做一些探索,搞一点漫画创作,比如说我们可以跟井冈山大学美术系合作或者江西师范大学美术系合作,让他们的学生在创作的时候,以谷村的人物做一些动画、漫画去宣传。因为将来面对的消费群体,是90后、00后,甚至是更小的后浪们,得了解他们游玩的需求。我们可以先把这些新媒体做起来,在写作方式上可以通俗一点,让读者在趣味阅读中掌握一些进士文化的知识。今年突发疫情,所有的博物馆都不办线下展览,都是办线上展览。线上展览就可以看出各个单位宣传工作的高下,有些博物馆线上展览做得非常好。所以宣传一定要利用现代网络信息技术,建立一些与进士文物收藏机构的共享机制,比如说可以跟一些有进士收藏的单位联合搞线上的合作办展。我们直接在网上办云展览,弄一个主题,你提供一张照片,我提供一张照片。我举个例子,我办一个和李振裕同时代的人这样一个主题,把李振裕和他相关的朋友的文物集中起来,然后办一个展览。我们可以与有相关收藏的单位共享一些文物图片,我记得做得比较好的,像绍兴博物馆,他们办"阳明的故事",他们博物馆是没有王阳明的真迹的,他们办全国的巡展主要是借着我们单位还有故宫博物院的展品。我觉得这些都是可以实现的,我们要跟紧这个信息时代的步伐,如果做到这一点,完全可以弯道超车,在村里边也能做好进士文化的讲述和传承,开发一些高水平的文创产品。

最后我建议要培养一些导游,写一套通俗易懂的导游词,把庐陵文化的精髓融进去,做好科普工作,李梦星会长说的科普非常重要。因为我们在谷村营建的是一处供后人瞻仰先贤的道场和激励学子见贤思齐的教育胜地。吉水有个先贤叫彭教,他说:"郡多秀民,邑井里巷,弦诵相闻,为弟子员者,率尝讲习于家庭。"我从小就听过欧阳修母亲画荻教子的故事,还有村里面长辈经常说"快去读书"的事例。我们有很多俗语,都是庐陵重视教育的表现,要在讲解词里面把这些融进去。另外我想还要把谷村的地方特色,如鳌鱼灯这些文化融进旅游,文旅要融为一体,设计一条合理的旅游路线。看谷村的美景,吃地道土菜,品进士文化,览才子气息,我们可以以这种方式来传递谷村文化的生命力。就说这么多,谢谢大家。

**邹锦良**:感谢小军兄,小军兄是杨万里的直系后裔,近年来为家乡的文化工作做了很多事情。今年9月29日他也回来参加了中国进士文化园的开幕活动,然后隔了半个月又回来了,家乡的情怀是关不住的。此外,我知道的是小军所在的馆里面还有不少与家乡文化有关的一些藏品。

**杨小军:** 因为我在单位主要是负责古籍书画拓片的征集保管和研究工作,所以谷村有需要复制一些什么东西可以找我,我可以无偿地提供照片。

**邹锦良:** 再次感谢小军。下面有请白鹭洲书院博物馆馆长刘黎霞发言。

**刘黎霞:** 首先非常感谢盘谷镇党委和政府,还有南昌大学谷霁光人文高等研究院,感谢锦良院长,给大家提供了一个这么好的学习交流的平台。今天非常荣幸,诚惶诚恐地过来参加这个研讨会,我对进士文化的了解并不是很深,应该说是刚刚开始。因为我调入白鹭洲书院博物馆之后,才开始和文化打交道了,之前接触得比较少。在白鹭洲书院博物馆里面有一个展厅,专门介绍吉安的进士,不仅将3000进士的名单都一一标注出来了,还列举了四个以进士文化著称的大村,其中就有盘谷的谷村。所以对谷村进行调研,来谷村学习,是我这一段时间以来非常向往的事情,今天终于如愿以偿了,非常感谢。本来今天邹院长是希望我们都能够就进士文化作一篇研究方面的论文。我思考了很久,就写了一篇,但是可能不是很成熟,我今天不想就这篇论文展开更多的阐述,就简单地向各位汇报一下白鹭洲书院博物馆以及进士文化的一些东西,以及我这两年研究的一些收获,还有一些困惑,在这里与各位专家、与各位学者进行交流,然后也希望能够得到大家的帮助和支持。

白鹭洲书院在整个吉安的科举历史当中占有非常重要的地位,这是我这两年研究白鹭洲书院历史的一个感想,应该说是一个结论吧。有文献记载,白鹭洲书院的科举占整个吉安科举的半壁江山。白鹭洲书院跟整个古代的学校是一样的,有科举的资格,而且它在每一朝都是把吉安的最优秀的学子集中起来,然后由他们培训,在这里学习了一到三年之后参加科举考试。也就是说很多举人、进士,可能有一半或者是一半多是从白鹭洲书院走出去的。一直以来,有很多来参观的领导和学者都问我,白鹭洲书院到底考出去多少进士?这也是我的一个困惑。这确实是很难去查证,从我进入到白鹭洲博物馆工作到现在能够查证的,还是以文天祥为代表的,与同时代的刘辰翁这几个人,后面元代、明代包括清代还有没有进士,出了哪些名人,都是一个问号。这就有矛盾,就是整个的科举成就它是很辉煌的,有文字记载它占了整个吉安的半壁江山,但是有哪些人我们并不知道。这是白鹭洲书院博物馆科举进士文化的一个现状，这是我的研究目前的情况。

其实我很想借这么一个平台，希望能够引起更多的人对白鹭洲书院的进士文化的关注。如果要去了解白鹭洲书院到底培养了多少进士，有哪些有名的人是从白鹭洲书院出去的，可能更多依赖于我们民间的家谱、宗谱资料。因为官方的资料，像《白鹭洲书院志》《吉安府志》，包括我们汪校长点校的这些进士名录，等等，都不会讲这个进士是在哪里学习的，而族谱和那些名人的文集，会有这方面的记载。这样的资料对于我们来说是比较贫乏的，所以我希望能够引起各位专家学者的关注，也期待能够得到大家的帮助。这是我想说的第一个话题。

第二个话题，我想说一下盘谷。今天第一次来，很有感触，在盘谷的进士博物馆里面也了解到，盘谷人引以为豪的一个著名人物叫李邦华。比较凑巧的是，这两天我在研究白鹭洲书院历史时就对李邦华这个人物有一定的了解，刚才江子老师也谈到了，他感觉李邦华是被文天祥的灵魂"附体"了，其实他这一句话就把我心中所有想表达的、对李邦华的这种崇敬感都说出来了。确实，这个人物在吉安历史上，可以说他的忠烈气节跟文天祥是相辉映的。今天我很有感想，谷村花了这么大手笔，建了一个进士广场，还有这么漂亮的进士纪念馆、展示馆，里面展示的东西也非常丰富，展览做得也很好，很严谨。江子老师说他很想参加第二届、第三届、第四届这样的研讨会，其实我觉得这确实是盘谷镇谷村进士文化研究的一个非常好的起点，我也期待能够有第二次、第三次。

另外，我想谈一些小小的想法和建议，仅供参考。刚才黄志繁院长说文化这种东西你不说出来没人知道，也确实是这样，但是我们要弘扬进士文化，需要我们研究的人去多费一些功夫。其实我觉得学术的东西太多了，大家有点听不懂。现在我们研究的文章一般的人看不懂，谷村的老百姓也看不懂。他们可能会了解谷村出了那么多进士，但进士是一个什么概念？他们可能不清楚。李邦华是个什么人，这个人是什么样子？可能也不是很清楚。我们需要通过更多的形式去展示进士文化。这个前提是我们学术的研究，在学术研究的基础上，要用更多的形式去宣传、展示、弘扬进士文化，这样才能够把它做得更好，才能够真正发挥这种文化对老百姓精神以及人生价值观的引领作用。我们可以组织一些学术方面的专家,还可以组织一些艺术家、文学家,等等,将谷村的历史先贤的生平故事、他们的精神上的一些闪光点,用更生动的、老百姓更加能够接受的形式表现出来,这样对进士文化的弘扬和传承会更好一些。

刚才谈到的这个李邦华,他是邹元标的学生,而且我在研究白鹭洲书院历史的过程当中,了解到李邦华在吉安城创办过一个叫依仁会的组织。汪校长在书院志里面归纳他也是一个阳明学讲会这样的组织,他是依仁会实际的领袖。他跟白鹭洲书院有非常深厚的渊源,他是白鹭洲书院的主讲。而且他有诗词记录自己在白鹭洲书院的一次讲学。那一次讲学,他在白鹭洲书院待了三天三夜。他在仕途不顺的情况下,回来潜心办学,教化后人,培养了很多的人。所以他跟白鹭洲书院的渊源也有很多的故事是可以去挖掘的。刚才江子老师也谈到了,李邦华在明代末年被贬,十多年后,当国家需要他的时候,他没有任何的犹豫,直接到了北京,坚持了两年的抗争,最后自尽,这种精神确实很感人。看了史籍上对李邦华的描述之后,我很感动,甚至是热泪盈眶。在他这种精神的感染之下,我到这边来,感受到了老百姓的守礼。今天大会这么多人,老百姓都是很守礼的,就是在这个圈子之内,他们不会进来的。我在别的地方,可能很多人就冲进来了,可能就直接坐在那个凳子上了,但是谷村的老百姓不会。镇政府的安排非常细心、周到,工作人员也彬彬有礼,很有儒家风范。最后我想表达的是,谷村,还有盘谷镇的干部和百姓都有这种先贤的优良品质,这是我很感动的一点。想说的就这么多了吧。

**邹锦良:** 非常感谢刘馆长,她提出的有关进士文化的文化引领、走进百姓这些具体举措,都是非常有落地性的。下面有请吉安市教育局教研室李湘水主任发言。

**李湘水:** 感谢大家,我是本地人,就是在这个村庄长大的。这几年家乡的变化可以看得到,所以我非常感谢我们盘谷镇的领导,盘谷镇党委、镇政府以及工作人员为我们做了那么多的事情,把家乡建设得这么美好。另外也感谢在座的专家、学者来这里传经送宝,提出了很多好的想法。

我是吉安市教育局教研室的杂志编辑。我在编《品读庐陵》这套教材的时候接触到了庐陵文化,也接触到了《谷村仰承集》,然后就写了一篇小文章。今天早上很激动,大概5点多钟我就发到了群里面,请各位专家批评指正,我今天发言就不围绕这篇文章了,我谈几点想法。第一,进士文化的挖掘。《谷村仰承集》里面有很多东西,比方说讲到开基,大家就知道我们的开基祖是非常有眼光的。我们肯定学过《史记》,《史记》里面有个韩信,"韩信点兵,多多益善",韩信还有一个宏大的计划——找一块墓地,一块能埋1万人的墓地。而我的先人到这里是要找一块能养1万人以上的地。所以我说他们两人的胸怀完全是一样的,是很有远见的。你看这边是翠屏山,这边是万华山,这两座山中间就是同江河平原,选的这块地可以说是风水宝地。实际上在古代考个举人都非常艰难,刚才刘宗彬局长讲到了,浃陂没出过一个进士,出几个举人就已经非常了不得了。我们有78个进士、100多个举人,这是非常了不起的,这些都要去挖掘出来,然后要大力宣扬。像邓声国教授把李如圭的相关资料完善起来,这是很好的。我觉得把这些进士的资料全部收集整理,杨小军研究员也讲到要把它丰满起来、鲜活起来,这样可能更有作用,更有说服力。峡江有"三孔",我是在编《品读庐陵》教材的时候发现"三孔"很了不起的,但是很多人不知道,所以一定要挖掘这些东西。另外我有个建议,就是在材料里头,把各支各堂的分谱集中起来,放到仰承苑里面去。

第二个要加强宣传。文化怎么宣传?王校长讲了我们这里古迹不多,我们的古迹大部分毁于太平天国时期,但我们可以重塑这些古迹。以前有很多牌坊,我小时候看过,也可以重新建。我认为在这个地方建一座状元塔,一点问题都没有。有钱的情况下做这个可以,过个一两百年,它就是文物。

然后要培养一些导游,像黄桥小学一样,培养一些小学生、中学生作为导游,让他们来讲解学到的知识,这是很好的。还可以让别人去编教材,黄桥小学编了一本杨万里的,而盘谷可以编很多种。盘谷四大姓,谷村李氏、泥田曾氏、泥田周氏、桃林罗氏,这些可以写很多文章,编很好的乡土教材。这个对学生来说也是很好的,这就是宣传和传承。

第三个方面是要见实效。我们村很漂亮,你们看一看就知道,我们有底蕴,而且其他村庄过来谷村就几分钟的路程,我们可以做乡村旅游。如果把那些点都布置起来,加上同江的养殖,又有人文,又有山水,这多好,你到了盘谷玩个半天都没问题。让别人来这里可以寻根问祖,无论是姓李的还是姓曾的,还是姓周的姓罗的,都可以找到你的祖先。还有一个品牌意识,我们这里有篇很好的文章，那就是清朝大文豪戴名世给我们这里写的《桃山镜石记》，大概300多字，非常漂亮，可以把它刻在大理石上，我觉得这些东西都可以去做了。

**邹锦良**：感谢谷村的乡贤李湘水主任，下面有请吉水县作协主席周小鹏发言。

**周小鹏**：各位老师下午好，我是带着一堆"土"来向大家学习了。因为前面听到的都是"玉"，我这个"石"都算不上，就是一堆"土"。刚才好多老师在发言过程中都提到了进士的数量是78个，78个进士是怎么来的？这个数字是我提出来的。为什么我会提出这个数字来？2012年的时候，江子老师陪着省文联刘华主席来到谷村，当时也把我叫出来陪同，然后就给了我一个任务，让我把谷村文化底蕴写出来，所以我就写了一部书，叫《谷村沧桑》。在写书的过程当中，我就发现谷村的进士很多。但是在书里面，我没有体现出这个特奏名进士以及78个进士这个数字。2015年，当时的盘谷镇党委书记梁棉利找到我，说想把盘谷的文化做出来，所以就在盘谷与阜田交界的三岔路口一直到盘谷跟峡江交界的地方打造了一条盘谷文化长廊，所以在峡江跟吉水交界的地方，大家可以在高速公路上看到一块牌子，上面就写了"科举文化第一镇"。当时我提出来盘谷可以大胆一点，直接写"全国科举文化第一镇"，但是梁棉利书记还是低调了一些，所以就没有打"全国"两个字，就是"科举文化第一镇"。也是这个时候我才注意到谷村进士的数量，在68个进士里面有2个特奏名进士，一个是李奥，一个是李郭，然后在举人中又有8个，另外在后面的名录里面又有2个，总共加起来就是12个，他们都是特奏名进士。

我发现"特奏名"这个词以后，就在网上搜了一下，搜了之后果然有特奏名进士这么一个制度，而且是宋朝特有的一个制度。我刚才听汪校长说特奏名进士不算进士，我不同意这个观点。因为在宋朝特奏名进士是一个定制，整个两宋时期，特奏名进士制度是一直存在的。从赵匡胤开始出现这个制度，到了宋仁宗时才完善。正奏名进士考试完了之后，第二天就是特奏名的考试，也是皇帝亲自主持的殿试，只是特奏名考试的科目少，题目也相对容易一些。为什么会容易？因为参加考试的那些士子，他们经过了几次科举考试，都没有考中进士，都是落榜生。他们往往是到了50岁、60岁、70岁，甚至可能有80岁的，来参加考试，所以精力有限，所以往往就是考一天，顶多一天半，也就是两三科这样简单的考试。但是他也要考,哪怕是他走过场式地考,他也得考一下,考了以后也让人把成绩从头到尾排列下来,有一个录取名单,而且也要正儿八经张榜公布。不同于明朝或者清朝时期皇帝心血来潮,你这个人有贡献,我特意给你恩封一个进士,叫作恩进士,他不是那样的进士,他是这样形成了制度的进士,所以我说特奏名进士也是正儿八经的进士。那么在谷村的进士名录里面,进士人数为 68 减 2,就是 66,再加上这 12 个,78 个进士就是这么来的。

因为受到吴卓书记和锦良教授的邀请,我来参加谷村进士文化学术研讨会,并且他们也说要我发个言,我就围绕着特奏名进士写了一篇稿子,分成这么几个部分。第一个部分讲的是特奏名进士的基本情况。简单地说,就是特奏名进士是宋朝独有的一个科举制度,是与正奏名进士同时录取的进士。两宋时期,全国录取正奏名进士的数量是 6 万多,特奏名进士是 5 万多。按照比例来说,两宋时期的特奏名进士占宋朝所有录取进士名额的 45%,这个数字是相当大的。那么这个制度它是怎么来的? 第一就是宋太祖、宋太宗重视文化,他们让天下所有人都去研究文化,从事科举考试,不要去练武。因为他们害怕百姓练武,为什么害怕? 这就涉及第二个原因。唐朝末年黄巢起义,导致唐朝灭亡,中国进入了五代十国。赵匡胤是从五代末期走出来的,他本身就是武将,通过武力取代了后周当上了皇帝。历史和现实的事例告诉他,不能让民间武力太强,否则就会威胁到皇帝政权。所以他崇文,让大家参加科举考试,这样他们就对朝廷有感恩之心,但是开始的时候录取的进士数量比较少。970 年的这一次科举考试,宋太祖只取了 8 个进士,然后录取了恩科进士 106 个,由此开创了宋朝的特奏名制度。

大家都讲到,考取进士先要考取举人,但是宋朝的举人跟明清的举人不一样。明清两朝的举人只要中举了,他就取得了当官的资格,但是宋朝的举人不是这样,宋朝的举人只是取得了参加会试的资格。礼部贡院举行的全国范围的考试,叫会试,要参加这个考试,你得先取得举人的资格,如果会试考试落榜,举人资格就自动消失。所以大家就会发现宋朝有很多举人参加了多次考试,包括谷村的。我这里列出的 12 个特奏名进士都至少参加了两次。为什么会出现这种情况? 就是因为举人没有取得做官的资格,又要想做官,他下次还得去参加科举考试,一而再再而三,有的人参加了五次、六次、七次甚至参加了八次考试的，都落榜了。这些人心中的落差特别大，可能内心就会对朝廷产生怨恨。所以在正奏名进士之外就设特奏名进士，录取那些多次落榜的人。

不同的时代，对参加举人考试次数的规定也就不同，有的是八次，有的是五次，有的四次，有的两次就可以，有的是你第二次通过了，但是会试又没有通过或者你会试通过了，但是殿试没有录取你为进士，就可以直接去参加特奏名的考试。在这种情况之下，谷村这12个特奏名进士的出现，就是自然而然的事。

谷村的特奏名进士是12个人。刚才说了他们分布的情况，这里就顺便说一下这12个人。这12个人的名字我这里也有，按照时间顺序排列，那就是李存之、李械、李次鱼、李骥、李元瑞、李逊、李必登、李公行、李胜之、李梦应、李遇龙、李郭。这些人在历史上留下来的资料不多，现在也有一些人想研究特奏名进士制度，但是苦于找不到资料。在《谷村仰承集》里面就有这么几份资料，其中一份是关于李存之的。他是谷村月洲派的开基祖。谷村开基祖是李唐，李唐共育有三子，长子、次子皆外迁，只有三儿子李光彻留在谷村"旧宅里"。李光彻的第四世孙李宗元、李宗应、李宗舜死后分别安葬在"本乡上堸月冈山""新淦扬名乡乌口上弦大月洲""六十二都鹩鸪鼓楼洲后山"。因此，他们的后世子孙分别以其葬地作为宗派的名字，即月冈派、月洲派、鼓楼派。因月冈派始祖李宗元的儿子李用期去世后葬于"仁寿乡五都元潭湾桂家坑"，故月冈派又叫元潭派，或合称"月冈—元潭派"，这是关于他们的史料记载。李存之有两篇文章，一篇保存在《谷村仰承集》人物《纪列传》里面，《鼓楼派祖十三世》就是他的文章。第二篇也是关于李存之的，保存在《谷村仰承集》里面的《循良传》里，叫《渐斋公传》。另外一个就是李次鱼。有两个人给李次鱼写了诗，一首是朱熹写的，一首是张栻写的。朱熹写的是《复斋诗》，这首诗流传比较广，张栻给他写的是《题复斋》。"复斋"是李次鱼的号，他给自己做了一栋房子，这栋房子叫"复斋"。朱熹、张栻都是研究理学的，他们写诗赞颂李次鱼。这是关于特奏名进士的基本情况，简要地跟大家介绍一下吧。我这篇文章已基本完成，我会发给大家看，讲得不好的地方，各位老师多多指点。谢谢大家！

**邹锦良：**谢谢吉水文化名家周小鹏主席的学术分享。下面有请吉水县委宣传部副部长、县文联主席杨巴金发言。

**杨巴金：**我的发言就讲三点。第一点就是我对谷村的印象，大家今天来谷村,是怀着感动、感谢的心情来参加中国进士第一村的学术研讨。我在30岁以前对谷村印象也确实是不好的。刚才江子老师说,压死一只鸡,要准备赔一个养鸡场,以前确实是这样。谷村怎么给我第一印象的呢?我在阜田读高中时,我一个亲戚从谷村骑自行车回涩塘村,在这里和两个泥工发生了碰撞。碰撞以后,他们就把我亲戚的自行车抢走了。我亲戚怎么回家啊,后来没办法,押了块手表,最后去吉水报案,赔了10元钱,所以那时候我就对谷村印象不是很好。2000年以后,我开始正式接触谷村,就是《谷村仰承集》,(这本书)让我感觉到了谷村厚重的历史,再加上这几年开的会议,我对谷村有了改观,这是我的谷村印象。

第二点谈什么?谈本人的撰文。我家的族谱里写得清清楚楚,杨万里的第二个儿媳就是谷村人,而且这个女人对老对少都非常好,所以我就非常感兴趣。我本来是从挖掘杨万里和谷村交游的思路来看材料,结果在这个过程中发现了一篇《复斋记》,我就看了一下,查了一下各种版本的《诚斋集》,都没有收录这篇文章。昨天我已经在群里发了这篇文章,就不讲了。写完这篇文章以后,我总觉得意犹未尽,毕竟我来这里是要找杨万里跟谷村人士的交游。挖掘下来,我发现杨万里跟谷村的五户人家打过交道。按照时间顺序,他第一个打交道的人叫李天麟,李天麟有一首诗,现在学者可能不太注意。如果专门研究杨万里,基本上要举《诚斋集》里面的《和李天麟二首》,其中那句"学诗须透脱,信手自孤高",就谈到诚斋体的一种创作方法。第二个跟谁打交道?就是李献可。李献可7岁时(杨万里写诗是说6岁,但是他谱里头是7岁,这就是实岁虚岁的问题),他爸爸在杭州做官,他跟他爸爸在杭州生活,他名气很大,所以宋孝宗就想看一看他能干什么。宋孝宗说:"小童子,你能干什么?"李献可说:"我能背书,随便背什么都可以。"宋孝宗就让他从《尚书》里面找一段来背,李献可一下就背出来了,所以他7岁时就很优秀。他考进士的时间稍微晚一点,是28岁时考取的进士,最后做到了福建安抚使。第三个人,就是他儿媳的爷爷,叫李次鱼,李次鱼的爸爸叫李概。第四个是李彦琼,他是这里的一个孝子,非常有名,但很多史料都未提到他。他本来在外地生活,后来他妈妈迁回来,在这里去世,因为有孝心,他就在坟墓旁边的房子种了一棵树,宋朝朝廷给他下了表彰,所以杨万里也写了他。还有就是李实,他也是神童,所以谷村有三个神童,这个我也写了一篇文章。

第三点要说的是我对于传承的思考。最近这两年，我一直在思考这个问题，因为这些年我参与了各种文化纪念活动，包括纪念杨万里、纪念解缙、进士文化园开园、谷村进士文化园开园等活动。我们搞这些活动留下了什么？将来怎么办？我一直在思考这个。我们不能轰轰烈烈搞活动，最后什么都没有留下。所以我想，作为吉水人，要把教育摆在第一位，没有人才出来，你走不远，走不长，因为无论是在盘谷、吉水、吉安，还是江西，教育都占据了一个非常重要的地位，这是第一个想法。第二就是名人、进士文化、庐陵文化很丰富，内涵很多，但要怎么进入老百姓的头脑？进士文化的精髓，那么多故事、崇文节义是不是能真的深入人心？这个我也感觉到确实是个问题，搞得太深奥了，就搞成了学术论文，人家听不懂；弄得太庸俗了，又明显是误导，我们要在这里头找到一个有机的结合。相对而言，盘谷的名人数量很多，但是在全国的层次上，无法与欧阳修、文天祥这样的第一层次的人比，他们毕竟是在第二层次、第三层次，所以讲好他们的故事、挖掘他们的文化、提炼他们的精神，非常重要。

另外，我觉得我们在方法方面还是要步子迈得更大一些。在这方面，我们这些年也确确实实努力了。今天看盘谷镇政府，我也非常感动，吴卓书记办这个会，两三次到我办公室，我也都谈到这些看法，无论是搞基建也好，还是我们今天的学术研讨会议也好，都非常不容易。如何在这个方面将步子迈得更大，将效果做得更好，这才是我们下一步要真正着力的地方。谢谢大家。

**邹锦良**：谢谢吉水文化的"教授"杨巴金主席的学术分享。下面有请井冈山大学历史系主任、谷村元潭派第48世后裔李伏明副教授发言。

**李伏明**：客观地说，我是没有资格总结的。大家也知道我是谷村元潭派第48世后代。我跟其他人不同的是，我是从这里迁出去的，所以我不仅仅是来开一个学术讨论会，我还是在"朝圣"。我首先要感谢盘谷镇党委、镇政府，感谢吴卓书记，我昨天晚饭后都劝他，早点回去，不要搞这么憔悴。这是为盘谷的地方文化作贡献，大家都有这个心。

谷村以前是一个相对独立的单位，文化资源非常丰富。如何来发掘、利用、传播这些文化，构成了今天下午大家共同讨论的话题，其中我比较有印象的有以下几点。第一就是我们的宣传，包括说"互联网+"，或要用艺术的文字。读江子老师回到故乡的文章，我个人是很感慨的，如果说有地方文化传统的话，它首先是活在我们这里人们的记忆之中的。首先它是一种对现代人、对我们生活都是很重要的一种习惯。大家还说要从学术层面挖掘丰富的文化资源，包括高大上的，比如说杨老师说的各种纪念、交流活动，这是很重要的。我们现在研究文化，要做好学术研究，学文学的要讲好历史故事，还有基层的，要走进历史现场，这三块都是非常重要的。

今天大家都提了很好的意见。当然，谷村作为大村庄，它的文物很重要，大家都特别强调要保护文物，说到底我们的参观是要用实物，要有震撼力的。刚才李馆长提到江西省搞那个王阳明纪念馆的事情，王阳明纪念馆是姚亚平同志主持，我是主审。我们当时就说一定要用文物说话，因为你不能说我自己很好，就让别人去认同，关键是让别人觉得真的很好。我经常说，你自己的儿子觉得是潇洒，别人看来就是"二杆子"。我们要走出去，要用丰富的语言走出去。

如何来理解我们的地方文化精神？比如陈冬根老师说"只知有是非，不知有利害"，赖祎华老师刚才说的拼搏精神，等等，都值得挖掘。刚才杨小军说到做得比较好的绍兴博物馆，讲阳明的故事，我就讲一个上犹的故事。上犹县政府说一定要讲好阳明故事，但是历史学家就认为这里没有什么王阳明的故事，然后他们说："你们编个故事，你们不是作家吗？作家怎么编不出来了？"结果就把那个湖改称阳明湖。从这个角度来说，我们有很多东西可以挖掘，今天下午的会议我也深受教育，但是好不好，不是由我来评价，而是由我们吴卓书记来说。另外，我们要给我们地方带来什么，我们开完会以后不能吃完饭就走了，问下次还有好菜不，不是这样子，而是要促进地方社会经济和文化的发展。它要有相当的号召力和对外部、内部的吸引力。我们可以深入挖掘我们这里深厚的地方文化。我的讲话就到这里，谢谢！

**邹锦良**：谢谢我的大学老师李伏明教授的学术总结。最后我们有请主办方盘谷镇党委书记吴卓作会议总结。

**吴卓**：从昨天到今天，这种文化环境，专家、学者的发言，首先，我深受感动和启发。今天的活动，来的专家也好，领导也好，级别都很高，我非常激动，没想到大家这么支持这个活动。第二层意思就是感恩。北京的学者在特殊时期冒着风险、顶住困难参加这个活动，我很感恩。也不仅是北京的，还有南昌的、吉安的、吉水的,都是顶着很多困难来的。现在不要说一天,就是吃餐饭的时间都没有,所以说大家冒着那么大风险、顶着很大的压力,抽出时间来参加活动,确实是让我非常感恩。第三层意思,是鞭策和激励。表面上这个活动是我们的成效展示,我觉得其实是一种鞭策和激励。这里有三个方面,第一个方面是我们目前做的只是一个起步,无论是文化也好,还是产业也好,都才刚刚开始;第二个方面我们所做的都是我们的本职工作,习近平总书记提出的坚定文化自信、乡村振兴的产业发展、文旅融合,这都是我们应该做的本职工作;第三个方面是我们存在的不足,刚才听了很多专家发言,我都记下了,包括李会长说的成立民间机构,还有专家说的普及性、研究性的活动。研究性的活动你们去搞,普及性工作是我们地方政府该做的,把优秀的文化真正传承下去、普及开来,这是我们该做的工作。杨小军研究员说的传播方式、实物展示,确实,我们谷村的实物很少,这也是我们需要做的工作。我们首先是要挖掘好盘谷的优秀文化,然后就是展示好,最后是传承好。还要以文化搭台,用经济唱戏,文旅融合、发展经济、富裕百姓,这才是我们努力的方向。就说这么多,最后再次感谢各位专家、学者拨冗、鼎力相助!

# 附 录

## 一、新闻媒体报道"中国进士第一村"进士文化论坛

截至10月26日,吉水盘谷镇举办首届虾蟹文化旅游节暨"中国进士第一村"进士文化研讨会活动相关稿件在新浪网、腾讯网、中国江西网等21家媒体推发,点击量总计达9万多。

| 序号 | 标题+链接 | 网站 | 点击量 |
| --- | --- | --- | --- |
| 1 | 秋风起 蟹脚肥 今日盘谷好"风光" http://jx.sina.com.cn/news/zhzx/2020-10-24/detail-iiznezxr7878383.shtml | 新浪江西 | |
| 2 | 吉水盘谷镇举办首届虾蟹文化旅游节暨"中国进士第一村"进士文化研讨会活动 https://m.thepaper.cn/newsDetail_forward_9698594 | 澎湃网 | |
| 3 | 盘谷镇举办首届虾蟹文化旅游节暨"中国进士第一村"进士文化研讨会活动 https://page.om.qq.com/page/ONzuE7NNkoKOW0yCnSuvQaOA0?ADTAG=tgi.wx.share.message | 腾讯网 | |
| 4 | "感受进士文化,品美味虾蟹"各方游客齐聚吉水盘谷镇 https://jxja.jxnews.com.cn/system/2020/10/24/019077693.shtml | 中国江西网 | |
| 5 | 吉安吉水:盘谷镇首届虾蟹文化旅游节暨进士文化研讨会开幕 http://pc.yun.jxntv.cn/p/356347.html | 手机江西台 | |
| 6 | 吉水"进士村"农文旅结合引游客 http://m.jxxw.com.cn/v4/index.php?c=Web_News&m=news_detail_v5&contentid=122045062&channleId=11118&siteId=55 | 江西新闻客户端·江西日报 | 34097 |

续表:

| 序号 | 标题+链接 | 网站 | 点击量 |
| --- | --- | --- | --- |
| 7 | 吉安吉水:盘谷镇首届虾蟹文化旅游节暨进士文化研讨会开幕 http://ja.jxntv.cn/2020/1024/9481847.shtml | 江西网络广播电视台 | |
| 8 | "感受进士文化,品美味虾蟹"各方游客齐聚吉水盘谷镇 https://tt.m.jxnews.com.cn/news/116/1165421.html | 江西头条 | 14000 |
| 9 | 吉水县盘谷镇举办首届虾蟹文化旅游节暨"中国进士第一村"进士文化研讨会活动 http://www.jxxw.com.cn/index.php/welcome/show_news?id=122043283&type=1 | 江西新闻客户端·江西日报 | |
| 10 | 吉水县盘谷镇举办首届虾蟹文化旅游节暨"中国进士第一村"进士文化研讨会活动 http://m.jxxw.com.cn/v4/index.php?c=Web_News&m=news_detail_v5&contentid=122043283&channleId=10121&siteId=55 | 江西新闻客户端·江西日报 | 12443 |
| 11 | 千年古镇展新姿——吉水县盘谷镇立足优势提升乡镇品质侧记 http://www.jgsdaily.com/2020/1026/141630.shtml | 吉安新闻网 | |
| 12 | 秋风起,蟹脚肥,今日盘谷好"风光"! https://mp.weixin.qq.com/s/4T3WgLCFAoRJnLUL8g6zNQ | 吉安发布 | 1206 |
| 13 | 吉水盘谷镇举办首届虾蟹文化旅游节暨"中国进士第一村"进士文化研讨会活动 https://mp.weixin.qq.com/s/20UbCnV-ZrxjWOGlFoux5g | 每日吉安 | 315 |
| 14 | 吉安吉水:盘谷镇首届虾蟹文化旅游节暨进士文化研讨会开幕 http://shangli.yun.jxntv.cn/p/69589.html | 上栗媒体云 | |
| 15 | 大盘谷!今日吉水盘谷镇好"风光"!进士广场、大龙虾、螃蟹……https://mp.weixin.qq.com/s/F4h35dPs8YUU0UFxaKSi1A | 印象吉水 | 1929 |

续表：

| 序号 | 标题+链接 | 网站 | 点击量 |
|---|---|---|---|
| 16 | 千年古镇展新颜 ——江西十大魅力乡镇盘谷镇 https://mp.weixin.qq.com/s/soU4-chzg9Sn5h93VPUR7A | 活力吉水 | 3038 |
| 17 | 盘谷镇首届虾蟹文化旅游节暨"中国进士第一村"进士文化研讨会开幕 https://mp.weixin.qq.com/s/iva0CJgaz5Zs5KofRjXGNg | 活力吉水 | 4210 |
| 18 | 【抢先看】盘谷镇首届虾蟹文化旅游节暨"中国进士第一村"文化研讨会活动 https://mp.weixin.qq.com/s/kV5mAatkGgtGPmHzArFHHQ | 千度新视界 | 337 |
| 19 | 盘谷镇举办首届虾蟹文化旅游节 暨"中国进士第一村"进士文化研讨会新闻发布会 http://jishui.yun.jxntv.cn/p/26546.html | 掌上吉水APP | 5862 |
| 20 | 盘谷镇首届虾蟹文化旅游节暨"中国进士第一村"进士文化研讨会开幕 http://jishui.yun.jxntv.cn/p/26544.html | 掌上吉水APP | 6115 |
| 21 | 盘谷镇五个馆所举行揭牌仪式 http://jishui.yun.jxntv.cn/p/26545.html | 掌上吉水APP | 5552 |

## 二、盘谷镇镇情介绍

盘谷镇位于吉水县西北部，地处赣江之滨、同江两岸，距县城35公里，322国道、浩吉铁路、樟吉高速穿境而过。下辖15个村1个社区，大村大姓、人口密集、文风昌盛、人杰地灵、产业兴旺、生态宜居是本镇的最大特征。

盘谷镇面积93.2平方千米，总人口3.5万，大村大姓多，村庄大而密集，李、周、曾三大姓人口占全镇人口的三分之二，李姓谷村自然村下辖三个行政村，有万余人口，属全省最大单姓村。李、周、曾三大姓聚集而居，俗语"李家李千烟，周家周满天，曾家争只角"，说的就是三大姓分块聚集而居。正因此，20世纪盘谷镇民风剽悍、宗族观念强、矛盾纠纷多，有"盘谷稳则吉水稳"之说。在20世纪之前，盘谷文风昌盛、人杰地灵，进入21世纪之后，盘谷开始复兴，正在挖掘和传承盘谷优秀历史文化,打造"中华科举文化第一镇""中国进士第一村"。2020年10月,成功举办首届虾蟹文化旅游节暨"中国进士第一村"进士文化研讨会,成效显著,影响深远。

盘谷镇文风昌盛、人杰地灵。盘谷镇共有进士近200名,是状元故里、进士之乡,被誉为"中华科举文化第一镇"。自宋至清,盘谷曾演绎了科举文化的辉煌:一门三进士、百步两尚书、一家八尚书、十里九布政、九子十知州、父子进士、兄弟进士、祖孙进士、叔侄进士,充满传奇色彩。状元罗洪先,工、刑、户、礼四部尚书李振裕,吏、兵部尚书周延,兵、吏部尚书李日宣,兵部尚书、南京兵部尚书李邦华,工部尚书、南京吏部尚书曾同亨,神童龙榜、李如圭、李献可,笔记小说《鹤林玉露》的作者罗大经等均诞生于此地。其中李姓谷村在宋明清三朝有进士78名、举人115名,被誉为"中国进士第一村"。省级非物质文化遗产——谷村鳌鱼灯正申报国家级非物质文化遗产。盘谷曾是中央苏区的组成部分,属于延福革命根据地,无数儿女投身革命事业,锻造出了共和国将军周长胜、李景瑞,有革命烈士300余人。

盘谷镇产业兴旺、生态宜居。镇域内有一个万亩产业基地——同江万亩稻渔产业园,一个千亩龙脑樟基地,多个百亩井冈蜜柚基地。同江万亩稻渔产业园主要经营稻虾共作、稻蟹轮作、休闲垂钓、青少年农耕体验、餐饮民宿、水产加工、扶贫实训等,有稻虾轮作田9000亩,稻蟹共作田2000亩,利用赣江优质水资源和赣江福寿螺、小鱼、小虾养虾蟹,养出的虾蟹品质优良、味美肉鲜,口感、观感俱佳,2019年底被评为省级现代农业示范园,全国稻虾协会授予"中国清水龙虾之乡"的称号。产业园内的盘谷生态农业发展有限公司荣获2019年国家级水产养殖健康示范场、全国稻渔综合种养模式创新大赛二等奖;养出的大闸蟹荣获2019年王宝和杯全国河蟹大赛金蟹奖和最佳种质奖、第三届鄱阳湖清水大闸蟹评选活动最佳口感奖、军山湖杯第十八届鄱阳湖优质蟹、蟹王蟹后评选活动最佳口感奖,全国稻渔综合种养优质渔米评比绿色生态奖,2020年荣获全国河蟹大赛"蟹王"奖、金蟹奖。该产业经济效益、社会效益明显,每年增加村集体和村民收入共计近500万元,其中土地流转收入300万元、行政村集体每年分红30万元、村集体管理费30万元、贫困户每年分红30万元、村民及贫困户务工收入近100万元。

盘谷镇地处赣江之滨、同江两岸,青山叠翠,赣水逶迤,依山傍水,风景如画,一派江南鱼米之乡好风光。盘谷镇全力推进人居环境整治、美丽乡村建设、小城镇建设和同江万亩稻渔产业园建设,镇村面貌焕然一新。持续开展生活垃圾治理、"八乱"整治、"厕所革命"和农村污水治理,建立健全了一整套人居环境常态长效体制机制,建成一批美丽乡村示范点,谷村新村成效显著,拆除20世纪70年代的供销社、乡企办等危旧房屋,建成谷村文化园。村民素养提高了,卫生意识增强了,从干净到美丽,从剽悍到文明,新时代盘谷镇村旧貌换了新颜。

进入新时代,盘谷镇将一如既往贯彻落实习近平总书记关于坚定文化自信、推进乡村振兴的重要指示,充分挖掘盘谷优秀历史文化,打响"中华科举文化镇"品牌,做大做强稻渔产业,打造国家级现代农业示范园,为文旅、农旅融合发展推动乡村振兴而努力奋斗。

## 三、谷村村情介绍

谷村地处盘谷镇中心位置,属镇政府驻地,面积4平方千米。下辖老屋、太园、小祠下三个行政村,有1.2万人口,分为上节和下节,俗称"上七下八",意为上节七千人,下节八千人,属全省最大单姓村。谷村建村于公元927年,因历史悠久、人才辈出、文化丰富,在历史的绚丽篇章中留下了大量被书写、被传唱的印记。谷村被誉为"中国进士第一村""庐陵文化第一村"。

2019年以来,谷村打造了展示谷村历史文化的谷村文化园,被南昌大学、井冈山大学列为实践基地。谷村文化园面积12000平方米,由进士园、将军园、仰承苑(村史馆)、神童书院(盘谷镇第二幼儿园)组成。进士园面积3000平方米,建有状元亭、进士亭、进士长廊、古戏台、进士广场、进士雕像、文化墙、文化绿地、文化生态停车场、旅游公厕等。将军园面积600平方米,建有开国将军雕像、长征浮雕、烈士名录、将军广场、将军林、生态停车场等。仰承苑(村史馆)面积400平方米,建有"中国进士第一村"进士文化展示馆、李景瑞将军纪念馆、非物质文化遗产鳌鱼灯传习所、乡贤馆、民间文化传承工作室、竹编工艺传承工作室等。神童书院(盘谷镇第二中心幼儿园),面积8000平方米,即将建设大成殿、藏书楼、教室、仪门、门楼等。

谷村先民"耕读传家",文风兴盛,人才辈出,赓续不断,肇始于唐,辉煌于宋明,鼎盛于清。《谷村仰承集》记载,自宋至清,谷村共有进士 78 名、举人 115 名、贡士 95 名,同科一门五进士,百步两尚书,父子进士,父子兄弟进士,祖孙三代进士,祖孙四代进士,兄弟布政,一门五布政,三世一品,四世一品,一村封赠尚书二十人次,七品县令以上超百人,荐辟军功任职者超百人。先贤有著作 150 余部传世,藏于国家图书馆及省市图书馆的有 38 部。其中有名的如宋代经学家李如圭,他的经学著作《仪礼集释》30 卷、《仪礼释宫》1 卷、《仪礼纲目》1 卷,除《仪礼纲目》已佚外,余二种均被收入《四库全书》。谷村还创办了诸多的书院,从南宋至清末,谷村先后兴建了 13 所书院,书院的发达无疑是谷村人才不断兴盛的重要基础。谷村名士辉耀华夏,宋代神童龙榜李如圭、李献可,明朝嘉靖状元、著名地理学家罗洪先,明朝崇祯兵部尚书李日宣,兵部尚书李邦华,清朝四部尚书李振裕等均诞生于此地。

谷村开基之说。谷村李氏是唐中兴名将、官封中书令西平郡王李晟的后裔。李晟十五子有十二子为官,皇帝恐其势大压主,遂把他的儿子调出京外。第十子李宪任洪州刺史,晋江西观察使。李宪有七子,长子李游任宜春刺史,家居南昌西山,李宪转任岭南道按察使归休,逝世后被赐葬分宜红花仰,为守墓,李游与其弟居宜春。李游次子李丕任德化县令,因五季动乱,李丕迁居庐陵福塘。李丕次子李遵迁居吉水阜田高村,其子李华生三子,次子李唐生于唐僖宗乾符己亥年(879),因厌高村地窄,于后唐天成丁亥年(927)迁盘谷旧宅地。李唐是隐士,他效仿韩愈(送李愿归盘谷),将居住地取名"盘谷",盘旋,往来于谷中。邻村老人至今还说(盘谷村里),现"谷村"是简称。

谷村风水宝地。前有澄溪、谌溪、同江潺潺东流,三带流水绕村。同江防汛堤长达十五里,恰似青龙卧岸,沿江十里南浦,有五渡十八洲。东有磨盘洲—马平川,如今有万亩稻渔基地,洲心突起一岩山高十多丈,登顶一览无余。明南京刑部郎中李文源请人堆高三尺,建文昌阁,远近文人骚客登临讲学咏唱。明兵部尚书李邦华倡建观音堂祀天姥,杨嘉祚题匾,后吏部尚书李日宣扩建大雄宝殿。

谷村土地肥沃,历称"鱼米之乡"。同江两岸,有万顷谷村洲土相连,机耕道纵横田野,利农耕稼。水田春种水稻夏种大豆,旱土种芝麻、高粱、番薯、油菜,早前每年遭水灾后改种晚稻。直至1974年兴修同江新河,再筑沿河防洪堤,避免了水灾的发生,在峡江水利枢纽工程修建之后旱涝保收,目前将其打造成省级现代农业示范园——同江万亩稻渔产业园。

  近年来在镇党委、镇政府的正确领导下,谷村迎来大发展、大变样,村容村貌焕然一新,拥有万亩产业基地,进士广场彰显文化,古村传统发扬光大,谷村人民生活安康。进入新时代,谷村人民将不断传承谷村文明的精髓和谷村文化的瑰宝,继承和发扬谷村的优良传统,保护谷村厚重的文化遗存,丰富谷村多彩的民间文化,让谷村文化在新时代绽放光芒。

# 后　记

摆在各位眼前的这部书稿是 2020 年 10 月 24 日在江西省吉安市吉水县盘谷镇谷村召开的"中国进士第一村"进士文化学术研讨会的学术成果。前半部分是与会专家所提交的有关进士文化和谷村文化的学术论文，后半部分则是当天所举行的进士文化学术研讨会与会学者的发言实录。

作为吉水人，我很荣幸能够亲身参与并组织这次学术研讨会。当然，能够举办这次学术研讨会并出版这部书稿，首先要感谢中共盘谷镇党委书记吴卓。吴书记算起来是我的高中师兄，他年长我几岁，初识他是在 2017 年，当时我和黄志繁院长陪香港中文大学的科大卫教授和贺喜教授到谷村考察，时任盘谷镇镇长的吴卓陪同我们考察了两天，盛夏酷暑，甚为辛苦。此后，我们之间联系不是很多，我偶尔回吉水，在不同场合和他有过照面。今年五月的某一天晚上，我正在学校办公室加班，接到盘谷镇吴卓书记的电话，他告知我他想做三件事，特来咨询我的意见：一是想把谷村打造成"中国进士文化第一村"，二是拟建"中国进士第一村"进士文化展示馆，三是想借着盘谷同江万亩虾蟹在金秋十月收获的时节举办中国进士文化学术研讨会。我对他前两个提议表示赞同，并全力支持，但是在一个镇里面召开全国性的学术研讨会，我没有操办过，也不敢保证效果。随即我向南昌大学谷霁光人文高等研究院黄志繁院长作了汇报，黄院长这几年对吉水文化关注有加，而且他陪香港中文大学科大卫教授和贺喜老师在盘谷田野考察时，吴卓书记（当时担任镇长）全程陪同，所以黄院长和吴书记早已相识，黄院长对召开这个会议表示全力支持。于是，我回复吴卓书记，我愿意在谷村举办"中国进士第一村"进士文化学术研讨会，并会全力做好会议各项工作。于是，在各方努力下，在虾美蟹肥的十月，国内 30 余位学者共聚千年古村——谷村，探讨进士文化，会议非常圆满。

其次要感谢黄志繁院长，他是我的老师，同时也是我的领导，但他平时更多地把我当兄弟看待。他是赣南人，这几年却对吉水情有独钟，当然用他的话说，是为我在吉水"站台"。的确如此，从2017年的杨万里诞辰890周年学术研讨会，到2019年的解缙诞辰650周年学术研讨会，再到今年的谷村"中国进士第一村"进士文化学术研讨会的成功举办，都是黄志繁院长大力支持的结果。尤其是他有几次都是在推掉其他重要活动情况下亲赴吉水全程参与活动，我甚为感动。

同时，要感谢来自各地的与会学者，此次会议有来自高校的学者，有来自文博部门的专业人员以及省、市、县媒体的记者，还有很多地方文化学者和谷村的李氏后裔。尤其是来自北京的施诚教授和杨小军副研究员，他们两位都是在外的吉水籍学者，疫情当前，离开北京十分困难。他们在会议前的20天已回过一次吉水，参加中国吉安进士文化园的开园活动，返回北京后隔离了半个月，解除隔离几天后又毅然回到家乡参加此次会议，这种家乡情怀着实让人感动。还要感谢吉水县委、县政府对此次活动的倾情支持，尤其是挂点盘谷的吕建安副县长不仅发表了情真意切、热情洋溢的讲话，还全程参与学术活动。还要感谢我的研究生刘翔运（吉水水南镇店背村人），对学术研讨会的录音进行了为期一周的辛苦整理。

这些年，因各种机缘，我能够多次走进谷村，深入了解谷村，被谷村悠久厚重的历史文化积淀所感染。2014年我读了时任吉水县委宣传部常务副部长周小鹏先生惠赐的《谷村沧桑》后，曾写下这样一段话：在当今这样的一个时代背景下，乡土文化根基中优秀的精神品质如何转化为我们发展地方文化的巨大动力？文化的传承与复兴如何从传统中汲取有益的养分？传统村落在遭遇现代文明时应该如何散发文化的独特光芒？今天，盘谷镇党委、镇政府正在通过他们的努力不断地解答我的上述疑惑。期待如谷村一样的其他古村落能不断焕发出崭新的风貌，我愿为之继续贡献绵薄之力。

邹锦良<br>
2020年12月于南昌大学

## 图书在版编目（CIP）数据

"中国进士第一村"进士文化学术文集／邹锦良主编. --南昌：江西人民出版社，2024.12
ISBN 978-7-210-13169-4

Ⅰ.①中… Ⅱ.①邹… Ⅲ.①乡村-简介-吉水县 Ⅳ.①K925.65

中国版本图书馆 CIP 数据核字（2021）第 245256 号

**"中国进士第一村"进士文化学术文集** 邹锦良 主编
"ZHONGGUO JINSHI DIYI CUN" JINSHI WENHUA XUESHU WENJI

责任编辑：郭文慧
特约编辑：张丽华
封面设计：同异文化传媒

江西人民出版社 出版发行

地　　址：江西省南昌市三经路47号附1号（邮编：330006）
网　　址：www.jxpph.com
电子邮箱：jxpph@tom.com
编辑部电话：0791-86892125
发行部电话：0791-86898815
承　印　厂：南昌市红星印刷有限公司
经　　销：各地新华书店
开　　本：720毫米×1000毫米　1/16
印　　张：14.5
字　　数：227千字
版　　次：2024年12月第1版
印　　次：2024年12月第1次印刷
书　　号：ISBN 978-7-210-13169-4
定　　价：55.00元
赣版权登字-01-2024-152

**版权所有　侵权必究**

赣人版图书凡属印刷、装订错误，请随时与江西人民出版社联系调换。
服务电话：0791-86898820